中国教育学会2023年度课题"基础教育阶段整本书阅读课程化实施研究"（课题编号：202300000212WTB）研究成果

深圳市2023年度规划课题"基于中小衔接的整本书阅读教学策略"（课题编号：yb23248）和"中小学跨学科阅读教学实践研究"（课题编号：yb23257）阶段成果

悦读
点亮人生

# 读创共生

—— 整本书悦读课程设计 ——

尹庆华 著

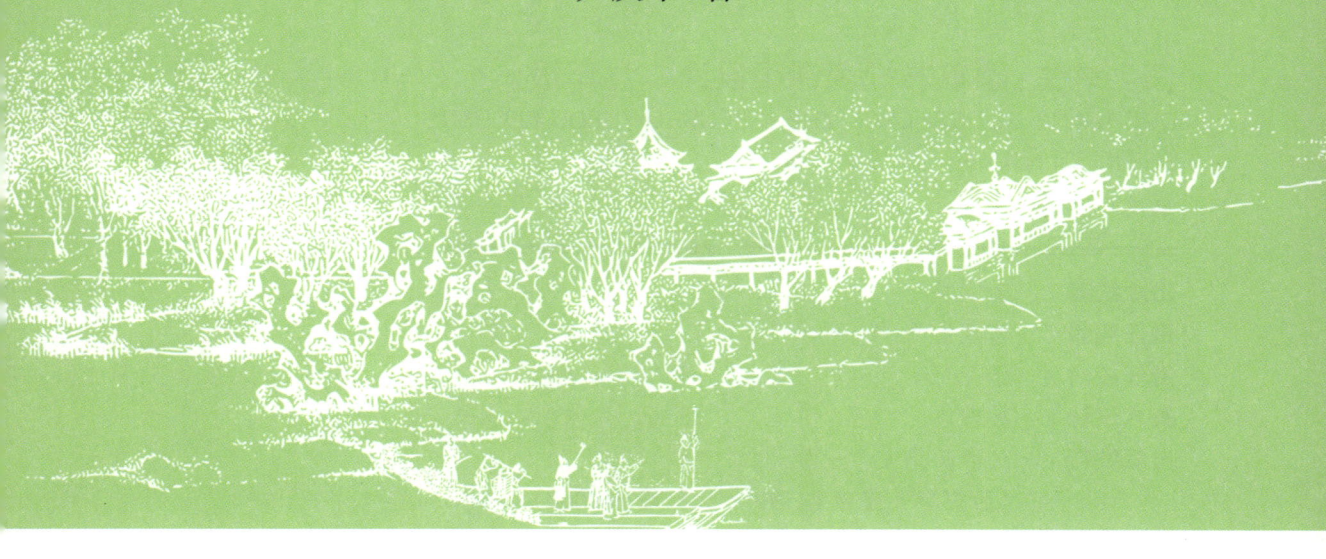

读人阅事悟真情 ——《朝花夕拾》

读神魔故事　话西游精神 ——《西游记》

人性的幻灭　梦碎的悲歌 ——《骆驼祥子》

永不褪色的精神路标 ——《钢铁是怎样炼成的》

王本华　余映潮
作序推荐

七年级

陕西师范大学出版总社　西安

图书代号　JY24N1947

**图书在版编目（CIP）数据**

读创共生：整本书悦读课程设计. 七年级 / 尹庆华著. -- 西安：陕西师范大学出版总社有限公司, 2024. 9. -- ISBN 978-7-5695-4712-2

Ⅰ．G633.332

中国国家版本馆 CIP 数据核字第 2024VR1461 号

### 读创共生：整本书悦读课程设计　七年级
DUCHUANG GONGSHENG　ZHENGBENSHU YUEDU KECHENG SHEJI　QI NIANJI

尹庆华　著

| | |
|---|---|
| 出版统筹 / | 李　岩 |
| 责任编辑 / | 韩娅洁 |
| 责任校对 / | 杨　菊 |
| 美术设计 / | 吴鹏展 |
| 出版发行 / | 陕西师范大学出版总社 |
| | （西安市长安南路199号　邮编710062） |
| 网　　址 / | http：//www.snupg.com |
| 印　　刷 / | 陕西龙山海天艺术印务有限公司 |
| 开　　本 / | 787mm×1092mm　1/16 |
| 印　　张 / | 18 |
| 字　　数 / | 260千 |
| 版　　次 / | 2024年9月第1版 |
| 印　　次 / | 2024年9月第1次印刷 |
| 书　　号 / | ISBN 978-7-5695-4712-2 |
| 定　　价 / | 88.00元 |

读者购书、书店添货或发现印装问题，请与本社营销部联系、调换。
电话:(029)85251157　　　传真:(029)85307636

## 序 一

## 整本书阅读教学的迭代创新

余映潮

阅读素养不仅关乎学生的个人成长,更事关国家民族的未来。自2014年以来,"全民阅读"已连续11年被写入政府工作报告。事实告诉我们,爱读书的老师才能培养爱阅读的学生。

我还是湖北省荆州市初中语文教研员的时候,就非常重视教师阅读素养的培养。按照荆州市中学语文课堂教学艺术研究小组的要求,每位入室成员每年要完成十万字的读书笔记。1996年,尹庆华老师成为我的弟子,当年的她不仅是一位热爱读书的小老师,每年按照要求手抄笔录,主动完成读书笔记任务,还是一位引领学生开展整本书课外阅读实验研究的先行者。

尹庆华老师秉持"悦读润心,培根育魂"的教育理念,在整本书阅读教学研究领域开展实验研究,孜孜不倦近三十年。我很欣喜地看到了她的不断成长,也见证了她的整本书阅读教学研究的几次重要的迭代升级。

2014年,庆华老师的整本书阅读"名著导读"研究取得了可喜的成绩,我为她的专著《名著悦读——初中名著导读创新教学设计》写了序。她的名著导读教学研究从实践出发,以"名著悦读"为教学目的,以教师如何"导"名著为突破口,为学生喜欢阅读,亲近经典提供了教师层面如何导读的可操作性的经验。

2021年,我为庆华老师的专著《名著这样导——心理学视域下的名著整本书阅读教学策略》作序,这次她从实践研究到理论求索,将宏观的理论思考与微观的实证研究结合,打通了整本书阅读上位理论和下位操作之间的衔接,从心理学原理中找寻解决学生整本书阅读障碍的途径,提炼出情绪导读策略、同化策略、多重编码策略、阅读图式策略等高效的名著导读策略和阅读图式文类体系,建构了教师"导"名著的"四步导读法"教学范式,建构了学生读名著的阅读心理循环系统范式。

庆华老师从教师视野的"名著导读"到学生视野的"名著悦读"迭代升级,从源头上解决了学生阅读障碍问题,激发了学生爱读书的内驱力,提升了整本书阅读教学的效能,这是整本书阅读方法论的重大突破。她从心理学视角对整本书阅读教学策略的改革与创新,解决了整本书阅读教学低效能的普遍问题,为整本书阅读教学提供了理论和实践的操作系统,为整本书阅读教学提升学生的个性品质、关键能力和核心素养提供了范式。

2022年,我为庆华老师的三本"整本书阅读课程化"专著《魔法屋:神话与科学文艺——统编版小学整本书悦读课程 四年级》(上下册)、《神奇树:故事与古典名著——统编版小学整本书悦读课程 五年级》(上下册)、《成长季:英雄与探险小说 ——统编版小学整本书悦读课程 六年级》(上下册)作序。这次整本书阅读教学的迭代升级,打通了中小学整本书阅读教学的衔接,从理论研究再回到实践,将心理学导读策略运用于实践,开启了跨学段、跨学科、跨区域的实践研究,建构了整本书阅读"教学评一体化""课程化实施"的路径,创新了"整本书悦读润心教学体系"的课程化实施范式。

2024年,庆华老师的"整本书阅读课程化实施"再次迭代升级,成功完成了新课标背景下的整本书阅读课程化实施的三本专著——《读创共生:整本书悦读课程设计》七年级、八年级、九年级,让人耳目一新。

此套与2024版统编新教材配套的"整本书阅读课程化实施"图书有如下特点:

第一,本套书始终坚持理论与实践结合,继承与创新结合的原则。作者将前期理论研究中的心理学导读策略运用于整本书阅读课程化实施的全过程。例如,书中继承了整本书阅读教学中教师"读前导"的传统,运用心理学情绪原理、同化原理等设计"读前导"活动,新颖实用,能够帮助学生克服阅读障碍,激发其

"一睹为快"的阅读兴趣。

第二，整本书阅读课程化实施。新课标在"课程内容"部分把"整本书阅读任务群"作为六大学习任务群之一；新教材也要求整本书阅读课程化实施。该套书"读前导""读中导""读后悦读考级""读书会悦读分享"整本书课程化实施一体化设计，操作简便，实用性强。"读前导"激发阅读兴趣，训练阅读策略；"读中导"提供学习支架，运用阅读图式原理、同化学习等心理学导读策略，让学生进入沉浸式深度阅读的状态，推进学生的整体阅读；读后的"悦读考级"激发学生兴趣与检测学生素养兼顾，操作简便；"读书会"阶段的任务群活动设计运用了情绪原理、图式原理等心理学策略，以悦读任务为载体，培养学生深度阅读兴趣，提升核心素养。

第三，读创共生，悦读润心，全程育人。本套书改革了传统的整本书阅读教学中阅读输入模式，重视阅读输出。"读前导""读中导""读书会"，整本书阅读全流程都将阅读输入与创作输出结合，让整本书阅读具有了强大的智能优势效应。特别是创新了"读书会"的任务群活动设计的方式和方法，着重培养学生的语言运用能力，发展审辩思维、逻辑思维、创新思维等思维能力以及审美鉴赏等语文核心素养。

庆华老师整本书阅读研究从学生视野的"名著悦读"到师生生命生长的"读创共生"的迭代升级，实现了学生的阅读内化和自主建构，从"悦读"到"育人"，让阅读丰富学生的精神世界，滋养润泽学生心灵；教学相长，促进师生生命的共同生长，让整本书阅读教学又上了一个新的台阶，具有重要的教育价值。

第四，创新整本书阅读教学的操作体系，将整本书阅读与跨学科学习、项目化学习结合，培养学生的高阶思维、创新思维、探究能力，发展学生解决问题的实践能力等综合素养。七年级整本书阅读侧重学生基础层级的发展目标，但也融入了高阶目标的跨学科学习方式；八年级则侧重跨学科和项目化学习；九年级深化项目式学习。整本书阅读与跨学科学习融合，螺旋式上升，符合学生年龄特点、心理发展规律和循序渐进的教学原则。

总之，本套书基于育人导向的"悦读润心，培根铸魂"整本书阅读课程化教学体系，力求遵循语文教育改革精神，落实"学习任务群"新理念，整本书阅读输入和创作输出一体化设计，较好地阐释了阅读与写作的交互作用，充分注意到阅读与育人的密切关系。"读创共生"，"读创"是实施路径，学生获得生命成长是目的。

《读创共生：整本书悦读课程设计》这套"整本书阅读课程化"用书，是庆华老师整本书阅读研究的再一次迭代升级，是作者历时近三十载之理论思考与实践研究的一项具有一定创造性的成果，适用于新课标理念下的新教材、新课堂，能够解决整本书阅读实践中存在的教学内容零碎化、教学效果低质化、教学方式形式化、教学育人目标弱化等问题。整本书阅读教学评一体化设计，致力于让学生建构阅读整本书的经验，感受经典名著的艺术魅力，丰富自己的精神世界，具有较强的可操作性。此整本书阅读的课程化实施体系，有助于培养青少年好读书、读好书的习惯，在立德树人、培根铸魂、促进语文核心素养落地、传承中华优秀传统文化等方面具有重要意义。

特此推荐，是为序。

2024 年 9 月

# 序 二

## 新课标理念下的整本书阅读课程化实施变革

王本华

在整本书阅读领域,尹庆华老师是一个辛勤的耕耘者。记得2021年曾经给她的专著《名著这样导——心理学视域下的名著整本书阅读教学策略》写过一篇序,其中说到:"学生存在阅读障碍和相当一部分老师遇到名著阅读教学手足无措时,她开始放开眼界,到教育学、心理学等层面,在方法论的意义上去寻求解决之道……探索创新整本书阅读教学设计的路径,建构不同文类的阅读图式,建构教师如何'导'名著和学生如何'读'名著的基本范式,为达到整本书阅读课程化的要求提供了重要的方法论层面的参考。"这几年更是经常在不同报章杂志见到尹庆华老师发表的相关文章,有整本书阅读理论的探讨,更有对指导学生实际阅读的实践探索,令人感喟。

2023年度,尹庆华老师获评中国教育学会中学语文教学专业委员会"读书种子教师",并在当年举办的中学语文课堂展示大会暨"读书种子计划"读书经验交流活动中分享她和学生"悦读点亮人生"的成长故事,让我深为感动。那次活动还观摩了几节整本书阅读课例,由各种任务组成的整本书阅读"学习任务群"新教法引起了点评专家的思考和与会老师的热烈讨论。尹庆华老师也提出了自己的观课感受,她当时给我发微信说:新课标理念下的整本书阅读任务群就是完全抛弃传统教学?"守正创新"在整本书阅读教学中如何体现?任务群设计,不能完全抛弃过去好的做法。整本书阅读不等于教师不导读激趣,不指导读书方法;

不等于任务群设计大杂烩；不等于教师阅读指导缺位，任务指导袖手旁观；不等于阅读和任务都放到课外，只是展示读书成果；读书会不等于学生观摩组长表演，其他学生是群众演员……并进一步提出了撰写"初中整本书阅读课程化任务群设计"一书的想法。我被她的热忱感染，赞同她的想法。我们交流"学习任务群"理念下的整本书阅读课程化思考，分享整本书阅读教学中存在的问题，探讨新课标理念下的整本书阅读课程化实施目标、内容、策略、评价等如何变革的构想。当时正好由我和胡晓老师牵头的中国教育学会2023年度委托课题"基础教育阶段整本书阅读课程化实施研究"刚刚完成开题，和尹庆华老师一交流，她表示非常乐意参与研究，于是我们一拍即合。

出人意料的是，尹庆华老师行动力如此之强。她今年5月份即发短信说书稿已基本完成，主要是基于整本书阅读课程化进行教学指导，初步定名为《整本书悦读润心任务群理论与实施》。她还就书稿名称、内容征求意见，希望得到指导。

关于"整本书阅读课程化"，我在2017年曾经撰文提出"名著阅读课程化"倡议（"整本书阅读"是从2017年版《普通高中语文课程标准》起开始使用的名称，以前大多称为"名著阅读"），指出"整本书阅读课程化就是把名著阅读作为语文课程的一部分，有规划，有指导，给时间，出成果，而不是可有可无的点缀，不是放任自流，随意而为"。当时提出"名著阅读课程化"，一是基于2011年版《义务教育语文课程标准》只是将名著阅读作为课外阅读的一部分提出来，并未将其纳入正式的课程内容，二是2016年起进入课堂的统编初中语文教材专设"名著导读"板块，意在构建由教读到自读再到课外阅读的"三位一体"的整体阅读设计方案，强化读书观念。尹庆华老师正是课程化实施前期试验者，有思考，也有很多成功的案例。

今天，我们不需要在教学层面倡导课程化了，因为整本书阅读已经实实在在成为语文课程内容的一部分，这从2022年版《义务教育语文课程标准》（以下简称"新课标"）就可以得到确认。首先，新课标在表述各个学段教学要求时都提到整本书阅读，比如在第四学段"阅读与鉴赏"第7条明确提出："每学年阅读两三部名著，探索个性化的阅读方法，分享阅读感受，开展专题探究，建构阅读整本书的经验。感受经典名著的艺术魅力，丰富自己的精神世界。"其次，新课标在"课程内容"部分把"整本书阅读任务群"作为六大学习任务群之一,有内容,有要求,有目标,有教学建议,更显示出新课程对整本书阅读的重视。可见,在今天,整本书阅读课程化已经不是倡导,而是必须,是必须在新课程理念的关照下实施的新的变革。上边提到的课题"基础教育阶段整本书阅读课程化实施研究"正是基于这样的思考设立的,尹庆华老师的这套书作为这一课题的重要成果,也是围绕实施路径和变革给出的理论阐释和实践方案。

在广泛听取意见的基础上,这套书最终定名为《读创共生:整本书悦读课程设计》。读创共生,将阅读输入和创作输出做一体化设计,强调阅读培根启智,带动表达铸魂育人;悦读,重视以"阅"引"悦",强调入脑润心,立德树人。在这里,读创结合是手段,学生获得终身成长是目的,就是让学生从"悦读"启航,在"悦心"中浸润,落实"悦性"的育人任务。

这套书按照课题研究的构想,以2024版统编初中语文教科书推荐的阅读书目为基础,细化整本书阅读教学的操作体系,力求从个案出发,为建构整本书阅读教学分级目标体系提供重要参照。

首先是基础层级:愿读,读懂。这套书在阅读启动环节,保留了传统的"读前导"阅读指导课型,用以激发学生阅读兴趣,指导读书方法,落实让学生"读懂"一本书的基础层级的目标。

其次是发展层级:爱读,读会。整本书阅读读创共生的一体化教学设计,放在"读中导"和"读书会"阶段,更多源于新课标学习任务、整合、情境、活动等理念,重点通过阅读"这一本书"学会阅读"这一类书",建构阅读某一类书的阅读策略和阅读经验,建构具有智能优势效应的阅读图式,侧重落实"读会"一类书的发展层级目标。

最后是高阶层级:善读,读通。这一层级重点是反思评价,融会贯通,并迁移运用于真实情境中的问题解决,从教学设计来说,主要是借助跨学科学习、项目式学习等方式,研制不同类型整本书阅读高阶层级的实施方案。

本套书还力求完善整本书阅读课程化实施和评价的路径,重视教学评一体化设计,具有较强的可操作性。"读前导"新颖实用,能激发学生的阅读期待;"读中导"提供学习支架,引入多种策略,让学生进入真实的读书情境,推进学生的整体阅读；读后的"悦读考级"操作简洁，层级清晰，便于教师检查和学生自测；"读书会"阶段的任务群活动设计，以学习主题为引领，以悦读任务为载体，读创结合，让学生形成和积累自己阅读整本书的经验，养成爱读书、好读书的阅读习惯，发展学生核心素养。

我们知道，整本书阅读实践中还有诸多问题，如教学目标窄化、泛化，教学内容零碎化，教学过程放羊式或过度精细，教学手段存在机械训练或低质活动，教学活动设计热闹而表面形式化，等等。我热切希望，《读创共生：整本书悦读课程设计》这套书，能够帮助广大师生面对难题，解决问题，能够让更多的学生喜欢读书，爱上读书，并从课堂教学层面助力整本书阅读课程化实施更上层楼！我也特别期待，有更多像尹庆华老师一样有情怀、爱读书的语文教师，能够通过整本书阅读课程实施，让书香浸润学生心灵，陪伴他们的人生！

2024 年 8 月

CONTENTS 目录

## 《朝花夕拾》

### 读人阅事悟真情

第 1—2 课时　《朝花夕拾》读前导 …………………………… 3

第 3—4 课时　《朝花夕拾》读中导 …………………………… 10

第 5—6 课时　《朝花夕拾》读书会 …………………………… 14

第 7 课时　《朝花夕拾》读书会颁奖与评价总结 …………… 30

## 《西游记》

### 读神魔故事　话西游精神

第 1—2 课时　《西游记》读前导 …………………………… 57

第 3—4 课时　《西游记》读中导 …………………………… 70

第 5—6 课时　《西游记》读书会 …………………………… 79

第 7 课时　《西游记》读书会颁奖与评价总结 ……………… 93

## 《骆驼祥子》

**人性的幻灭　梦碎的悲歌**────────────────·

第1—2课时　《骆驼祥子》读前导……………………………… 124

第3—4课时　《骆驼祥子》读中导……………………………… 132

第5—6课时　《骆驼祥子》读书会……………………………… 137

第7课时　《骆驼祥子》读书会颁奖与评价总结 ………………… 142

## 《钢铁是怎样炼成的》

**永不褪色的精神路标**────────────────·

第1—2课时　《钢铁是怎样炼成的》读前导……………………… 175

第3—4课时　《钢铁是怎样炼成的》读中导……………………… 191

第5—6课时　《钢铁是怎样炼成的》读书会……………………… 200

第7课时　《钢铁是怎样炼成的》读书会颁奖与评价总结 ……… 208

## 《朝花夕拾》：读人阅事悟真情

**一、学习主题**

读人阅事悟真情

**二、学习内容**

《朝花夕拾》整本书阅读

**三、学习目标**

1. 能根据阅读计划自主阅读叙事性散文。采用浏览目录、选读、略读、跳读、精读批注阅读等阅读方式，整体把握《朝花夕拾》记叙的人和事，体悟作者的情感。

2. 打通与经典的隔膜，激发阅读叙事性散文的兴趣，建构散文阅读图式。

3. 把握散文"真"的特征，从作者回忆的真人和真事中，体悟作者的真情，读出自己真实的阅读感受，培养爱国情怀，收获人生智慧。

**四、课时安排**

7课时

**五、资源与工具**

(一)资源

《朝花夕拾》全本；短篇小说集《呐喊》《彷徨》等鲁迅作品相关图书。

(二)工具

阅读计划书、思维导图、问卷调查表、评价量表等；线上讨论、调查、录屏、剪辑等多媒体平台、软件、设备。

## 六、学习情境

《朝花夕拾》是一部回忆性叙事散文集,是鲁迅最温情的作品。走进鲁迅生活的"那些年",穿越鲁迅童年—少年—青年的青葱岁月,你能看到一个有人间烟火气息的真实的鲁迅。在童年的乐园百草园,"熊孩子"鲁迅玩的是哪些童年游戏?鲁迅在三味书屋启蒙读书时,又有哪些趣事?用儿童的视角走进鲁迅的回忆相册,"穿越童年觅童趣",你会收获阅读的快乐;追忆鲁迅成长路上的那些人,体悟鲁迅心中的那些情,多角度解读那些温情的人,你会收获温馨与感动;追忆岁月长河中的那些事,与鲁迅一道从童年到青年,经历人生的颠沛流离,经历成长的酸甜苦辣,经历理想的迷惘与追寻,你会为鲁迅的爱国情怀与报国信念而感动,被他独特的记人叙事风格所吸引,他那温情、幽默、真挚而又融合辛辣讽刺的杂文笔法将带给你新鲜的阅读体验。读人阅事悟真情,让我们构建叙事性散文阅读图式,收获阅读的快乐与人生智慧吧!

## 七、学习任务与学习活动

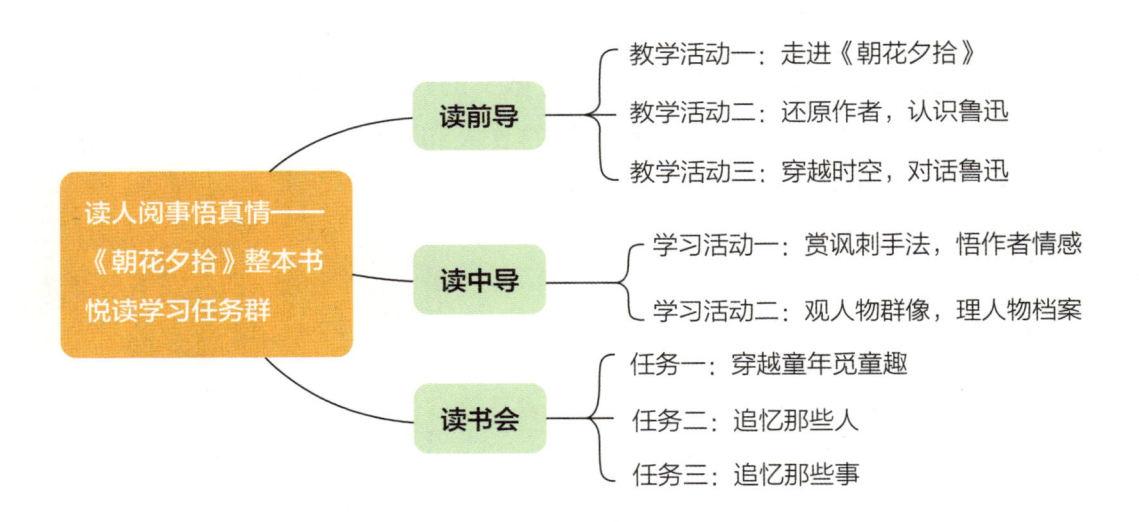

读人阅事悟真情——《朝花夕拾》整本书悦读学习任务群

- 读前导
  - 教学活动一:走进《朝花夕拾》
  - 教学活动二:还原作者,认识鲁迅
  - 教学活动三:穿越时空,对话鲁迅
- 读中导
  - 学习活动一:赏讽刺手法,悟作者情感
  - 学习活动二:观人物群像,理人物档案
- 读书会
  - 任务一:穿越童年觅童趣
  - 任务二:追忆那些人
  - 任务三:追忆那些事

## 第1—2课时 《朝花夕拾》读前导

**读前测评**

你有多想读这本书？你的阅读期待指数（　　）颗星（最多5颗星）。请说出你的理由。

_____

_____

**教学活动一：走进《朝花夕拾》**

"朝花"即"早上的花"，"夕拾"即"晚上拾起来"。《朝花夕拾》原名《旧事重提》，是成年以后的鲁迅回忆年轻时候的往事，从回忆中重温童年的美好，感受心灵的娴静，寻找情感的慰藉。

《朝花夕拾》是鲁迅的一部叙事性散文集，是鲁迅最温情的一部作品。叙事性散文最主要的特征是"真"：时代背景的真实，写作材料的真实，作者情感的真挚，叙述对象的真实，记叙角度的客观，人性特质的真实……真，是《朝花夕拾》最动人的花朵。

**教学活动二：还原作者，认识鲁迅**

一、还原"父与子"

（一）快速阅读"鲁迅亲子时光"片段，感悟真实的鲁迅形象

※海婴很好……惟每晚必须听故事，讲狗熊如何生活，萝卜如何长大等等，颇为费去不少工夫耳。

（选自鲁迅《致母亲》）

※"海婴氏"颇为淘气，总是搅扰我的工作，上月起就把他当作敌人看待了。

（选自鲁迅《致增田涉》）

※我们的孩子也很淘气,仍是要吃的时候就来了,达到目的以后就出去玩,还发牢骚,说没有弟弟,太寂寞了,是个颇伟大的不平家。

(选自鲁迅《致山本初枝》)

※海婴这家伙却非常捣蛋,两三日前竟发表了颇为反动的宣言,说:"这种爸爸,什么爸爸!"真难办。　　　　　　　　　(选自鲁迅《致母亲》)

※他说:"我做爸爸的时候不要打儿子的。""如果坏得很,你怎么办呢?"鲁迅问。"好好地教伊,买点东西给他吃。"鲁迅笑了,他以为自己最爱孩子,但是他儿子的意见比他更和善,能够送东西给不听话的孩子来做感化工作。

(选自许广平《鲁迅先生与海婴》)

(二)学生探讨

1. 作为海婴的父亲,鲁迅是怎样的形象?请你用一个词概括作为父亲角色的鲁迅形象。

　　　　　　　　

2. 生活中的鲁迅与你印象中的鲁迅形象有何不同?请说明理由。

我眼中的鲁迅 _____
_____
_____

## 二、还原"一家人"

(一)快速阅读"鲁迅亲子时光"片段,感悟鲁迅的家庭氛围

海婴夹在两个人当中,听讲故事,高兴了,他会两面转来转去地吻我们,而且很公平地轮流吻着。在一天夜里,大约是鲁迅先生还没有生病的前一年,照例的躺在床上,海婴发问了:

"爸爸,人人是那能死脱的呢?"

"是老了,生病医不好死了的。"

"是不是侬先死,妈妈第二,我最后呢?"

"是的。"

"那么侬死了这些书那能办呢?"

"送给你好吗?要不要呢?"

"不过这许多书那能看得完呢?如果有些我不要看的怎么办呢?"

"那么你随便送给别人好吗?"

"好的。"

(选自许广平《鲁迅先生与海婴》)

(二)学生探讨

鲁迅一家人的家庭氛围如何?作为父亲的鲁迅是怎样的形象?父子关系如何?如果你用海婴的问题咨询你的父亲,你的父亲会如何反应?

> 我来分享

### 三、还原《朝花夕拾》"父与子"

(一)阅读"鲁迅与父亲亲子时光"片段

阅读《五猖会》中鲁迅父亲让鲁迅背书的片段。

(二)学生探讨

1. 你看到了怎样的鲁迅?请你用一个词概括作为儿子角色的鲁迅形象。

2. 你看到了怎样的鲁迅父亲?请你用一个词概括鲁迅父亲的形象。

3. 你看到了怎样的父与子关系?为什么鲁迅没有复制父亲的育儿模式?鲁迅的儿童教育观是怎样的?

> 我的观点

## 教学活动三：穿越时空，对话鲁迅

### 一、"熊孩子"鲁迅

（一）活动要求

1. 快速阅读《从百草园到三味书屋》。

2. 发现鲁迅"熊孩子"的一面。

3. 对话鲁迅：联系自己的生活，发现鲁迅与自己童年的异同点。

（二）教师示例

"熊孩子"鲁迅细节：单是周围的短短的泥墙根一带，就有无限趣味。……色味都比桑椹要好得远。

我的感悟：听昆虫唱歌、弹琴，捉弄斑蝥……为了拔吃了能成仙的何首乌根，童年鲁迅将百草园的泥墙都毁坏了。在大人眼中，这是"熊孩子"行为。其实，这是宝贵的童心。小孩子都很天真，富有想象力，以为人可以成为神仙。老师小时候也很向往成为神仙，听到"八仙过海"等神话故事，就很向往能遇到来度我的神仙，看见那些神秘的老人，就会主动去帮忙，心想也许是神仙来考验我的。

（三）学生活动

| "熊孩子"鲁迅细节 | _____ |
| | _____ |
| | _____ |

| 我的感悟 | _____ |
| | _____ |
| | _____ |

## 二、"愤怒少年"鲁迅

(一)活动要求

1. 精读《父亲的病》中体现讽刺艺术的语言,鉴赏讽刺笔法。

2. 发现鲁迅"愤怒少年"的一面,感悟鲁迅的成长。

3. 对话鲁迅:以鲁迅的视角,追忆父亲生病、治病、去世的经历,阐述少年时的这段经历与去日本留学学习先进的医学的关系。或者以读者的视角,通过事件的表层,感受作者的心理、情感和思想。

(二)教师示例

(读者视角探究)"愤怒少年"鲁迅细节:最平常的是"蟋蟀一对",旁注小字道:"要原配,即本在一窠中者。"……连做药资格也丧失了。

我的感悟:读到这段话,我感受到了鲁迅散文笔法讽刺艺术之高超、犀利、有趣,颇有黑色幽默的味道。我猜想鲁迅的心理活动:"昆虫界的蟋蟀是一夫一妻制吗?原配的蟋蟀哪里找?再婚的蟋蟀竟然连做药引的资格都丧失了?你这庸医不是骗人吗?"可见医生开的药是多么荒唐!讽刺了庸医的无能,草菅人命。表达了鲁迅对父亲被庸医治死的愤怒。"父亲被庸医治死"这件事对鲁迅的思想和人生轨迹产生了深远的影响,为鲁迅去日本学医做了铺垫。鲁迅有报国情怀,他觉得落后愚昧的中国需要先进的医学,他想学得先进的医学,让自己父亲这样的悲剧不再重演。

(三)学生活动

1. 对话鲁迅方式一

"愤怒少年"鲁迅细节:_____

我的感悟:_____

2. 对话鲁迅方式二

"愤怒少年"鲁迅演讲稿:《我要去日本学医》

三、"爱国青年"鲁迅

(一)活动要求

1. 快速阅读《藤野先生》,发现鲁迅"爱国青年"的一面。

2. 散文写人记事,朴实的语言中饱含真情。品味感情色彩浓郁的语句,体会鲁迅对藤野先生饱含着怎样的情感?对其他的人和事又是怎样的情感态度?

3. 对话鲁迅:联系文本中鲁迅在日本求学时的所见、所闻、所思、所感……以鲁迅的口吻,讲述自己"弃医从文"的理由,要有理由据,符合人物身份。

(二)学生活动

"爱国青年"鲁迅演讲稿:《我要弃医从文》

**四、教师小结**

穿越鲁迅童年—少年—青年的青葱岁月,你发现了一个怎样的真实而有烟火气息的鲁迅?你发现鲁迅成长轨迹的内在规律了吗?你发现作者在用"当时当地真实情境的鲁迅"和"多年后写回忆录时的鲁迅"两个视角讲故事了吗?

如何读懂叙事性散文?通过那些幽默风趣的描写句、直抒胸臆的抒情句、意味深长的议论句,你能发现作者对人对事的情感态度、理想情怀、志向梦想、人生观、价值观等人生价值追求。透过作者表面所记叙的事,发现事件背后的情和意,读懂作者隐藏的真实意图,这才是散文的内核。与作者对话,与人物一起成长,读出自己的见解,吸收人生智慧,获得自我的成长启示。

### 导后评价

1. 你现在有多想读这本书?你的阅读期待指数(　　)颗星(最多5颗星)。你的阅读期待发生变化了吗?请分享你的理由吧!

_____

_____

2. 你学会阅读叙事性散文的方法了吗?你还需要老师哪些帮助?请分享你的学习方法和阅读感受吧!

_____

_____

## 第3—4课时　《朝花夕拾》读中导

**开启悦读之旅**

### 一、制订整本书阅读规划

**我的阅读规划**

《朝花夕拾》一共（　　　）篇

我计划（　　　）天读完

每天读（　　　）回

（　　　　　　）（什么时间）读

在（　　　　　　）（什么地方）读

我挑战成功的信心（　　　）颗星！（最多5颗星）

### 二、我的阅读挑战卡

每日一问

| 日期 | 篇章页码 | 阅读收获 | 阅读困惑 | 我的问题 | 猜想答案 | 标准答案 |
|---|---|---|---|---|---|---|
|  |  |  |  |  |  |  |
|  |  |  |  |  |  |  |
|  |  |  |  |  |  |  |
|  |  |  |  |  |  |  |
|  |  |  |  |  |  |  |

## 三、交流阅读感受,质疑抢答

### 学习活动一:赏讽刺笔法,悟作者情感

**一、活动要求**

1. 跳读《〈二十四孝图〉》。
2. 品读感情丰富的句子,体会作者的讽刺笔法,感悟作者的情感。
3. 你怎么看待老莱娱亲的行为？你会因为孝顺父母而卧冰求鲤吗？你如何理解鲁迅对郭巨埋儿的情感？《〈二十四孝图〉》讽刺了什么？

**二、学生活动**

| 讽刺笔法的句子 | _____ |
| :---: | :--- |
| 我来探究 | _____ |

### 学习活动二:观人物群像,理人物档案

**一、活动情境**

《朝花夕拾》就是一部鲁迅人生旅程的纪实影片,书中的众多人物虽然没有主角光环,但他们上演的那些小故事,在那个特殊的大时代下,因为真实,而显得格外动人。请你整理一份"人物群像档案卡",感悟鲁迅对这些人物的情感和态度,评价这些人对鲁迅人生的影响。

## 二、学生活动

### （一）人物群像档案卡

| 人物 | 与鲁迅关系 | 所属阶层 | 基本情况 | | | | | 外貌特点 | 典型事迹 | 性格特点 | 形象概括 | 鲁迅情感和评价 | 我的评价 |
|---|---|---|---|---|---|---|---|---|---|---|---|---|---|
| | | | 别名 | 性别 | 籍贯 | 年龄 | 学历 | | | | | | |
| 阿长 | | | | | | | | | | | | | |
| 父亲 | | | | | | | | | | | | | |
| 衍太太 | | | | | | | | | | | | | |
| 寿镜吾 | | | | | | | | | | | | | |
| 藤野先生 | | | | | | | | | | | | | |
| 范爱农 | | | | | | | | | | | | | |
| 无常 | | | | | | | | | | | | | |

## 三、教师小结

《朝花夕拾》这部回忆性叙事散文集是鲁迅人生历程的真实写照。作者用天真烂漫的童心讲述童年趣事，用饱含情感的笔墨回忆旧时光中的那些人，用轻松幽默的笔调调侃经历过的那些旧事，用真诚激越的爱国情怀引领我们走进风雨飘摇的旧中国，用辛辣讽刺的杂文笔法直接议论现实生活，用反讽、对比等艺术手法揭露旧制度、批判旧道德、指责"正人君子"之流的真面目……

"真"是散文的核心特征，让我们带着一颗真心穿越时空隧道，穿越到作者那个年代，走进《朝花夕拾》，读真人、阅真事、悟真情，收获成长的智慧与感动吧！

## 读后测评：悦读通关考级

### 悦读通关考级卡

《朝花夕拾》 作者：_____ 原名：_____ 体裁：_____ 阅读时长：_____

| 闯关等级 | 参考问题 | 我来回答 | 评价等级 | | |
| --- | --- | --- | --- | --- | --- |
| | | | 优秀 | 合格 | 待提高 |
| 第一关 | 《朝花夕拾》中鲁迅温情地回忆了哪些人？哪些事？饱含了怎样的情感？请你选择最令你感动、敬佩……的三个人谈阅读感悟。 | | | | |
| 第二关 | 鲁迅理性地批判了哪些人？幽默地嘲讽了哪些事件或社会现象？体现了怎样的情感和态度？你觉得鲁迅批评的那些人和事现实生活中还存在吗？请你选择跟作者最有共鸣的人和事，联系生活，分享你的感悟。 | | | | |
| 第三关 | 你能感受到鲁迅散文的美好吗？请选择你最喜欢的写作手法，或表达方式、细节描写、美言雅句等，说说你获得的启示和感动。 | | | | |
| 通关感悟： | | | | | |

## 第5—6课时　《朝花夕拾》读书会

### 任务一：穿越童年觅童趣

**活动一："熊孩子"鲁迅探秘**

一、活动要求

1. 浏览目录,选读童年鲁迅生活的相关篇章,走进鲁迅的童年,联系具体细节,阐述鲁迅"熊孩子"的一面,体会童心、童趣。
2. 联系自己的生活,思考是否跟鲁迅有过类似的经历、感受、体验?
3. 为自己的分享拟一个新颖的题目。

二、悦读创作

"熊孩子"鲁迅探秘

## 三、"熊孩子"鲁迅探秘悦读分享评价

| 评价标准 | 自评(分) | | | | | 组评(分) | | | | | 分数合计 |
| --- | --- | --- | --- | --- | --- | --- | --- | --- | --- | --- | --- |
| | 5 | 4 | 3 | 2 | 1 | 5 | 4 | 3 | 2 | 1 | |
| 一、文案写作 | | | | | | | | | | | |
| 1. 标题恰当,简洁醒目,能突出主题。 | | | | | | | | | | | |
| 2. 观点鲜明,论说层次分明。 | | | | | | | | | | | |
| 3. 有理有据,能联系书中细节佐证自己的观点,发现童心童趣。 | | | | | | | | | | | |
| 4. 能联系自己的生活经历说出阅读体验。 | | | | | | | | | | | |
| 5. 语言准确,通俗易懂,表达个性化。 | | | | | | | | | | | |
| 二、汇报演讲 | | | | | | | | | | | |
| 6. 脱稿演讲。 | | | | | | | | | | | |
| 7. 声音洪亮,口齿清晰,普通话标准。 | | | | | | | | | | | |
| 8. 表达流畅,动作恰当,有感染力。 | | | | | | | | | | | |
| 三、形象风度 | | | | | | | | | | | |
| 9. 举止得体,表情丰富,有亲和力。 | | | | | | | | | | | |
| 四、团队合作 | | | | | | | | | | | |
| 10. 积极参加小组讨论,为小组出谋划策,认真完成小组布置的任务。 | | | | | | | | | | | |
| 总分 | | | | | | | | | | | |
| 文字点评: | | | | | | | | | | | |

## 活动二：我与鲁迅比童年

### 一、活动要求

1. 联系《朝花夕拾》中鲁迅的童年生活，与自己的童年比较，谈谈你的感悟。

2. 参考维度：童年游戏、童年玩具、童年游乐场所、童年阅读书籍、学校课程内容、学校上课方式、老师教学风格、父母家庭教育、童年玩伴、社会环境……

### 二、悦读创作

**我与鲁迅比童年**

### 三、"我与鲁迅比童年"悦读分享评价

| 评价标准 | 自评（分） | | | | | 组评（分） | | | | | 分数合计 |
|---|---|---|---|---|---|---|---|---|---|---|---|
| | 5 | 4 | 3 | 2 | 1 | 5 | 4 | 3 | 2 | 1 | |
| 一、文案写作 | | | | | | | | | | | |
| 1. 对比阅读，发现书中鲁迅的童年和自己童年的异同，比较维度丰富（不少于3个）。 | | | | | | | | | | | |
| 2. 观点鲜明，结构层次清晰，中心句突出、精练。 | | | | | | | | | | | |
| 3. 能联系书中的具体细节佐证自己的观点。 | | | | | | | | | | | |
| 4. 能用生动活泼的语言表达自己真实的阅读体验。 | | | | | | | | | | | |
| 5. 文字工整、简洁、美观。 | | | | | | | | | | | |
| 二、演讲 | | | | | | | | | | | |
| 6. 脱稿演讲。 | | | | | | | | | | | |

续表

| 评价标准 | 自评(分) | | | | | 组评(分) | | | | | 分数合计 |
|---|---|---|---|---|---|---|---|---|---|---|---|
| | 5 | 4 | 3 | 2 | 1 | 5 | 4 | 3 | 2 | 1 | |
| 7.声音洪亮,口齿清晰,普通话标准。 | | | | | | | | | | | |
| 8.表达流畅,富有激情,动作恰当。 | | | | | | | | | | | |
| 9.举止得体,表情、语言有感染力。 | | | | | | | | | | | |
| 三、团队合作 | | | | | | | | | | | |
| 10.积极参加小组讨论,为小组出谋划策,认真完成小组布置的任务。 | | | | | | | | | | | |
| 总分 | | | | | | | | | | | |
| 文字点评: | | | | | | | | | | | |

## 活动三：制作《朝花夕拾》相册

### 一、活动情境

如果回忆有颜色,有的是暖色调,有的是冷色调,有的冷暖兼备。

如果人生历程有年轮,有的是年少时光,有的是青葱岁月,有的是垂垂暮年……

1926年,鲁迅创作《朝花夕拾》时已经45岁。穿越岁月的年轮,成年鲁迅回望童年,回忆生命中邂逅的那些人,经历过的那些事。如果要帮鲁迅制作《朝花夕拾》"回忆相册",相册目录你会如何分类排序？请你重排《朝花夕拾》目录,并说明编排理由。如果这本相册要配一些插图,你会选择为哪些人物或情节绘制插图？小组成立《朝花夕拾》"回忆相册"编辑团队,招募策划、美工、文字编辑等相关人员,为鲁迅制作温情的《朝花夕拾》相册吧！

### 二、方法指导

1.分类重排目录,体现规律性。每一类用一个醒目别致的小标题说明。

2. 前言有编者的创意说明。

3. 选择你喜欢的文章绘制插图,写清创意说明。

### 三、悦读创作

《朝花夕拾》相册目录与创意说明

《朝花夕拾》选文插图与创意说明

**任务二:追忆那些人**

### 活动一:绘制"那些人"思维导图

#### 一、活动要求

1. 绘制《朝花夕拾》中鲁迅生命中遇到的"那些人"思维导图。

2. 人物信息包括姓名、外貌、性格、相关事件、鲁迅对人物的情感等要素。

## 二、悦读创作

### 《朝花夕拾》"那些人"思维导图

### 活动二:撰写"那些人"汇报演讲稿

**一、活动要求**

撰写人物思维导图汇报演讲稿。

**二、活动指导**

1. 详略得当,选择自己感受最深的人物重点介绍。

2. 联系原文细节展示人物。

3. 任选方式点评那些人:以童年鲁迅或成年鲁迅的口吻点评那些人;以读者的口吻点评那些人。

**三、悦读创作**

### 《朝花夕拾》"那些人"汇报演讲稿

## 四、"那些人"思维导图及汇报演讲悦读分享评价

| 评价标准 | 自评(分) | | | | | 组评(分) | | | | | 分数合计 |
|---|---|---|---|---|---|---|---|---|---|---|---|
| | 5 | 4 | 3 | 2 | 1 | 5 | 4 | 3 | 2 | 1 | |
| 一、思维导图绘制 | | | | | | | | | | | |
| 1. 主题明确,姓名、外貌、性格、相关事件、鲁迅对人物的情感等关键信息明确。 | | | | | | | | | | | |
| 2. 布局合理,结构层次清晰,关键词准确,信息完整。 | | | | | | | | | | | |
| 3. 线条流畅,由主到次体现线条粗细、宽窄的变化。 | | | | | | | | | | | |
| 4. 文字工整、简洁、美观。 | | | | | | | | | | | |
| 5. 色彩和谐,主干和分支色彩有对比度。 | | | | | | | | | | | |
| 二、演讲 | | | | | | | | | | | |
| 6. 演讲稿点面结合,选择自己感兴趣的人物,阐述自己的感悟、启示和评价。 | | | | | | | | | | | |
| 7. 演讲稿联系原著精彩细节,联系自己的阅读感受,语言生动,富有文采。 | | | | | | | | | | | |
| 8. 脱稿演讲。 | | | | | | | | | | | |
| 9. 声音洪亮,口齿清晰,普通话标准,表达流畅,富有激情,动作恰当,举止得体。 | | | | | | | | | | | |
| 三、团队合作 | | | | | | | | | | | |
| 10. 积极参加小组讨论,为小组出谋划策,认真完成小组布置的任务。 | | | | | | | | | | | |
| 总分 | | | | | | | | | | | |
| 文字点评: | | | | | | | | | | | |

## 活动三：温情人物我解读

### 一、活动要求

《朝花夕拾》中鲁迅饱含深情地怀念了哪些人物？哪个人物是你特别有感触的？对哪个人物你有自己独特的见解？……请选择自己感兴趣的一位温情人物，写一篇人物解读小论文。

### 二、方法指导

1. 细读《朝花夕拾》选篇，发现人物的个性魅力，发现鲁迅对人物深沉的情感。
2. 联系当时的时代背景解读人物。
3. 联系原文细节解读人物。
4. 联系现实生活和自己的感受解读人物。
5. 可以有自己的创新观点。

### 三、悦读创作

#### 温情人物我解读

## 四、人物解读悦读分享评价

| 评价标准 | 自评(分) | | | | | 组评(分) | | | | | 分数合计 |
|---|---|---|---|---|---|---|---|---|---|---|---|
| | 5 | 4 | 3 | 2 | 1 | 5 | 4 | 3 | 2 | 1 | |
| 一、人物解读 | | | | | | | | | | | |
| 1. 题目新颖,主题突出。 | | | | | | | | | | | |
| 2. 观点鲜明,结构层次清晰,中心句突出、精练。 | | | | | | | | | | | |
| 3. 有理有据,能联系书中的具体细节解读人物。 | | | | | | | | | | | |
| 4. 能表达自己真实的阅读体验,语言表达通俗易懂。 | | | | | | | | | | | |
| 5. 能联系时代背景解读人物。 | | | | | | | | | | | |
| 6. 见解新颖,有创意。 | | | | | | | | | | | |
| 7. 文字工整、简洁、美观。 | | | | | | | | | | | |
| 二、汇报演讲 | | | | | | | | | | | |
| 8. 脱稿演讲。 | | | | | | | | | | | |
| 9. 声音洪亮,口齿清晰,普通话标准。 | | | | | | | | | | | |
| 10. 表达流畅,富有激情,动作恰当,语言有感染力。 | | | | | | | | | | | |
| 总分 | | | | | | | | | | | |// | | | | | | | | | | | |
| 文字点评: | | | | | | | | | | | |

## 任务三：追忆那些事

### 活动一：绘制"那些事"思维导图

**一、活动要求**

1. 概括鲁迅经历过的那些或有趣，或难忘，或痛苦的人生大事情、小事件，绘制"那些事"思维导图。

2. 事件思维导图信息包含事件名称，事情发生的时代背景、时间、地点等要素。

**二、悦读创作**

《朝花夕拾》"那些事"思维导图

### 活动二：撰写"那些事"汇报演讲稿

**一、活动要求**

撰写事件汇报演讲稿。

**二、活动指导**

1. 详略得当，选择自己感受最深的事件重点介绍。

2. 联系原文细节叙述事件。

3. 任选方式点评事件：以鲁迅的口吻评价那些事对自己人生的影响；以读者的口吻点评那些事，如果当事人是你，你会怎么想，怎么做？

## 三、悦读创作

### 《朝花夕拾》"那些事"汇报演讲稿

### 四、"那些事"思维导图及汇报演讲悦读分享评价

| 评价标准 | 自评(分) | | | | | 组评(分) | | | | | 分数合计 |
|---|---|---|---|---|---|---|---|---|---|---|---|
| | 5 | 4 | 3 | 2 | 1 | 5 | 4 | 3 | 2 | 1 | |
| 一、思维导图绘制 | | | | | | | | | | | |
| 1. 主题明确,事件名称,事情发生的时代背景、时间、地点、结果等关键信息明确。 | | | | | | | | | | | |
| 2. 布局合理,结构层次清晰,关键词准确,信息完整。 | | | | | | | | | | | |
| 3. 线条流畅,由主到次体现线条粗细、宽窄的变化。 | | | | | | | | | | | |
| 4. 文字工整、简洁、美观。 | | | | | | | | | | | |
| 5. 色彩和谐,主干和分支色彩有对比度。 | | | | | | | | | | | |
| 二、汇报演讲 | | | | | | | | | | | |
| 6. 演讲稿点面结合,选择自己感兴趣的事件,阐述自己的感悟、启示和评价。 | | | | | | | | | | | |

续表

| 评价标准 | 自评(分) | | | | | 组评(分) | | | | | 分数合计 |
|---|---|---|---|---|---|---|---|---|---|---|---|
| | 5 | 4 | 3 | 2 | 1 | 5 | 4 | 3 | 2 | 1 | |
| 7. 演讲稿联系原著精彩细节,联系自己的阅读感受,语言生动,富有文采。 | | | | | | | | | | | |
| 8. 脱稿演讲。 | | | | | | | | | | | |
| 9. 声音洪亮,口齿清晰,普通话标准,表达流畅,富有激情,动作恰当,举止得体。 | | | | | | | | | | | |
| 三、团队合作 | | | | | | | | | | | |
| 10. 积极参加小组讨论,为小组出谋划策,认真完成小组布置的任务。 | | | | | | | | | | | |
| 总分 | | | | | | | | | | | |
| 文字点评: | | | | | | | | | | | |

## 活动三:《朝花夕拾》批注赏析鉴赏会

### 一、活动情境

圈点批注,是古人常用的读书方法,也是提高阅读写作能力、思维能力、审美水平等核心素养的重要学习方式。中国古典四大名著家喻户晓,统编语文教科书五年级下册"快乐读书吧"必读名著,你读过吗?而关于名著批读,毛宗岗与《三国演义》、金圣叹与《水浒传》、李卓吾与《西游记》、脂砚斋与《红楼梦》,你听说过吗?现代常见的批注类型有赏析式、评价式、质疑式、感想式、联想式、补充式等,小学时你是否经常使用?进入初中了,让我们来做更高段位的悦读者,我们也来做批评家,举办《朝花夕拾》批注赏析鉴赏会,批注感动你的那些人、那些事,赏析鲁迅散文的真善美,读出自己的见解与感动,批出你的审美品位与真知灼见!

## 二、活动支架

(一)圈点批注

1. 批什么?

对重点、难点、疑点、动情点、感悟深刻点……进行批评和注解。(注解指对不懂的字词查字典或资料,弄清字音、字义和出处,或对背景等相关资料进行补充。)

2. 怎么批?

作品内容、结构、写作手法、语言特色等或对文本的联想、想象、补白、心得体会、独到见解……

附:写作手法(写作艺术手法)思维导图

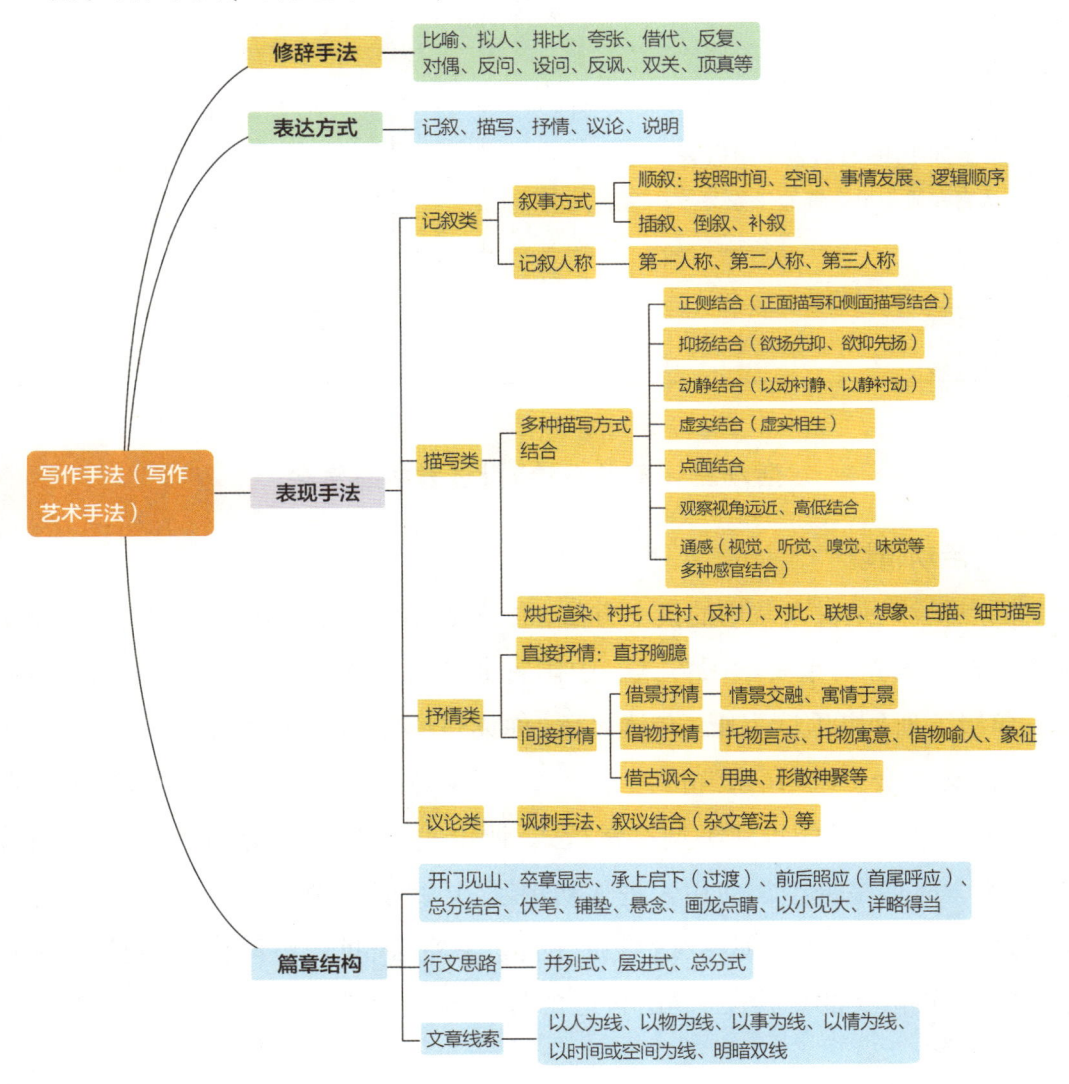

- 写作手法(写作艺术手法)
  - 修辞手法：比喻、拟人、排比、夸张、借代、反复、对偶、反问、设问、反讽、双关、顶真等
  - 表达方式：记叙、描写、抒情、议论、说明
  - 表现手法
    - 记叙类
      - 叙事方式
        - 顺叙：按照时间、空间、事情发展、逻辑顺序
        - 插叙、倒叙、补叙
      - 记叙人称：第一人称、第二人称、第三人称
    - 描写类
      - 多种描写方式结合
        - 正侧结合(正面描写和侧面描写结合)
        - 抑扬结合(欲扬先抑、欲抑先扬)
        - 动静结合(以动衬静、以静衬动)
        - 虚实结合(虚实相生)
        - 点面结合
        - 观察视角远近、高低结合
        - 通感(视觉、听觉、嗅觉、味觉等多种感官结合)
      - 烘托渲染、衬托(正衬、反衬)、对比、联想、想象、白描、细节描写
    - 抒情类
      - 直接抒情：直抒胸臆
      - 间接抒情
        - 借景抒情——情景交融、寓情于景
        - 借物抒情——托物言志、托物寓意、借物喻人、象征
        - 借古讽今、用典、形散神聚等
    - 议论类：讽刺手法、叙议结合(杂文笔法)等
  - 篇章结构
    - 开门见山、卒章显志、承上启下(过渡)、前后照应(首尾呼应)、总分结合、伏笔、铺垫、悬念、画龙点睛、以小见大、详略得当
    - 行文思路——并列式、层进式、总分式
    - 文章线索——以人为线、以物为线、以事为线、以情为线、以时间或空间为线、明暗双线

3. 批注的符号。

～～～　波浪线,画在文章精辟、重点或你欣赏的语句下面。

○○○○　圈,标在文章的难词或重点词下面。

——　直线,标在须着重领会、理解的语句下面。

？　疑问号,标在你有疑问的地方。

‖ ／　分隔号,用来划分段落和层次。

4. 批注的位置。

眉批:批在章节前面。

旁批:批在字、词、句的旁边。

侧批:批在书页侧面。

尾批:批在段尾或全文后面。

5. 批注用语。

要求:简洁、精练,言简意赅,生动传神。

6. 批注类型。

赏析式、质疑式、评价式、感想式、联想式、补充式。

(二)批注类型示例

1. 评价式批注。

评价《朝花夕拾》中那些令你印象深刻的人和事,挖掘其蕴藏的情和意。

**教师示例:** 阿长,一个迷信、唠叨、睡觉摆"大"字,看似粗俗的农村妇女,然而她真心疼爱孩子。鲁迅渴求绘图的《山海经》,别人都不在意孩子的想法,而没文化的阿长却记在心上,千辛万苦满足孩子的心愿。作者运用欲扬先抑的手法写阿长,写得情深意长。她只是一个保姆,却做出了亲人都难做到的事,她真诚、善良、朴实的美好品质,赢得了鲁迅的尊敬、感激和怀念。

2. 感想式批注。

《朝花夕拾》中哪些语言让你感受到了散文的魅力？有哪些深切动人的情感让你动容？有哪些微妙的描写让你泯然一笑？有哪些发人深思的议论让你感慨良多？请你选择最有感触的语句,用简洁、精练的语言抒发自己真实的阅读感受与见解。

**教师示例:**《<二十四孝图>》中"郭巨埋儿",鲁迅因为担心自己父亲像书中的郭巨那样愚孝,竟然对自己的祖母有了敌意,这是孩子的真实心理。因为如果父亲尽孝,自己就会有性命之忧。所谓的挖出黄金来,那都是骗人的。由此可见封建孝道的虚伪。

3.赏析式批注。

(1)赏析语言特色。

**教师示例:**《<二十四孝图>》中对"老莱娱亲"的描写。那个老莱子为了哄父母开心,装作小孩子躺在地上玩着小鼓,假装天真,像个小丑似的,简直是侮辱了儿童的天真。还有"诈跌扑地,作婴儿啼"中"诈跌"二字尤其精妙,"诈跌"也就是假摔,就像"碰瓷"者的动作,七十多岁的老人家假装摔倒在地上,像婴儿一样啼哭,来哄父母开心,形象地描写出了老莱子的丑态,讽刺了封建社会的伪孝文化。

(2)赏析表达方式。

**教师示例:**《<二十四孝图>》中反复出现一句话:"只要对于白话来加以谋害者,都应该灭亡!"鲁迅用辛辣的笔墨,以直接抒情的手法,对阻碍改革封建教育,反对白话文的保守派直接开骂,笔锋犀利。

(3)赏析写作艺术。

**教师示例:**《阿长与<山海经>》中鲁迅对阿长感情前后发生了变化,这是对比手法,也是欲扬先抑的写法,更能突出鲁迅对阿长的感激与怀念。

杂文笔法,即在叙事时,穿插对现实的直接议论,如《狗·猫·鼠》中作者在深情回忆可爱的小隐鼠,记叙祖母讲的民间故事时,同时直接议论,揭露批驳现实生活中那些具有与猫类似习性的"正人君子"的真实面目;写这三种动物的同时也运用了对比、象征手法;行文思路上也体现了"视角转换"艺术,回忆童年故事时用童年鲁迅的视角,批驳现实时则采用成人视角。

4.质疑式批注。

带着问题阅读,提出不懂的疑难问题;发现含义深刻的语言,提出自己的疑问;也可以提出与作者不同的观点。

**教师示例:**《藤野先生》中"大概是物以稀为贵罢",真的是物以稀为贵吗?当地的日本人对中国人很优待,鲁迅在日本留学感觉很幸福吗?非也!国家强大人民才会有幸福感。表估计的"大概"和感叹词"罢",写出了鲁迅作为弱国学生内心的心酸。

5. 联想式批注。

运用联想法阅读,由此及彼,从文本迁移到文外,如联想到自己、现实生活、鲁迅的其他作品、其他作者的同类作品等。

教师示例:由鲁迅的童年联想到自己的童年,由鲁迅的父亲联想到自己的父亲。

6. 补充式批注。

对不懂的生僻字、熟语、典故等查找资料进行补充批注;或对自己感兴趣的问题,查找资料进行批注。

教师示例:《五猖会》中鲁迅的父亲对儿子的教育非常严格,除了天下父母"望子成龙"的因素以外,还有没有别的原因?是不是鲁迅的父亲遭遇过什么刺激?出于对鲁迅父亲的人生经历的兴趣,于是查找资料发现了答案:鲁迅的祖父周福清通过科举考试步入仕途,中进士后成了政府官员,也积攒了一些钱财。但鲁迅父亲周伯宜清朝末年中了秀才后,后面屡次科考失利,三十多岁了还未中举。封建时代读书人没有中举是很悲惨的。为了让儿子考取功名,周福清贿赂主考官,未遂,后考场舞弊之事败露,周福清畏罪潜逃,周伯宜被抓去顶罪坐牢,并且被免去秀才功名,永不能参加考试。周家也迅速败落。周伯宜遭此一劫后性情大变,前途无望,破罐子破摔,常年生病,三十六岁就病故了。再读《五猖会》我们就能理解鲁迅父亲对儿子教育的严格,也能理解鲁迅对封建科举制度的抨击,读鲁迅的小说集《呐喊》中的《孔乙己》也能发现他父亲的影子,讽刺与批判中有作者对被封建科举制度毒害的读书人深深的同情。

## 三、悦读创作

**我最精彩的批注展示**(每类批注不少于1处)

## 四、批注赏析分享评价

| 评价标准 | 自评(分) | | | | | 组评(分) | | | | | 分数合计 |
|---|---|---|---|---|---|---|---|---|---|---|---|
| | 5 | 4 | 3 | 2 | 1 | 5 | 4 | 3 | 2 | 1 | |
| 1. 联系原著中的细节批注,表达自己真实的阅读体验。 | | | | | | | | | | | |
| 2. 联系思想感情、表达方式、写作特色、艺术手法、修辞手法、精彩语句等写作艺术角度点评。 | | | | | | | | | | | |
| 3. 批注内容有字、词、句、段等不同的批注点。 | | | | | | | | | | | |
| 4. 运用批注符号加以标记。 | | | | | | | | | | | |
| 5. 批注点维度丰富,每种批注类型不少于3处。 | | | | | | | | | | | |
| 6. 见解新颖,有创意。 | | | | | | | | | | | |
| 7. 批注语言精练,言简意赅,有理有据,生动有趣。 | | | | | | | | | | | |
| 8. 文字工整、简洁、美观。 | | | | | | | | | | | |
| 9. 用眉批、旁批、尾批等不同方法批注。 | | | | | | | | | | | |
| 10. 能针对难点,提出自己的疑问。 | | | | | | | | | | | |
| 总分 | | | | | | | | | | | |
| 文字点评: | | | | | | | | | | | |

## 第7课时 《朝花夕拾》读书会颁奖与评价总结

### 一、读书会颁奖

(一)奖项设置

最佳思维导图、最佳演讲者、最有创意奖、最有深度奖、最有文采奖、最佳美术奖、最佳编辑奖、最佳表演奖、最佳主播奖、最佳队友奖、黑马奖等奖项。

(二)奖项类别

分团体奖和个人奖。根据整本书阅读任务群各项活动的读书会作品展示分享,包括线下和线上的成果展示,通过线上投票评选最佳团体和个人单项奖。

## 二、《朝花夕拾》整本书悦读课程评价与总结反思

| 单元任务 | 学习内容 | 基本标准 | 自评 | | | 组评 | | |
|---|---|---|---|---|---|---|---|---|
| | | | 优秀 | 良好 | 合格 | 优秀 | 良好 | 合格 |
| 读前导 | 1. 走进《朝花夕拾》。<br>2. 还原作者,认识鲁迅。<br>3. 穿越时空,对话鲁迅。 | 1. 了解作家、作品。<br>2. 快速浏览相关篇章,梳理作者的人生经历关键节点,了解鲁迅的人生追求和爱国情怀。<br>3. 能从人物描写和事件描述中读出作者内在的情感、态度。 | | | | | | |
| 读中导 | 1. 制订阅读规划,完成阅读挑战卡。<br>2. 赏讽刺笔法,悟作者情感。<br>3. 观人物群像,理人物档案。<br>4. 读后测评:悦读通关考级。 | 1. 阅读规划具有可行性;能完成悦读挑战卡。<br>2. 品析鲁迅理性的批判等讽刺手法,感受作者的情感与态度。<br>3. 从人、事、情、理等角度建构叙事性散文阅读图式,对《朝花夕拾》有宏观的把握。<br>4. 建构散文阅读图式,提炼关键信息,完成《朝花夕拾》人物阅读图式。<br>5. 阅读完全书后能够完成通关考级。 | | | | | | |

续表

| 单元任务 | 学习内容 | 基本标准 | 自评 优秀 | 自评 良好 | 自评 合格 | 组评 优秀 | 组评 良好 | 组评 合格 |
|---|---|---|---|---|---|---|---|---|
| 读书会<br><br>任务一：穿越童年觅童趣 | 1."熊孩子"鲁迅探秘。<br>2.我与鲁迅比童年。<br>3.制作《朝花夕拾》相册。 | 1.用儿童视角发现童年鲁迅的童趣，解读童趣能联系文本具体细节，联系自己生活经验。<br>2.细读文本，概括鲁迅童年的特点，运用对比手法，联系自己的生活和童年经历，完成"我与鲁迅比童年"活动。对比点信息完整，维度多样，有自己的阅读体验；演讲思路清晰，语言富有感染力。<br>3.完成《朝花夕拾》相册的策划，目录排序有规律，体现逻辑性，创意说明有理有据。为文章设计插图，符合原著内容，重点突出，创意说明有理有据，观点新颖，语言精练。<br>4.能制定评选标准，评选最佳悦读者、最佳发现奖、最有创意奖、最佳演讲者、最佳美术奖、最佳编辑奖等。 | | | | | | |

《朝花夕拾》：读人阅事悟真情

续表

| 单元任务 | 学习内容 | 基本标准 | 自评 优秀 | 自评 良好 | 自评 合格 | 组评 优秀 | 组评 良好 | 组评 合格 |
|---|---|---|---|---|---|---|---|---|
| 读书会<br>任务二：追忆那些人 | 1. 绘制"那些人"思维导图。<br>2. 撰写"那些人"汇报演讲稿。<br>3. 温情人物我解读。 | 1. 绘制人物思维导图，姓名、外貌、性格、相关事件、鲁迅对人物的情感等关键信息明确。<br>2. 演讲稿联系原著精彩细节，联系自己的阅读感受，语言生动，富有文采。<br>3. "温情人物我解读"小论文写作结合原著和自己的阅读体验，多角度评价人物，有理有据。<br>4. 制定评价标准，评选最佳人物思维导图、最佳演讲者、最有深度奖、最有文采奖、最有创意奖等。 | | | | | | |
| 读书会<br>任务三：追忆那些事 | 1. 绘制"那些事"思维导图。<br>2. 撰写"那些事"汇报演讲稿。<br>3.《朝花夕拾》批注赏析鉴赏会。 | 1. 绘制与鲁迅相关的事件思维导图，关键信息准确，符合思维导图特点。<br>2. 演讲稿与思维导图结合，有感染力，能从人物和事件中发现作者的情感和态度，有自己的见解。<br>3. 掌握不同类型的批注方法，培养语言鉴赏与审美创造能力。能批注出作者的情感、态度，能读出自己独到的见解。 | | | | | | |

续表

| 单元任务 | 学习内容 | 基本标准 | 自评 | | | 组评 | | |
|---|---|---|---|---|---|---|---|---|
| | | | 优秀 | 良好 | 合格 | 优秀 | 良好 | 合格 |
| | | 4.制定评选标准,评选最佳事件思维导图、最佳演讲者、最佳编辑奖、最有深度奖、最有创意奖等。 | | | | | | |

总结反思:

**附:《朝花夕拾》整本书悦读读创成果展示**

**任务一:穿越童年觅童趣**

**活动一:"熊孩子"鲁迅探秘**

**鲁迅也是"熊孩子"**

吴宇森

鲁迅虽然是一位伟大的文学家,但在《朝花夕拾》中,鲁迅也有"熊孩子"的淘气与可爱的一面,隐藏着一些童趣。

小时候的鲁迅相当调皮活泼。

在百草园中,只留恋桑葚、小虫子等新奇的玩意儿,喜欢神奇的赤练蛇的故事。不愿意去三味书屋读书和现在的小孩子不愿上学没两样。在三味书屋也不好好读书,上课不好好听讲,偷偷画画,趁老师读书入神时偷跑出去玩耍。

在《狗·猫·鼠》中,小时候的鲁迅还很记仇。鲁迅因为厌恶猫的种种罪行,尤其是伤害了他那心爱的隐鼠,便开始对猫展开报复。先是偷袭骚扰猫,再是拿石头扔它们,然后是引它们入房,进而偷袭。但后来得知是阿长踩死的隐鼠,才不再报复猫,但他和猫的感情也无法再融洽。这也是鲁迅"熊孩子"的一面。

《朝花夕拾》的童趣耐人寻味。鲁迅写童年跟猫斗争的故事,寓意不在于猫本身。而是运用借物寓意的手法,猫象征社会上虚伪的正人君子、鼠象征生活中的弱者,借用憎恨猫这件事来讽刺正人君子,同时表达对底层人物的同情和对封建统治者的憎恨。

## 活动二：我与鲁迅比童年

> # 我与鲁迅比童年
>
> 林千涵

**我的阅读**

1. 资源丰富，可读的儿童读物极其丰富，可以买书、免费借书的地方很多。
2. 老师和父母鼓励多阅读，读古今中外各种好书，绘本、漫画，只要内容健康都可以读，会主动买课外书给我读，金庸的武侠我也读了好几套了。
3. 校园和社区有丰富多彩的读书活动，有很多一起阅读的伙伴可以交流，比如我们现在正在进行的读书交流。
4. 从书中得到的知识和见闻丰富。但是古文阅读和写诗、做对子、写文章不行。

**鲁迅先生的阅读**

1. 基本没有儿童读物，一本图像模糊简易的《山海经》都来之不易，令他激动万分。
2. 只能读一些规定的对儿童来说很枯燥的书，问"怪哉"这些好玩的故事没人理。
3. 私塾里背一些自己也不怎么懂的东西，要去玩之前还被逼背一下自己不喜欢也不明白的文章。
4. 读书种类少一点，但是古文功底扎实，写诗、做对子、写文章基本功厉害。

**我的童趣**

我在小学前就是玩，孵小鸡、乌龟、养兔子、狗等小动物，课余时间去国内外旅游，吃各地的特色美食，领略风土人情，去乡间挖红薯、砍甘蔗、抓泥鳅、摘水果、钓鱼、烧烤。上小学了虽然忙一点了，但是周末及节假日大部分时间都还是去郊外活动或者各地游学，过得多姿多彩。小时候我也会学一些东西，但都是我喜欢的画画课、舞蹈课、围棋课、乐高、手工等特别有意思的适合小孩子的内容。初中开始我就基本没有时间外出了，但是学校会安排社会实践课程来丰富生活。

**鲁迅先生的童趣**

鲁迅小时候虽然过着小少爷的生活，但是生活环境就比较约束拘谨，生活也比较单一。难得看一次迎神赛会，还被父亲突然叫住背书而最后看迎神赛会的兴致全没了。童真是每个小孩子的天性，鲁迅小时候也养小隐鼠，和同学上课溜出去折蜡梅花，或者描连环画，在百草园拔何首乌，希望有人形的吃了可以成仙，还按斑蝥，听长妈妈讲故事……但是当时的儿童教育整体来看内容相对单一，思想也比较保守，交通也没有现在发达，所以他的童趣还是很有限的。

**我的父亲**

我的父亲最希望的是我身体健康，性格开朗，快乐平安，会根据我的兴趣和特长引导我去自主学习，耐心陪伴我，不会因为一时的成绩得失责罚我，而是鼓励我，帮助我。平常有时间就会带我去游泳、打球、骑单车、攀岩，带我看电影、逛书城……假期还会开车带我们一家到处旅游，他是我的好伙伴。父亲从来没有打过我，有时候我犯了错误，他只会严肃地跟我谈，指出缺点，让我自己反省，而不是命令我必须接受。有时候冤枉了我，他也会很诚恳地向我道歉，意见不合时会进行耐心沟通，而不是用父亲的身份控制我的思想。

**鲁迅先生的父亲**

鲁迅的父亲虽然也很爱鲁迅，但是从《朝花夕拾》一些细节中我感觉到鲁迅望子成龙的父亲采用的是一种严格的教育，保持着严父的形象，给小孩子的教育更多的是成人世界的内容，没有像梁启超一样善于直接表达对孩子的爱，所以孩子可能比较难以亲近父亲，更多的是敬畏父亲，服从父亲的权威，不敢随便在父亲面前展露天性，有想法也不敢跟父亲提。

## 活动三：制作《朝花夕拾》相册

### 《朝花夕拾》相册目录与创意说明

夏一平

（一）揭露类

1.《<二十四孝图>》——旧中国儿童的悲惨处境

2.《五猖会》——旧制度对中国儿童的摧残

3.《无常》——旧中国对人民的不公

创意说明：揭露类，体现鲁迅的批判精神。《<二十四孝图>》通过讲述"老莱娱亲"等故事，揭露了封建孝道的虚伪和残酷；《五猖会》揭露了封建制度对儿童的束缚；《无常》描写无常同情人反遭毒打，揭露了旧中国对好人的不公。

（二）讽刺类

1.《狗·猫·鼠》——人性的卑劣

2.《父亲的病》——人性的凉薄

3.《琐记》——人性的虚伪

创意说明：讽刺类，讽刺手法是鲁迅重要的写作手法。《狗·猫·鼠》，鲁迅先生是真的仇猫吗？在我看来并非如此，只不过是仇视那些现代评论派文人的"媚态的猫"式的嘴脸罢了；《父亲的病》，名医看病，不是针对病人对症下药，而是提出许多奇怪的药引，所谓的灵丹，外加高昂的诊费，最后可见治病的效果了；《琐记》，行走世间，不怕明目张胆的真恶人，就怕笑里藏刀的假好人，而鲁迅的邻居衍太太恰好就是这样的人。

（三）怀念类

1.《阿长与<山海经>》——怀念和感激儿时玩伴

2.《从百草园到三味书屋》——愉快的童年时光

3.《藤野先生》——最感激的老师

4.《范爱农》——同情和悼念爱国之士

创意说明：怀念类，是温暖的回忆。鲁迅在日本留学期间，遇到了一位对学生一视同仁,给予自己无微不至关怀照顾的藤野老师,也是鲁迅口中"最使我感激"的老师;用百草园的自由快乐同三味书屋的无味做对比,写出了童年开心疯癫的玩耍,表达了童年的美好,是一生中最无忧无虑的幸福时光;从作者对阿长的厌烦、埋怨到尊重、爱戴,无不展现出封建制度下一位女性的善良本性;范爱农与鲁迅从相遇、相知到挚友,最后成为同事,作为一位觉醒的知识分子,范爱农的离世是社会黑暗的罪证。

为什么揭露类排第一,怀念类排最后?

时代造就形形色色的人,作者首先揭露出旧社会、旧制度的种种黑暗、罪恶,所以才会有那么多卑劣的人。而无论旧社会怎么黑暗,总有那么些人永远保有一颗善良、积极向上的心,星星之火可以燎原,让黑暗中存在一丝光明,不断照亮人们觉醒。

《朝花夕拾》：读人阅事悟真情

## 《朝花夕拾》选文插图与创意说明

### 《狗·猫·鼠》

巫嘉颖　李舒妍

第一，猫对自己捉到的猎物总要尽情玩弄够了，才吃下去；
第二，它与狮虎同族，却天生一副媚态；
第三，它在交配时嗥叫，令人心烦；
第四，它吃了"我"小时候心爱的一只小隐鼠，虽然后来证实并非猫所害，但"我"对猫是不会产生好感的，何况它后来确实吃了小兔子！
表达了作者对社会上一些与猫相似的"正人君子"的批判与讽刺。

七（5）班　李舒妍　巫嘉颖

## 《父亲的病》之衍太太

### 江南文君 蓝卓君

衍太太是我的邻居，她是一个喜欢使坏、自私自利、颇有心计的人。

## 《从百草园到三味书屋》

何紫轩　任诺琪　萧泳琳

记忆被残酷的现实冲淡，
但儿时的乐趣没有忘却。
它被永远嵌在这乐园当中
熠熠生辉……

百草园

枯燥和烦闷萦绕在
我的心间，
这里的一切好似和以前
不一样了，
没有可爱的昆虫，也没有
繁盛的植物。
只得在屋外的小园寻些
乐趣……

向梅花鹿行礼　　三味书屋

坪地兰陵学校七（五）班 何紫轩 任诺琪 萧泳琳

## 任务二：追忆那些人

### 活动一：绘制"那些人"思维导图
### 《朝花夕拾》"那些人"思维导图

程　越

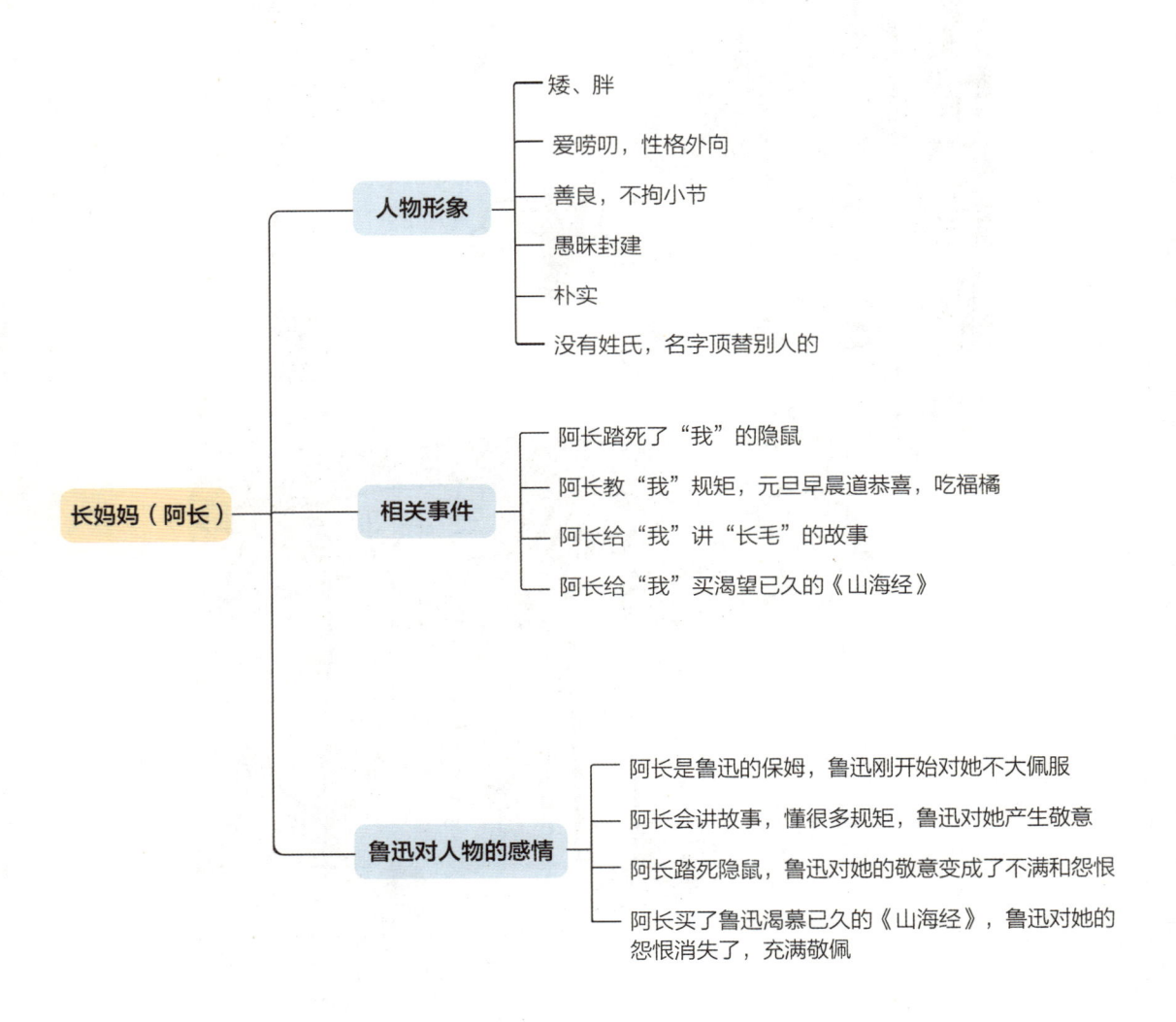

**长妈妈（阿长）**

- **人物形象**
  - 矮、胖
  - 爱唠叨，性格外向
  - 善良，不拘小节
  - 愚昧封建
  - 朴实
  - 没有姓氏，名字顶替别人的

- **相关事件**
  - 阿长踏死了"我"的隐鼠
  - 阿长教"我"规矩，元旦早晨道恭喜，吃福橘
  - 阿长给"我"讲"长毛"的故事
  - 阿长给"我"买渴望已久的《山海经》

- **鲁迅对人物的感情**
  - 阿长是鲁迅的保姆，鲁迅刚开始对她不大佩服
  - 阿长会讲故事，懂很多规矩，鲁迅对她产生敬意
  - 阿长踏死隐鼠，鲁迅对她的敬意变成了不满和怨恨
  - 阿长买了鲁迅渴慕已久的《山海经》，鲁迅对她的怨恨消失了，充满敬佩

## 《朝花夕拾》：读人阅事悟真情

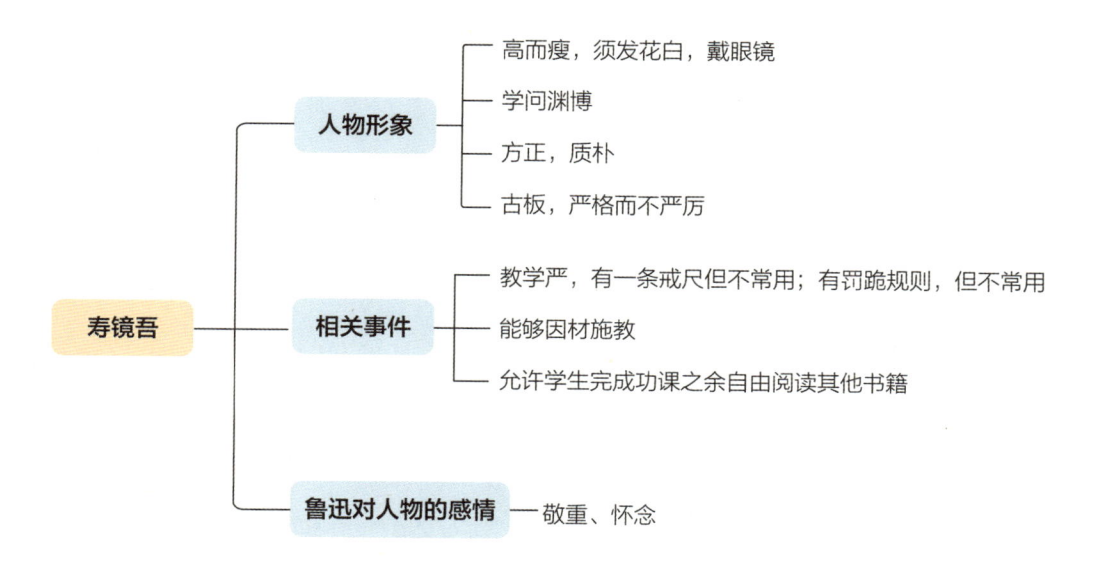

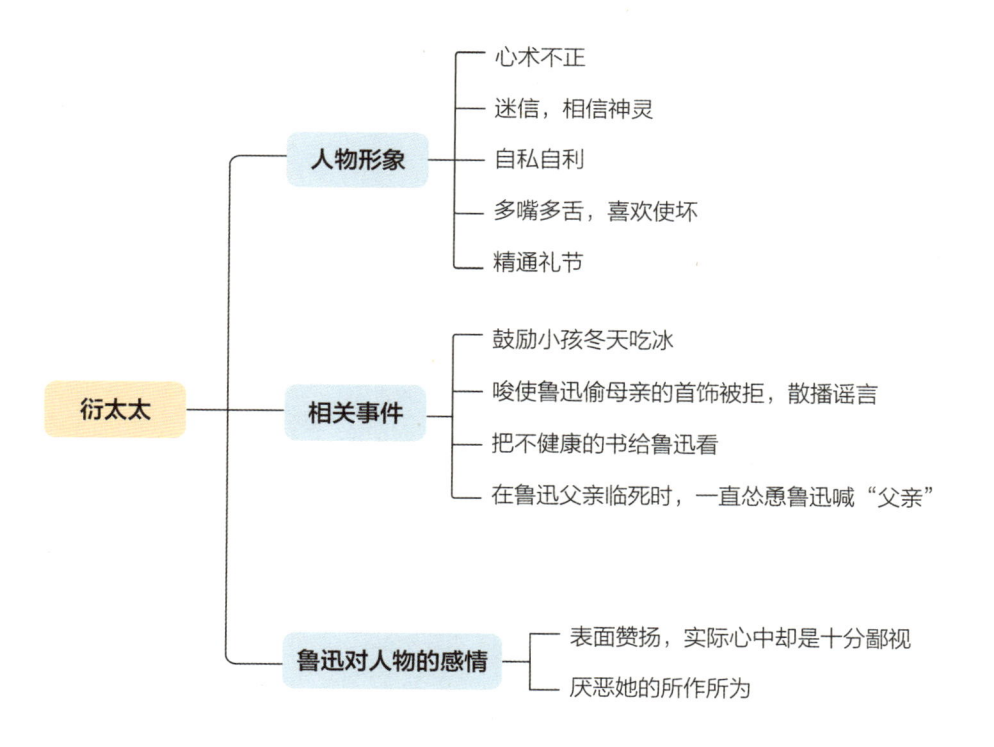

**寿镜吾**
- 人物形象
  - 高而瘦，须发花白，戴眼镜
  - 学问渊博
  - 方正，质朴
  - 古板，严格而不严厉
- 相关事件
  - 教学严，有一条戒尺但不常用；有罚跪规则，但不常用
  - 能够因材施教
  - 允许学生完成功课之余自由阅读其他书籍
- 鲁迅对人物的感情——敬重、怀念

**衍太太**
- 人物形象
  - 心术不正
  - 迷信，相信神灵
  - 自私自利
  - 多嘴多舌，喜欢使坏
  - 精通礼节
- 相关事件
  - 鼓励小孩冬天吃冰
  - 唆使鲁迅偷母亲的首饰被拒，散播谣言
  - 把不健康的书给鲁迅看
  - 在鲁迅父亲临死时，一直怂恿鲁迅喊"父亲"
- 鲁迅对人物的感情
  - 表面赞扬，实际心中却是十分鄙视
  - 厌恶她的所作所为

## 藤野先生

- **人物形象**
  - 黑瘦，八字须，戴着眼镜
  - 不修边幅
  - 治学严谨
  - 博学多识
  - 生活简朴
  - 工作认真，一丝不苟

- **相关事件**
  - 藤野先生检查并从头到尾地修改"我"抄的讲义
  - 藤野先生指出"我"绘的解剖图中的错误
  - 藤野先生为"我"不信鬼神，敢于解剖尸体而感到高兴和放心
  - 藤野先生向"我"询问，了解中国女人裹脚的情形，表现了先生的探索研究、实事求是的精神

- **鲁迅对人物的感情**：感激、怀念

## 范爱农

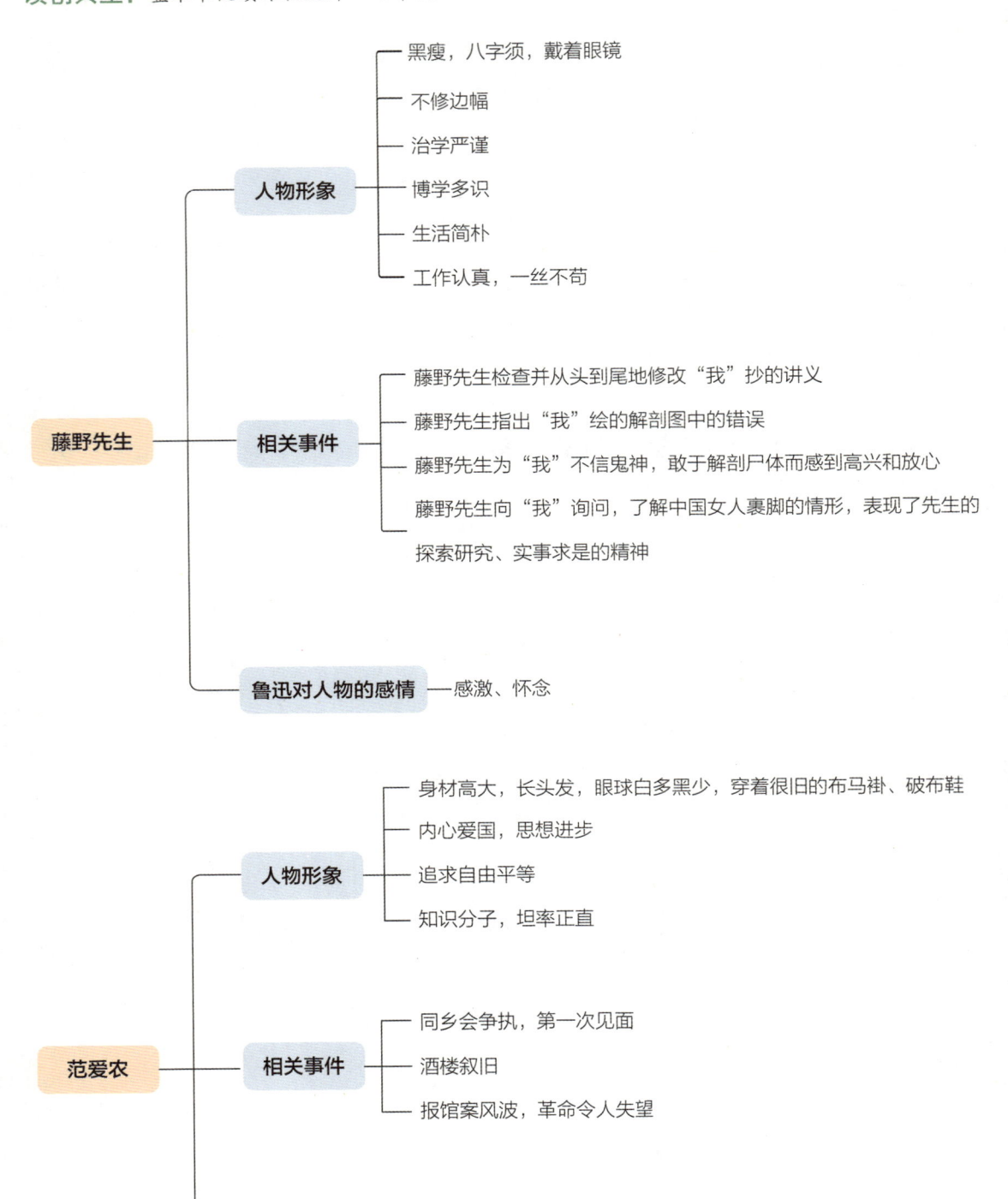

- **人物形象**
  - 身材高大，长头发，眼球白多黑少，穿着很旧的布马褂、破布鞋
  - 内心爱国，思想进步
  - 追求自由平等
  - 知识分子，坦率正直

- **相关事件**
  - 同乡会争执，第一次见面
  - 酒楼叙旧
  - 报馆案风波，革命令人失望

- **鲁迅对人物的感情**：回忆、怀念

## 活动二：撰写"那些人"汇报演讲稿

### 影响鲁迅一生的那些人

李文杰

亲爱的老师、同学们：

大家好！

今天，我演讲的题目是《影响鲁迅一生的那些人》。

鲁迅能有后来的成就，离不开那些亲朋好友的帮助与影响。

让我们把时间推回到从前，那时的鲁迅，还是个天真快乐的儿童。长妈妈，是鲁迅儿时的保姆，她是一个十分多事、粗俗的妇女。经常打鲁迅的小报告；在鲁迅家中睡姿十分不好，屡教不改，把这里当成自己家一样。可这就是最真实的阿长，没有半点是虚伪的，比某些"上层社会"的"正人君子"要好得多。她带给鲁迅许多美好回忆。阿长在鲁迅的塑造下成为一个立体的人物角色，有优点也有缺点，十分贴近现实。

藤野先生，是鲁迅日本留学时的一位解剖学教师。面对来自不同国家的学生，他都一视同仁，不歧视鲁迅，认真教导鲁迅，在学业上极力帮助鲁迅。正直、热情、平等待人、和蔼可亲、诲人不倦、严谨认真，这些词形容他再合适不过了。后来鲁迅发现中国人民的思想已经麻木了，为了拯救灾难深重的祖国，他弃医从文，向藤野先生告别，而藤野先生对鲁迅也依依不舍，临走前还给了鲁迅一张他的照片。在《藤野先生》一文中，我们既能感受到鲁迅对藤野先生的怀念，也真切地感受到鲁迅先生的强烈爱国主义情怀。

范爱农，鲁迅在日本留学时认识的志同道合的朋友。面对中国当时的黑暗，他依旧保持着正直、坚强的精神品质。范爱农的死让鲁迅对革命的信念越来越坚定。

在《五猖会》中，儿时的鲁迅渴望去看五猖会，可被父亲留下背《鉴略》，尽管最后还是去了，可那种兴致却没了。文中没有一句话在批评自己的父亲，因为鲁迅知道，错的不是一个人，而是整个社会。父亲是多么希望鲁迅成才啊，可那种封建教育对儿童无疑又是一种摧残。鲁迅对封建教育的危害深有体会,后来他想尽办法推行新文化,为反对封建制度做出了重要贡献。

衍太太一系列的行为,使鲁迅认识到社会的黑暗以及人性的险恶。

而《父亲的病》使鲁迅彻底认清了这个社会,中国人民已经麻木了,心中早已没了"国"这个概念了,被钱财蒙蔽了双眼,每个人心中的"志"早已消失得无隐无踪了。父亲就是被这类人给害死了。

尽管生于这么一个时代,但鲁迅靠着顽强的抗争一次又一次地熬过去了,所经历的每一次磨难,铸造了后来那个唤醒全中国的伟大人物。

## 活动三:温情人物我解读

### 时代的可怜人
——《朝花夕拾》中鲁迅的父亲形象赏析

陈 嫒

悦读经典,点亮人生。这里是尹庆华名著悦读直播间。我是陈嫒。欢迎观看《朝花夕拾》第一季悦读人物专题。

我们从何处来?要到哪里去?这是一个严肃的哲学命题。追寻生命的来处,我们都无法回避一个人——父亲。朱自清父亲的背影让人潸然泪下,我们的父亲,不管是严父也好,慈父也罢,都是我们生命的根。

鲁迅先生笔下的父亲,我觉得是可惜的。

鲁迅在《朝花夕拾》中只提到自己的父亲几次,大家并不是那么关注"父亲"这个人的形象,我也不例外。但是重温时,他却给我留下不一样的印象。

《五猖会》中的父亲是大家印象较深的。他在五猖会开演前让鲁迅"背不出,就不准去看会",于是他严厉、带着旧式教育思想的形象就随之深入人心。就算现在这种行为也并不少见,像我的父亲就会在我小时候出去玩耍时来一句"作业没写完不准出门",想必这样的经历各位都深有同感了。

那为何说到"可惜"?这就该从《父亲的病》说起了。

父亲的病医了数年却仍油尽灯枯，鲁迅在文章里表达了自己对无用庸医的痛恨，更有对父亲深深的不舍，以及最后父子别离时没有让父亲安详离去的愧疚。"我很爱我的父亲。便是现在，也还是这样想。"想必这离别，一定是鲁迅心中万分后悔可惜的一件事吧。

然而阅览资料，发现"父亲"的经历格外令人同情。

鲁迅父亲周伯宜是清朝末年秀才，父亲贿赂考官案发，畏罪潜逃，他便被拉去顶了罪，还免去了秀才的功名。一个读书人哪承受得了这种打击，原来思想挺清明一小伙子，出狱后就变得郁郁寡欢，喜怒无常，还养成了各种坏毛病：酗酒、吸鸦片……久而久之身体自然难堪重负，一病不起。因为自己屡次考不到功名，便对鲁迅的教育非常重视，他是那时将希望寄托于子女的父母的象征性人物。

因此，我觉得他并非是"封建时代下的父亲产物"——他不过是一位时代的可怜人。

周伯宜严厉归严厉，却并非不爱着自己的儿子，而每一位父亲又何尝不是如此呢？他这一辈子活得可惜，死得可惜，但那份父爱却永远深沉。

## 良师益友藤野先生

吴佳诺

藤野先生，鲁迅的良师益友。

初次相见，穿衣服太模糊，忘记戴领结……邋里邋遢的样子令人印象深刻。但却痴迷学术，哪怕是一条血管画偏了位置，他也能看出来。他对学术的痴迷与追求影响着鲁迅。

这样一位痴迷学术的学者对学生又有怎样的要求呢？这些疑虑让我对他产生了好奇。

再次了解，发现他是一名既严谨又和蔼的老师。

初到日本的鲁迅饱受歧视，但藤野先生对鲁迅没有丝毫的偏见。为了学业让鲁迅抄讲义，抄完后还要给他检查。当鲁迅拿到检查后的讲义时大吃一惊，从头到尾都有藤野先生的添改订正。当鲁迅把一条血管位置画偏时，藤野先生并没有责怪而是和蔼可亲地跟鲁迅解释。这种严谨又不失和蔼的教学,给鲁迅留下了深刻的印象。

藤野先生作为一位良师,为什么在鲁迅弃医从文时,虽显悲哀,却不反对?当鲁迅告知藤野先生不学医时,藤野先生脸色仿佛有些悲哀,却什么也没有说。为了不让老师失望,鲁迅找了个很不合理的理由安慰藤野先生。可是,作为学校的教授,他怎能不知中国当时的状况,又怎会不知课堂上放映日本人杀害中国人的影片事件对鲁迅的影响呢?

多年后,当鲁迅回忆这段经历时,对藤野先生那颗感恩的心依旧浓烈,在鲁迅的心中,藤野先生早已是一位许久未见的益友。

了解完藤野先生,我思索:何为好老师?

也许这个问题没有标准答案。当我们上幼儿园的时候,陪我们玩闹的老师是好老师;当我们步入小学,给我们鼓励和表扬的老师是好老师;当我们进入中学,课上幽默风趣,课后对学生平等尊重的老师是好老师。而藤野先生正是鲁迅心中的好老师。

古人云"经师易遇,人师难遇",藤野先生正直高尚的品质、严肃认真的态度、一丝不苟的作风深深地影响着鲁迅。每一位好老师的言传身教都激励着我们攀上人生高峰。

## 范 爱 农

王彦丹　李晓欧

从开始的相互看不顺眼到后来的抱团取暖,鲁迅和范爱农的友情就如同小说里疾恶如仇的死对头突然成了无话不谈的好兄弟。是什么改变了他们对彼此间的看法?又是什么让鲁迅提笔写下为数不多的一篇念友文?当然是彼此间的缘分!

"高大身材,长头发,眼球白多黑少,看人总像在渺视。"从外貌都看得出来的一身傲骨。范爱农又是个怎样的人物?

范爱农是清末革命团体光复会成员,自幼丧父失母,一生多坎坷。他是黑暗社会里寥寥无几的觉醒者,靠手中的笔唤醒旧中国麻木的民众。官僚主义盛行,人民处于水深火热之中,而觉醒者总是被无情吞噬,范爱农也不例外,被命运肆意摧残,从一名朝气蓬勃的留学青年到经济窘迫,受着轻蔑、排斥,几乎无处容身。但都说上帝为你关上一扇门,就会为你打开一扇窗,缘分这不就到了!鲁迅和范爱农久别重逢,不计前嫌,放下成见。深夜饮酒,互掏心窝,敞开心扉。

"那一天你专门反对我……"

"你还不知道?我一向就讨厌你的……"

原来彼此间是误解!范爱农先前认为鲁迅看不起他们一行人,结果事实并非如此:鲁迅只是不懂范爱农等人为什么要带绣花鞋,以及不满这些"读书人"之间不必要的礼数罢了。不经意间摇了两次头,却让这位"敏感兄"范爱农觉得鲁迅目中无人,傲慢不逊!

爱憎分明的范爱农坦率正直,鲁迅是极欢喜和他交谈的,两人在彼此间心里的分量也是极重的。鲁迅前往南京后,范爱农也期待着鲁迅的电报召唤。可以想象两个大老爷们大热天坐在院子里娓娓而谈,偶尔对天一笑的场景,实在引人向往。毕竟志同道合的朋友,实是不可多得。

在鲁迅离京不久,范爱农竟落水而亡。独坐会馆的鲁迅,心情七上八下,只作了诗悼念:"……旧朋云散尽,余亦等轻尘。"字里行间都透露着鲁迅对范爱农的怀念。生活的种种不顺使其醉心于酒。陶醉的,是酒后甘甜的梦——故友重逢,革命胜利!实在悲愤欲绝!

范爱农的逝去,让鲁迅失去了一位惺惺相惜的挚友。鲁迅无疑是惋惜的,无奈的,这情感中也隐含了对旧民主主义革命的失望和不满!感情真挚地怀念自己已故的挚友,让读者也感受到了一个真挚热忱的鲁迅。

## 任务三:追忆那些事

### 活动一:绘制"那些事"思维导图

**《朝花夕拾》"那些事"思维导图**

李启程

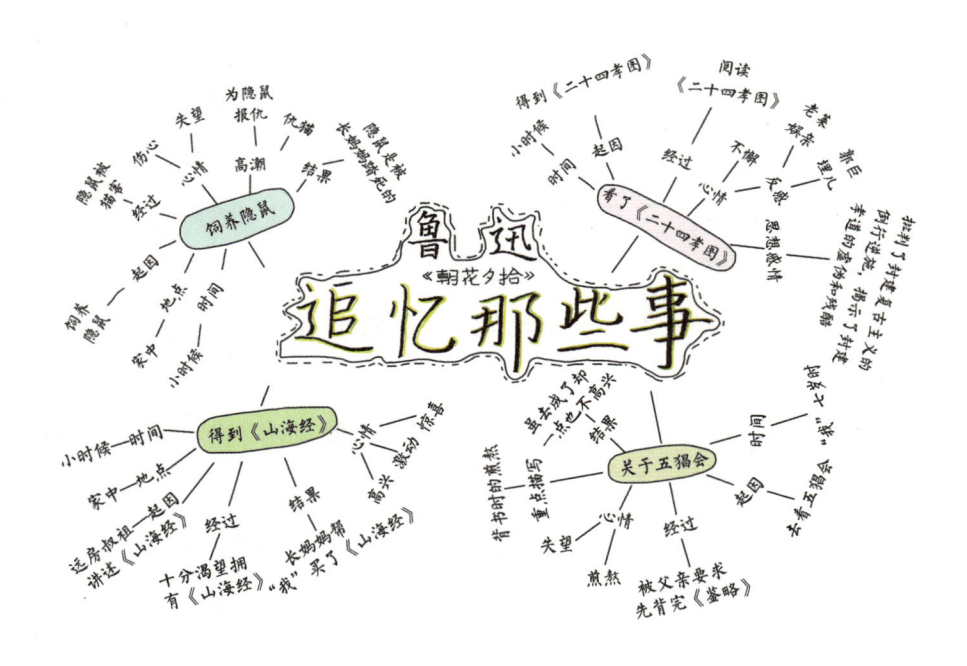

### 活动二:撰写"那些事"汇报演讲稿

**追忆那些事**

李启程

对于《朝花夕拾》中的那些事,有一些我还是记忆犹新的。

童年我饲养的隐鼠被害,以至于我不停地袭击猫报仇,长大后想来,还真是幼稚。回想起来,我长大了,明白了许多道理,不再去做那些幼稚的事了,早已改变态度,对猫颇为客气。

阿长为我买《山海经》是令我非常开心的一件事。《山海经》十分有趣,它是我最初得到的宝书,使我对长妈妈发生了新的敬意。不是不能做,而是不想做,别人不肯做或不能做的事,她却能够做到,可能我以后也要去用心做好事吧。

　　五猖会这件事我记忆深刻。我非常想去看五猖会时硬是被父亲强迫要背完《鉴略》,正如我写的,"我似乎从头上浇了一盆冷水"。去成后,我却一点儿都不开心,父亲为何要在那时候叫我来背书呢?当时我十分不解。可能是因为父亲觉得五猖会会让我产生学习动力,促使我更快背好书,记得更深刻吧。但我更希望能带着好心情好好去看一场精彩的五猖会。

　　从百草园到三味书屋,里面发生的都是童年的开心事。从美女蛇、拍雪人、捕鸟,到认真读书、画画写字、老师读书读入了神,每一帧画面都有童趣。百草园聚集了我许多美好的回忆,三味书屋陪伴了我幼年的读书时光,甚是幸福!

　　范爱农的死因至今令我感到怀疑,他是凫水的能手,所以我怀疑他是投水自杀的。他的际遇也是那些正直的知识分子的际遇,所以我深深地悼念他。

## 活动三:《朝花夕拾》批注赏析鉴赏会

### 《朝花夕拾》批注展示
夏一平

#### 《狗·猫·鼠》批注

1. 当我失掉了所爱的,心中有着空虚时,我要充填以报仇的恶念!

赏析式批注:该句饱含对于杀了自己心爱的隐鼠的猫的痛恨之情,用"有着""充填"等词将情绪——空虚等虚无缥缈的东西用实物化的角度描绘出来,使表达形象化。

2. 至于我的打猫,却只因为它们嚷嚷,此外并无恶意⋯⋯

评价式批注:作者用有些含蓄又有些戏谑的语气深刻地陈述自己对于"打猫"的看法,将猫拟人化,实则暗喻某些人,使某些人的虚假面具赤裸裸地被剥落。形象中透出犀利,幽默中蕴含着憎恶。

## 《阿长与<山海经>》批注

1. 阿长与《山海经》

质疑式批注：阿长，何人？一个无名无姓、大字不识的农妇。《山海经》，何书？一部先秦古籍。丝毫没有联系的人和物，被作者以极其反差的方式故意摆放在一起，是对那段童年往事的回忆，还是对中国那特有文化的追思和审问？

2. 后来她回去了……于是她从此也就成为长妈妈了。

感想式批注：没有名字也就罢了，可怜的是连长妈妈的称谓也是顶替别人的，在那个女人命如草芥的时代，姓名算什么呢？

3. 仁厚黑暗的地母呵，愿在你怀里永安她的魂灵！

评价式批注：这是对万千的"阿长"的迟到的祝福和祈求。一个时代的悲剧应由一个时代来承担，而不应由某一个"阿长"来承担。

## 《五猖会》批注

1. 昨夜预定好的三道明瓦窗的大船，已经泊在河埠头……我笑着跳着，催他们要搬得快。

联想式批注：突出了少年鲁迅想要观看五猖会的迫切、激动的心情。想不到大文豪的童年和我也没有什么区别，每次父母答应带我去游乐场玩耍的时候，我也是急不可耐地催他们快点出发。

2. 我却并没有他们那么高兴……五猖会的热闹，对于我似乎都没有什么大意思。

感想式批注：小孩子那点高兴劲，早就一扫而空了。描写了封建教育扼杀了儿童的童趣，又给整个人生留下了不好的回忆。可以说鲁迅的人生是不完整的，本该留藏于脑海的小时候那美好的回忆因为封建教育体制而完全变味。

## 《无常》批注

活的"正人君子"们只能骗鸟，若问愚民，他就可以不假思索地回答你：公正的裁判是在阴间！

评价式批注：说明人间没有公正，同时也说明一般的"愚人"比"正人君子"直率，不虚伪。

## 《从百草园到三味书屋》批注

1. 其中似乎确凿只有一些野草;但那时却是我的乐园。

赏析式批注:前一句用大人的眼光来看,百草园确实没有什么动人之处;而后一句是从小孩子的眼光来看的,在童年的"我"的眼里,百草园里的一切都那么有趣,是"我"的乐园。因为印象有些模糊,"似乎"表达不肯定的语气;而儿时的乐趣又历历在目,"确凿"表达肯定语气。

2. 不必说碧绿的菜畦,光滑的石井栏……就有无限趣味。

赏析式批注:"不必说"略写百草园的总体印象,"单是"详写泥墙根一带,重点突出局部景物,写出百草园景色的丰富多样,点明"百草园是我的乐园"这一中心。

3. 油蛉在这里低唱,蟋蟀们在这里弹琴。

赏析式批注:运用拟人修辞,生动形象地描绘了孩子眼中百草园的生机,突出百草园是"我"的乐园。

4. Ade,我的蟋蟀们!Ade,我的覆盆子们和木莲们!……

赏析式批注:运用了拟人手法,把带给"我"无穷乐趣的蟋蟀、覆盆子等动植物当作自己的朋友,表达了"我"告别百草园时既无奈又无限依恋的情感。

## 《父亲的病》批注

他一按,冷冰冰的,也没有脉,于是点点头道,"唔,这病我明白了。"

评价式批注:故事中的闺女已经病故,但是病家和医生各怀目的,互相敷衍,造出了一个给过世的人开无字药方的丑剧。寥寥数语抓住了画面的焦点,产生了强烈的讽刺效果,让人震怒。

## 《琐记》批注

1. 衍太太却决不如此。假如她看见我们吃冰,一定和蔼地笑着说,"好,再吃一块。我记着,看谁吃的多。"

衍太太却决不埋怨,立刻给你用烧酒调了水粉,搽在疙瘩上,说这不但止痛,将来还没有瘢痕。

赏析式批注:平淡的几句话,语言、神态描写形象生动,塑造了一个背后怂恿孩子们干不好的事,事后又充当老好人的恶毒妇人的形象,栩栩如生,跃然纸上。

2. 流言的来源……怕受到母亲的爱抚。

联想式批注:读着这句话总有些感同身受。小时候确实是如此,遇事胆怯,有什么问题先往自己身上想,只是渐渐长大,对抗流言就不会那么害怕了。

3. 不但上讲堂时挟着一堆厚而且大的洋书,气昂昂地走着……便是空着手,也一定将肘弯撑开,像一只螃蟹,低一班的在后面总不能走出他之前。

赏析式批注:鲁迅先生的笔触甚是犀利,短短几句话将高一级学生的趾高气扬描画得淋漓尽致。比喻的修辞手法,生动的神态、动作描写,字里行间透露出作者深深的蔑视。

## 《藤野先生》批注

1. 上野的樱花烂熳的时节……形成一座富士山。

赏析式批注:用了比喻和夸张的修辞手法,辛辣地嘲讽清国留学生不学无术的丑态。

2. 但在那时那地,我的意见却变化了。

评价式批注:"我"决心由学医救国变为文艺救国。因为日本青年的言行严重伤害了"我"的民族自尊心,国人的麻木不仁更让"我"愤激和悲哀。

## 《范爱农》批注

1. 不知怎地我们便都笑了起来,是互相的嘲笑和悲哀。

评价式批注:"嘲笑"的是两个原本互相看不惯的人,原以为再也不会见面,然而却偏偏再次相遇;"悲哀"的是两人虽然都看不起对方,然而在现实面前,他们的境遇是如此相同,一个"在故乡做教员",一个"教着几个小学生糊口",在民生凋敝的社会里,都在颠沛流离地生活。

2. 只这几年,头上却有了白发了……穿着很旧的布马褂,破布鞋,显得很寒素。

感想式批注:可见范爱农受摧残迫害,境况艰难。

3. 现在不知他唯一的女儿景况如何?倘在上学,中学已该毕业了罢。

评价式批注:斯人已逝,唯余孤儿寡母在这个多艰的世上。遗孀遗孤杳无音讯,空有挂念而无能为力,表达了作者内心的无奈和伤感。

## 《西游记》：读神魔故事　话西游精神

**一、学习主题**

读神魔故事，话西游精神

**二、学习内容**

《西游记》整本书阅读

**三、学习目标**

1. 能根据阅读计划自主阅读古典小说。采用浏览目录、选读章节、跳读正文、演读故事、批评阅读、专题探究等阅读方式，整体把握《西游记》的情节，评析人物形象，把握小说的主题。

2. 欣赏魔幻小说的艺术手法，感受游戏笔法，体悟童心、童趣，激发阅读兴趣，建构古典小说阅读图式。

3. 学习名家批评阅读法，体会作者"以幻写真"的艺术手法，体悟作者"以幻寓理"的主题表现方式，读出人生智慧，探究西游精神，获得成长启示。

**四、课时安排**

7课时

**五、资源与工具**

（一）资源

《西游记》[①]全本；《西游记》相关影视、网络资源。

（二）工具

---

[①] 为方便教学，我们选用岳麓书社2015年9月第1版《西游记》（李卓吾批评本）作为教学用书。

阅读计划书、思维导图、问卷调查表、评价量表等；线上讨论、调查、录屏、剪辑等多媒体平台、软件、设备。

## 六、学习情境

吴承恩的《西游记》是一部神魔小说，与神魔人物同行，能够给予我们游戏般酣畅淋漓的快乐。作者借助想象将角色的物性、人性、神性完全融合，带给读者奇妙的阅读体验。《西游记》还是一部讲述自我修炼的成长小说。孙悟空和猪八戒分别象征了人类常见的两种成长模式：孙悟空从猴修炼为人再晋级为神，这是从草根到英雄的成长模式；猪八戒从神退化为猪再重新修炼成神，这是典型的出身豪门不珍惜，跌落凡尘不气馁，跌倒后再爬起来的成长模式。这两种成长模式都是励志的代表。《西游记》还是一部现实主义小说，作者运用"以幻写真"的艺术手法，讽刺了生活中的人和事，带给我们深远的人生启迪。

让我们走进《西游记》的魔幻世界，演说神魔英雄孙悟空的成长故事，赏析魔幻艺术手法，评说游戏笔法，解读西游精神；玩猜读游戏卡，批注西游智慧卡；跟着唐僧去取经，认识那些好玩的取经师徒、妖怪、神仙们；在魔幻西游研究会中，解读西游精神，获取自我成长的力量，收获阅读的快乐与人生的智慧。

## 七、学习任务与学习活动

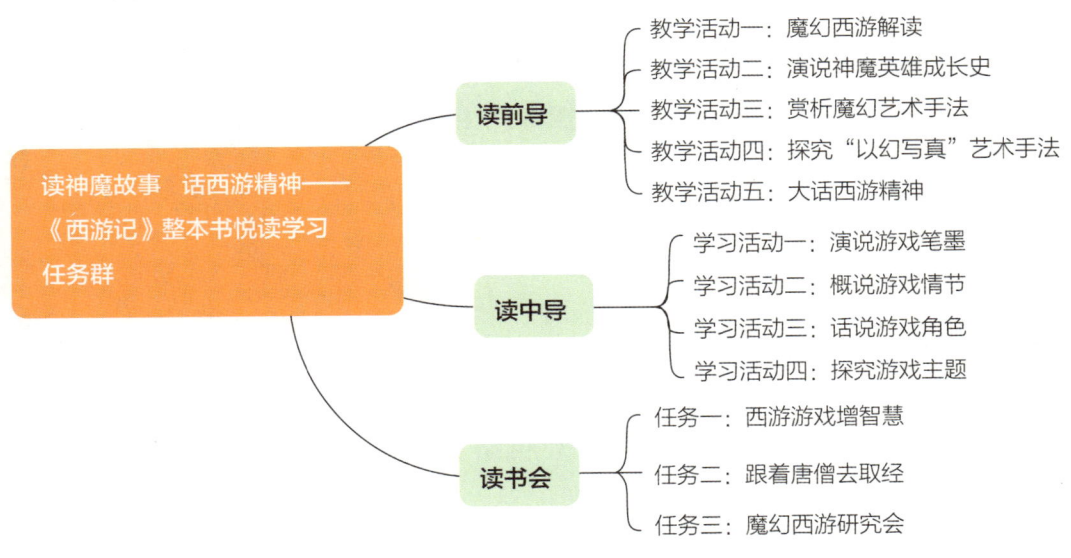

**读神魔故事　话西游精神——《西游记》整本书悦读学习任务群**

- 读前导
  - 教学活动一：魔幻西游解读
  - 教学活动二：演说神魔英雄成长史
  - 教学活动三：赏析魔幻艺术手法
  - 教学活动四：探究"以幻写真"艺术手法
  - 教学活动五：大话西游精神
- 读中导
  - 学习活动一：演说游戏笔墨
  - 学习活动二：概说游戏情节
  - 学习活动三：话说游戏角色
  - 学习活动四：探究游戏主题
- 读书会
  - 任务一：西游游戏增智慧
  - 任务二：跟着唐僧去取经
  - 任务三：魔幻西游研究会

《西游记》：读神魔故事　话西游精神

# 第1—2课时　《西游记》读前导

> **读前测评**

你有多想读这本书？阅读期待指数（　　）颗星（最多 5 颗星）。请说出你的理由。

_____

_____

**教学活动一：** 魔幻西游解读

《西游记》是明代小说家吴承恩以玄奘取经的故事为原型创作的一部具有浪漫主义色彩的神魔小说。

《西游记》开魔幻现实主义的先河。作者运用拟人、夸张、变形、魔法等神话和童话艺术的幻想手法，抓住事物的形态和习性特点，将现实世界的自然万物人格化，想象成新奇有趣的神魔人物形象，来表达人们在现实生活中不能满足的愿望，反映社会现实。

《西游记》的故事内容由三部分组成。第一至七回，是孙悟空的英雄成长史，讲述了一只机智勇敢的石猴通过个人奋斗，成长为具有超能力的人，又逆袭成为神界英雄齐天大圣，最后遭遇挫折被如来佛祖压在五指山下五百年。第八至十三回，叙述唐僧取经的缘由。第十四至一百回，讲述唐僧师徒跌宕起伏的取经事业，他们走过十万八千里的漫漫取经路，遭遇千奇百怪的妖魔鬼怪，历经八十一难，最后孙悟空修成无往不胜的斗战胜佛，取经团队成员皆修成正果。

《西游记》是一部运用游戏笔法创作的小说。什么是游戏？游戏是一种借助想象来满足人类愿望的虚拟活动。人物角色设定的游戏性，游戏情节模式，小说写法的游戏趣味，让读者可以尽情享受奇幻世界的快乐。

《西游记》是一部成长小说。例如,小说中的猪八戒的成长历程,经历了神—物—人—神的曲折变化。与孙悟空相反,猪八戒出道即是巅峰,他是天上的天蓬元帅,能腾云驾雾,会玩三十六变的魔法,享受神仙待遇;因调戏嫦娥从天界被贬下凡尘后化身为猪妖,他大腹便便,长相滑稽,食量惊人,这是猪的物性特点;取经过程中,他喜欢偷懒耍滑,搬弄是非,好色贪吃,这些人性的弱点总是让人捧腹,从猪八戒身上我们仿佛照见了自己,这也是读者包容他、被他圈粉的原因;取经成功后他被封为"净坛使者",从终点回到起点,重新回到神格。试想,在现实生活中,大部分人是不是类似悟空和八戒这两种出身?是不是都会经历这些人生的挫折?想干一番事业是不是都会遇到各路"妖魔鬼怪"的阻拦?

　　《西游记》是一部批判现实主义小说。作者吴承恩从小就很聪明,博览群书,尤其喜欢读神话故事等志怪传说。吴承恩一生历经多次科考失意,且仕途坎坷,生活贫困,他看透了封建科举制度和官场的腐败、社会现实的黑暗,于是创作《西游记》,用神魔小说的形式来表达内心的愤懑。

　　《西游记》是一部适合我们终身阅读的人生教科书,在不同的人生阶段,我们都能从中获得成长的能量。童年时读《西游记》,享受单纯的阅读快乐,那个拿着金箍棒、踩着筋斗云,上天入地、斩妖除魔、顽皮淘气的孙悟空,满足了我们对想象世界的美好向往。青少年时期读《西游记》,读的是励志与成长。唐僧、孙悟空、猪八戒、沙和尚、白龙马都遭遇了人生的困顿,取经之路是自我救赎的成长之旅,带给我们勇于直面人生理想的豪情与坚守。成年后读《西游记》,读的是人生智慧,为什么取经团队的领导是唐僧?唐僧给予我们哪些团队管理智慧?孙悟空斩妖除魔的故事为我们提供了哪些获取成功的密码?老年时读《西游记》,读的是豁达与释怀,书中儒家、道家、佛家的智慧,与我们的人生积淀产生了深深的共鸣。

　　让我们翻开《西游记》,一起跟着唐僧师徒去"取经"吧!

《西游记》：读神魔故事　话西游精神

**教学活动二**：演说神魔英雄成长史

一、美猴王横空出世
(一)演读课本剧
人物　石猴(美猴王)　猴子甲　猴子乙　众猴　通背猿猴

**开端：石猴出生**

石猴出生背景：盘古开天辟地，三皇五帝治理人间以后，将世界分为四大部洲：东胜神洲，西牛贺洲，南赡部洲，北俱芦洲。在东胜神洲的海外有一个傲来国，国近大海，海中有一座花果山，山上有一块仙石，石内育有仙胎，一日仙胎崩裂，产下一颗石卵，石卵见风化作一个石猴，石猴学爬学走，拜了四方，在山中食草木，饮山泉，觅树果，与狼虫为伴，夜宿石崖之下。

**发展：勇闯水帘洞**

(一群猴子在山涧中洗澡，发现一股瀑布。)

众猴：(拍手称赞)好水！好水！哪一个有本事的，钻进去找到水源，不伤身体的，我们拜他为王。

石猴：(从杂草丛中跳出来，高叫)我进去！

(石猴纵身一跳，跳入瀑布里。)

石猴：(兴奋)大造化！里面没水！原来是一座铁板桥！桥那边是天造地设的家当！

猴子甲：(好奇)怎见得是家当？

石猴：(笑)那个瀑布是从桥下冲下来，倒挂下来遮闭门户的。桥边有花有树，里面有一座石头房子，房子里锅碗瓢盆一应俱全。我们都进去住，省得受老天的气。

众猴：(开心)你先走！带我们进去！

石猴：(瞑目蹲身，往里一跳)都随我进来！

(猴子们一个个跳进去,抢盆夺碗,占灶争床,好不顽劣。)

### 高潮:石猴称王

石猴:(端坐)列位啊! 人而无信,不知其可。你们说有本事进得来,出得去,不伤身体者,就拜他为王。我如今给你们寻了这水帘洞洞天,让各位享受成家之福,何不拜我为王?

众猴:(拱手作揖)千岁大王! 请登上王位!

(石猴便将"石"字隐去了,称作美猴王,与群猴享乐了三五百载。一日,与众猴宴饮,不觉落泪。)

### 结局:美猴王寻仙访道

猴子乙:(关心)大王为什么烦恼?

美猴王:(拭泪)我虽在欢喜之时,却有一点儿远虑。我虽今日不归人间的王法管,不怕禽兽威胁,等将来年老了,会有阎王老子管,一旦身亡,岂不枉来世界走一遭?

(众猴掩面哭泣。)

通背猿猴:(厉声高叫)大王如此远虑,真是道心开发也! 如今,唯有佛与仙与神圣三者,不伏阎王老子管,与天地山川齐寿。

美猴王:此三者居于何处?

通背猿猴:在南赡部洲的古洞仙山之内。

美猴王:(大喜)我明日就与你们告别下山,云游天涯海角,务必拜访这三者,学一个长生不老,躲过阎王老子之难。

(二)评说美猴王

活动要求:任选话题评说,要有理有据。

话题一:你觉得美猴王是一只怎样的猴子? 他能够成为花果山猴王的原因是什么?

教师示例:我觉得美猴王是一只深谋远虑的猴子,过得那么悠闲快乐,都已经活了几百岁了,还能想到遥远的未来会有被阎王索命的那一天,太有远见了。(成为猴王原因略。)

**我来评说**

_____
_____
_____

话题二：人都有一死，何况动物。如果是你，你会选择认命，就在花果山轻松享福以终老？还是选择不认命，踏上未知路途找寻长生不老之术？请陈述你的理由。

**我来选择**

_____
_____
_____

## 二、孙悟空学艺

（一）演读课本剧

**人物**　樵夫　美猴王（孙悟空）　须菩提祖师　众弟子

### 开端：寻到神仙

背景介绍：美猴王撑着木筏漂洋过海，来到了南赡部洲的地界，打鱼的渔民见了它吓得四散奔逃。美猴王抓到一个跑不动的，剥了他的衣服，也学人一样穿衣，摇摇摆摆走路，学人的礼仪，学人说话。它一心想访问佛仙神圣之道，觅个长生不老之方。但它发现人类很奇怪，都是为名为利之徒，不为自己生命考虑。美猴王又漂过西海，来到西牛贺洲地界，听到一个樵夫唱着貌似神仙的歌。

美猴王：（满心欢喜）原来神仙在这里！（对着樵夫高声叫）老神仙！弟子拜见！

樵夫：我怎敢当"神仙"二字？

美猴王：你不是神仙，如何说出神仙的话来？

樵夫：神仙是我邻居，这是神仙教我的，让我烦恼的时候唱唱，散心解困。你要找神仙，就去斜月三星洞，找须菩提祖师。

### 发展：祖师赐名孙悟空

（美猴王走了约七八里远，来到神仙洞口。洞门走出一仙童带美猴王入洞。）

美猴王：师父！师父！弟子志心朝礼！

祖师：你是何方人氏？

美猴王：弟子乃东胜神洲傲来国花果山水帘洞人氏。

祖师：将这撒谎捣乱的泼猴赶出去！

美猴王：弟子是老实之言，绝无虚诈。

祖师：你老实，怎么说是东胜神洲？那地方离我这里隔着两重大海，一座南赡部洲，如何到此？

美猴王：弟子漂洋过海，走了十几年才访到此。

祖师：你姓什么？

美猴王：我无姓。

祖师：你父母姓什么？

美猴王：我无父母。

祖师：你无父母，难道是树上生的？

美猴王：我是石头里长的，花果山有一块仙石，石破我便出生。

祖师：你是天地生成的。你走两步我看看。

(猴王纵身跳起，拐啊拐的，走了两遍。)

祖师：你身躯鄙陋，像个猢狲，你就姓"孙"吧！

美猴王：(欢喜，磕头)好！好！好！今日方知姓也！师父慈悲，再给我取个名吧，好呼唤。

祖师：法名"孙悟空"好吗？

美猴王：好！好！好！以后就叫孙悟空也！


### 高潮：孙悟空学艺

(孙悟空在洞中不觉六七年，一日听师父讲课，喜得抓耳挠腮，眉开眼笑，手舞足蹈。)

祖师：悟空，你怎么癫狂乱舞，不听我讲？

孙悟空：弟子诚心听讲，听到师父妙音处，喜不自胜，所以有踊跃状。望师父恕罪！

祖师：你到洞中有七年了，你想跟我学些什么道？"术"字门中道如何？就是请仙抉鸾、占卜吉凶的本事。

孙悟空：可得长生么？

祖师：不能！不能！

孙悟空：不学！不学！

祖师："流"字门中道何如？就是儒家、道家、释家等百家学说。

孙悟空：可得长生么？

祖师：似壁里安柱。

孙悟空：不学！不学！

祖师："静"字门中道何如？就是僧人、道士等打坐修行的功夫。

孙悟空：可得长生么？

祖师：似窑头土坯。

孙悟空：不学！不学！

祖师："动"字门中道何如？就是采阴补阳、炼丹等道家功夫。

孙悟空：可得长生么？

祖师：如水中捞月。

孙悟空：也不学！也不学！

祖师：你这泼猴，这不学，那不学，你想要干什么！

（祖师跳下高台，手持戒尺，在悟空头上打了三下，背着双手，走入里面，将中门关了。）

众弟子：（骂悟空）你这泼猴！师父传道法给你，为何不学？为什么要跟师父顶嘴？冲撞了师父，不知道几时才出来。

孙悟空：（给众人赔笑，暗想）祖师打我三下，是三更时分，背着手，走入里面，关上中门，是要我从后面进入，秘密传道给我。


**结局：孙悟空梦想成真**

（半夜三更，悟空果然顺利从后门进入师父房间，听到师父吟诗。）

孙悟空：师父！弟子在此跪候多时。

祖师：你这猢狲！你不在前边睡觉，来我这里作甚？

孙悟空：是师父让我来的啊！

祖师:(暗喜)这厮果然是个天地生成的!猜中了我给的暗谜!

孙悟空:此间只有弟子一人,望师父慈悲,传我长生之道,永不忘恩!

祖师:你今有缘,我传你长生之妙道也!

(又三年,悟空学得了七十二般变化,筋斗云一筋斗就翻出十万八千里。)

(二)评说孙悟空

活动要求:任选话题评说,要有理有据。

话题一:你觉得孙悟空梦想成真的原因是什么?

> 我来评说 _____

话题二:须菩提祖师为什么要传绝学给孙悟空?你觉得这些绝学他传给其他弟子了吗?请用祖师的口吻说出其内心独白。

> 祖师独白 _____

### 三、齐天大圣大闹天宫

(一)我来猜想

孙悟空学艺归来,猜想他最想做的事是什么。

> 我来猜想 _____

(二)大闹天宫

1.跳读第三回到第六回,概括孙悟空大闹天宫的表面原因,猜想他造反的本质原因。

| 造反原因 | _____ |

2. 孙悟空与天庭为敌对他有哪些利与弊？

（三）造反揭秘

表面原因：闯龙宫拿走定海神针如意金箍棒，龙王告状到了天庭；下地府自削死籍，阎王告状到了天庭。天庭宽恕了他的罪行，还封他为御马监的弼马温，孙悟空嫌弃官小。这是孙悟空第一次大闹天宫的原因。

天庭派托塔李天王和哪吒太子收伏孙悟空，未果，又派太白金星招安，封他为齐天大圣，有官无禄，玉帝怕他生事端，让他管理蟠桃园，因蟠桃会没请孙悟空，他大闹蟠桃会。这是孙悟空第二次大闹天宫的原因。

本质原因：天庭只是将他当作一个奴仆，让他做马夫，做园丁，根本就不尊重他，他待在天庭却没有享受神仙的待遇，连参加蟠桃会的资格都没有。孙悟空觉得天庭不公平，地位不平等，自尊心受了侮辱，为得到公平、神权、自由而造反。

**四、教师小结**

孙悟空有理想，有志气，逆天改命，自己的命运自己做主。他的成长路径经历了物—人—神的演化过程。孙悟空就是一只神化了的猴子。他具有猴子的特点，长得尖嘴猴腮，走路拐子步，性格顽皮淘气，活泼好动，喜欢爬树摘果子；也具有人性的特点，争强好胜，疾恶如仇，机智勇敢，师父有生命危险他也会伤心流泪；他还具有神性的特点，会七十二变的魔法，一个筋斗云就翻到了十万八千里，一双火眼金睛能够辨别好人还是坏人，这些超能力是我们在现实生活中不可能拥有的。阅读《西游记》，跟着孙行者斩妖除魔，让我们在阅读中得以暂时摆脱世俗生活的束缚，得到美好的审美享受，获得成长的力量。

### 教学活动三：赏析魔幻艺术手法

**一、速读魔幻情节**

快速跳读第六回《观音赴会问原因　小圣施威降大圣》"二郎神大战孙悟空"中孙悟空被擒的相关片段，概括情节。

_____

**二、赏析魔幻艺术手法**

1. 你读出魔幻小说的特色了吗？请你联系具体细节品析魔幻艺术手法。

2. 魔幻艺术参考维度：拟人、夸张、变形、魔法等幻想艺术手法。

> 魔幻艺术
> 手法赏析

_____

**三、趣说魔法**

唐僧师徒取经路上哪个故事最精彩？哪些情节、人物等最魔幻？浏览目录，小组合作，选读取经故事中感兴趣的章节，召开魔法大会，以读者视角，联系具体细节赏析小说的魔幻艺术手法；或以小说人物视角，趣说自己的魔法威力。

> 趣说
> 魔法

_____

**《西游记》：** 读神魔故事　话西游精神

## 教学活动四：探究"以幻写真"艺术手法

**一、情境表演**

场景一：悟空学艺

（须菩提祖师教孙悟空学"腾云"的神通，第一次一个筋斗往返不到三里。）

祖师：这个算不得腾云，只算爬云，四海之内一日游遍方为腾云。

悟空：这个却难！却难！

祖师：世上无难事，只怕有心人。

同学：（嬉笑、打趣）悟空造化！若会这个法儿，与人家当铺兵，送文书，递报单，不管哪里，都寻了饭吃。

（后悟空学会了一个筋斗十万八千里的筋斗云。）

场景二：悟空卖弄才艺

（悟空在人前卖弄七十二般变化的绝技，变松树，导致被逐出师门。）

祖师：（怒喝）口开神气散，舌动是非生，可好在人前卖弄？假如你见别人有，不要求他？别人见你有，必然求你。你若畏祸，却要传他，若不传他，必然加害，你之性命又不可保。

场景三：悟空学艺归来

（悟空学艺归来，回到花果山水帘洞。）

悟空：去时凡骨凡胎重，得道身轻体亦轻。举世无人肯立志，立志修玄玄自明。

众猴：（哭着欢迎，抱着悟空）大王！你终于回来了！水脏洞的混世魔王来水帘洞抢劫，将你的猴子猴孙们都抓走了。

（悟空一听大怒，立刻去往水脏洞，将混世魔王砍作两段，将那大小妖精尽皆剿灭。）

李卓吾点评：不灭此魔，终不成道。

## 二、话题探讨

1. 知识卡片:"以幻写真"即"幻"中有真人、言真事真情、寓真理。通过幻想笔法,来映射现实生活中的真人、真事,抒发自己的真情,表达对现实社会的愤懑与批判。

2. 细读《西游记》第二回《悟彻菩提真妙理　断魔归本合元神》,演读上面的场景,任选下面的话题探讨,体悟作者"以幻写真"的艺术魅力。

场景一:(1)请你联系自己真实的学习经历和现实生活,谈谈悟空学艺对你的启示。(2)悟空的师兄弟们认为学了筋斗云神通将来可以到衙门"当铺兵,送文书,递报单",也是不错的谋生手段。联系现实生活中考公务员热潮,结合小说中悟空绝技的用途,想一想:作者讽刺了怎样的社会现象?

场景二:须菩提祖师因不满悟空卖弄绝技时所说的话是否言过其实?你赞同祖师的观点吗?请你联系现实生活,阐述你获得的人生智慧。

场景三:悟空的"志"是什么?"水帘洞"与"水脏洞"一字之差是巧合吗?现实生活中是否有此类"混世魔王"?悟空对水脏洞的妖精们斩草除根是否防卫过当?你如何理解李卓吾的点评?

## 三、学生活动

**《西游记》"以幻写真"艺术手法赏析**

## 教学活动五：大话西游精神

### 一、策划游戏项目，探究西游精神

（一）活动情境

《西游记》的游戏主题丰富而深刻。如果你是《西游记》游戏开发项目的负责人，将开发一款惊险刺激但却励志的游戏，如何设计主题？《西游记》道出了怎样的人生哲理？西游历险带给玩家怎样的成长启示？你认为西游精神是什么？

（二）学生活动

**策划项目主题，探究西游精神**

### 二、教师小结

《西游记》是孙悟空的英雄成长史，一只机智勇敢的石猴通过个人奋斗逆袭成为神界英雄。《西游记》是唐僧师徒历经劫难，降妖伏魔，取得真经的过程，也是唐僧师徒的成长历程，追求人性的完善，实现自我价值，映射着人类对自由的热爱与追求。

《西游记》也是我们的成长旅程。游戏如人生，魔幻即现实，唐僧师徒的劫难象征着人生遭遇的挫折，各路妖魔鬼怪象征着生活中的困难，取经事业象征着建功立业的理想。让我们跟随唐僧师徒去取经，见证路途的艰辛险阻，收获自己的人生智慧和成长吧！

> 导后评价

1. 你现在有多想读这本书？你的阅读期待指数（  ）颗星（最多 5 颗星）。你的阅读期待发生变化了吗？请分享你的理由吧！

_____

_____

2. 你能体会到神魔小说的趣味吗？你知道神魔小说的写作特点了吗？你还有哪些困惑？需要老师哪些帮助？请分享你的感受吧！

_____

_____

## 第3—4课时　《西游记》读中导

> 开启悦读之旅

**一、制订整本书阅读规划**

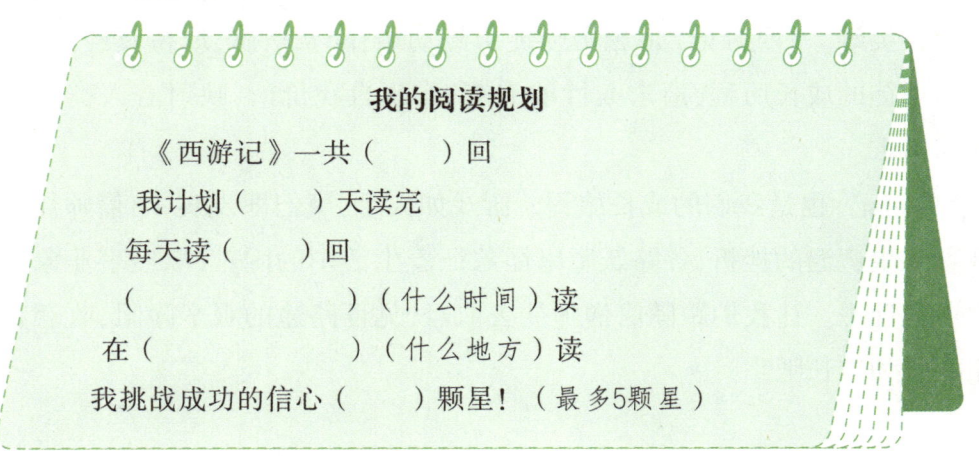

### 我的阅读规划

《西游记》一共（　　　）回

我计划（　　　）天读完

每天读（　　　）回

（　　　　　　）（什么时间）读

在（　　　　　　）（什么地方）读

我挑战成功的信心（　　　）颗星！（最多5颗星）

## 二、我的阅读挑战卡

每日一问

| 日期 | 篇章页码 | 阅读收获 | 阅读困惑 | 我的问题 | 猜想答案 | 标准答案 |
|------|----------|----------|----------|----------|----------|----------|
|      |          |          |          |          |          |          |
|      |          |          |          |          |          |          |
|      |          |          |          |          |          |          |
|      |          |          |          |          |          |          |
|      |          |          |          |          |          |          |

## 三、交流阅读感受,质疑抢答

### 学习活动一:演说游戏笔墨

**一、演西游微剧**

#### 唐僧、八戒女儿国怀孕

**人物** 唐僧师徒  驾船的稍子  婆婆  其他妇人

**开端:渡河喝水**

(唐僧师徒正行处,忽遇一道小河,远远地望见河边有垂柳,几间茅屋。)

行者:(指着远处茅屋)那里人家一定是摆渡的。

三藏:我见那厢也是这般,却不见船只,未敢开言。

八戒:(卸下行李,厉声高叫)摆渡的,撑船过来!

(只见柳荫下撑出一只船来,近观撑船的乃是一个女人。)

稍子:过河的,马上来。

行者:(疑惑)你是摆渡的?

(妇人微笑不答,驾起船过了河。到岸后,沙僧解开包,给了稍子几文钱,妇人不争多寡,拿了钱笑嘻嘻进屋去了。)

三藏:这河水很清,为师口渴了。八戒,去取钵盂,舀些水来我吃。

八戒:我也正要些儿吃哩。

(八戒取钵盂舀水,递给师父吃了一少半,剩下多半,八戒接过来,一口气饮干。接着八戒扶三藏上马。)

### 发展一:唐僧师徒怀孕

三藏:(捂着肚子,在马上呻吟)哎哟,我腹痛。

八戒:(捂着肚子)我也有些腹痛。

沙僧:想是吃冷水了?

三藏:(捂着肚子,大声)疼得紧!

八戒:(捂着肚子,大声)疼得紧!

(三藏和八戒的肚子越来越大。)

行者:师父,那厢是个卖酒的人家。我们且去化些热汤与你吃,问问可有卖药的,讨一帖药,给你治腹痛。

(唐僧下马,见屋门口有一个老婆婆,端坐在草墩上绩麻。)

行者:(作揖)婆婆,贫僧是东土大唐来的。我师父乃唐朝御弟,因为过河,吃了河水,肚腹疼痛。

婆婆:(笑嘻嘻)你们在哪边河里吃水了?

行者:东边清水河吃的。你烧些热汤与我师父,我们谢你。

婆婆:(笑)你们来看,你们来看!

(从屋里走出三个中年妇女,望着唐僧嬉笑。)

行者:(大怒,扯住那老婆子)快些烧汤,我饶了你。

婆婆:(战战兢兢)爷爷呀,我烧汤也不济事,也治不得他俩肚疼。你放了我,等我说。

(行者放开老婆婆。)

婆婆:我这里是西梁女国。我们这一国尽是女人,更无男子,故此见了你们欢喜。你师父吃水的那条河,唤作子母河。城外还有一个照胎泉,年满二十岁以上的,方敢去吃那河里的水。吃水以后,便觉腹痛,三日之后,便生孩子。你师父吃了子母河的水,已经成胎气也,不日将要生孩子。热汤怎么治得?

### 发展二:师徒打趣

三藏:(大惊失色)徒弟啊,怎么办啊?

八戒:(扭腰撒胯地哼哼)爷爷啊,要生孩子!我们却是男身,那里开得产门,如何脱得出来?

行者:(笑)古人云,瓜熟蒂落。一定从胁下裂个窟窿,钻出来也。

八戒:(战战兢兢,扭着腰腹)罢了!罢了!死了!死了!

沙僧:(笑)二哥,莫扭!莫扭!只怕动了胎气,落个胎前病。

八戒:(心发慌,眼中含泪,扯着行者)哥哥,你问这婆婆,看哪里有手轻的接生婆,预先寻下几个。这时一阵阵动荡得紧,想是催产前疼。快生了!快生了!

沙僧:(笑)二哥,既然知道是催产前疼,不要扭动,只恐挤破浆包了!

### 高潮和结局:唐僧堕胎

三藏:(哼着)婆婆啊!你这里可有医生?教我徒弟去买一剂堕胎药吃了,打下胎来吧。

婆婆:有药也不济事。正南街上有一座解阳山,山中有一个破儿洞,洞里有一眼落胎泉,那井里的水喝一口,方才解下胎气。如今取不得水了,几年前来了一个道人,叫如意真仙,霸占住了落胎泉水,不肯善赐予人。但欲求水者,需要花很多钱财。你们这几个穷和尚,哪来那么多钱买水?你们还是认命吧!等着生产吧!

行者:(满心欢喜)婆婆,这里到解阳山多远?

老婆婆:有三千里。

行者:好了!好了!师父放心,待老孙取水来你吃。沙师弟,你仔细看着师父。

婆婆:(拿一个大瓦钵出来)拿这个钵子去,多取些水来,我们留着急用。

(行者接过钵子,纵云而去。)

婆婆:(望空磕头礼拜)爷爷啊!这和尚会驾云!

几个妇人：(对着唐僧磕头礼拜,高呼)罗汉菩萨。

## 二、趣说游戏笔墨

评析"唐僧、八戒女儿国怀孕"情节中哪些人物语言幽默风趣？哪些幻想有趣又合理,带给读者如游戏般轻松愉悦的阅读感受？

**趣说游戏笔墨**

## 三、赏析游戏笔法

唐僧师徒取经路上经历无数艰难险阻,有游戏般惊险刺激的情节,也有游戏的轻松愉悦。看目录,自主选读取经章节,体会神魔大战的惊心动魄,赏析游戏笔法的趣味。

**赏析游戏笔法**

《西游记》：读神魔故事　话西游精神

## 学习活动二：概说游戏情节

**一、分组快速阅读**

分组快速比较阅读第二十七回、第五十九回、第六十回、第六十一回。

**二、概说游戏情节**

完成下表，发现小说情节构思艺术。《西游记》的情节推动模式和游戏有何相同之处？《西游记》的阅读体验与游戏又有什么相同之处？神魔小说游戏情节模式有何妙处？

| 章节 | 情节概括 | 情节构思异同点 | 情节模式阅读体验与游戏比较 |
| --- | --- | --- | --- |
| 第二十七回《尸魔三戏唐三藏　圣僧恨逐美猴王》 | | | |
| 第五十九回《唐三藏路阻火焰山　孙行者一调芭蕉扇》—第六十一回《猪八戒助力破魔王　孙行者三调芭蕉扇》 | | | |
| 情节构思艺术妙点赏析： | | | |

## 学习活动三：话说游戏角色

### 一、游戏角色

神魔人物形象之所以有趣，是因为将人物性格的物性、人性、神性融合，带给读者奇妙的阅读体验。请以孙悟空、猪八戒等神魔人物形象为例，结合具体细节，说明神魔人物形象物性、人性、神性融合的特征。

### 二、教师示例

孙悟空的物性：他是一只猴子，所以他的行为习惯有猴子的特点。比如：走路拐子步、长得很瘦、喜欢抓耳挠腮等外貌、动作都像猴子；好斗，争强好胜的性格也像猴子。

孙悟空的神性：具有七十二变、上天入地等神通。

孙悟空的人性：三打白骨精后，他被唐僧冤枉，唐僧要赶他走，他还会垂泪，不仅不怪师父，还舍不得师父，体现了他重情重义的人性特点。后来唐僧遇到危险，猪八戒去花果山请孙悟空回来降魔，用的激将法，这也是利用了他人性不服输的特点。

### 三、我来评说

> 我来评说
> _____
> _____
> _____

## 学习活动四：探究游戏主题

### 一、探究游戏主题

游戏是一种借助想象来满足人类愿望的虚拟活动。《西游记》的精彩就在于用游戏的笔墨，启迪读者的智慧。小说中的故事体现了吴承恩怎样的愿望？表达了作者对现实生活怎样的讽刺与批判？给予我们怎样的人生智慧？你从中获得了哪些成长启示？小组合作探究《西游记》游戏主题的内涵。

## 二、我来探究

### 《西游记》游戏主题内涵

## 三、教师小结

　　用游戏的方式读西游，别有一番趣味。《西游记》的游戏笔墨让人忍俊不禁。
　　当我们遇到妖魔怎么办？原著小说中人物的表现和《西游记》电视剧的处理完全不同。《西游记》电视剧中的人物表演有点模式化、刻板化。唐僧总是一本正经，不苟言笑；孙悟空常常是疾恶如仇；而沙和尚几乎没有表情……电视剧为了制造紧张的视觉效果，我们经常听到的是沙僧的一句经典台词"师父被妖怪抓走了"，沙僧俨然就是个一惊一乍的报警器；而接下来就是孙悟空紧张的斗妖魔场景，一般都是悟空奈何不了妖魔，只能心急火燎地搬救兵，最终化险为夷。然而，小说运用了游戏笔法，人物会丰满立体很多。遇到妖魔，孙悟空的惯用表情是"笑"，师徒四人会彼此打趣，也会跟妖魔开玩笑。当唐僧师徒遇到困难，陷入绝境的时候，还可以谈笑风生，从容不迫地解决问题。例如，唐僧和八戒喝了子母河的水怀孕后，不是紧张地去找解药，而是师徒间先戏谑玩笑。八戒担心男人从哪里生出孩子，行者打趣他瓜熟蒂落，说不定孩子可以从胁下生下来；沙僧笑着打趣八戒别乱动，免得动了胎气，落下产前病……
　　游戏预演的是人生，临危不乱方寸，处在低谷也豁达，永远乐观向上，遇事淡定从容，用智慧走出困境。
　　《西游记》的情节推动模式犹如游戏，采用三段式情节模式——首先是孙悟空探听消息,然后是与妖魔斗争,最后是请神仙相助降妖除魔。读者可以放松地欣赏神魔人物的游戏表演情景。例如,三打白骨精,三调芭蕉扇,尸魔三戏唐三藏等。情节有张有弛,结局可以预见,唐僧根本没有危险。因此,读者不需要像读侦探小说那样悬着一颗心,不用担心唐僧会被妖怪吃掉。掌握《西游记》的情节阅读图式,会令你轻松高效地完成原著阅读。

《西游记》的游戏主题丰富而深刻。《西游记》道出了人生的哲理:追求—挫折—成功。跟着唐僧师徒去取经,就是尽情享受奇幻世界的快乐,欣赏一场人生游戏大戏的彩排,轻松而愉悦。

### 读后测评:悦读通关考级

**悦读通关考级卡**

《西游记》 作者:_____ 体裁:_____ 阅读时长:_____

| 闯关等级 | 参考问题 | 我来回答 | 评价等级 | | |
|---|---|---|---|---|---|
| | | | 优秀 | 合格 | 待提高 |
| 第一关 | 《西游记》中唐僧师徒性格有何特点?你最喜欢谁?请结合具体情节说明。 | | | | |
| 第二关 | 你最喜欢的西游故事有哪些?(不少于3个)为什么喜欢?读西游,你获得了哪些启示和感动?请联系现实生活说明你从中收获的人生智慧。 | | | | |

续表

| 闯关等级 | 参考问题 | 我来回答 | 评价等级 | | |
|---|---|---|---|---|---|
| | | | 优秀 | 合格 | 待提高 |
| 第三关 | 你最喜欢《西游记》中的哪个妖怪或神仙？他们身上体现了哪些人性、物性、神性的特点？仙界或魔界讽刺、批判了人类社会中的哪些现象和问题？请联系小说内容说明理由。 | | | | |
| 通关感悟： | | | | | |

## 第5—6课时 《西游记》读书会

**任务一：西游游戏增智慧**

活动一：《西游记》猜读游戏

一、活动情境

如果《西游记》是一部读者参与的模拟游戏探险，是不是很刺激？将自己想象成取经团队的神魔英雄孙悟空，进行游戏角色扮演的阅读通关，当你遇到挑战的时候，你会用什么办法解决？如果你猜想的通关办法与原著相符，那你太了不起了，你是作者吴承恩的知己！如果你创想的策略与原著不同，经过小组评议有创意，具有可行性，那你太有想象力了！猜读游戏通关阅读不仅能提高你的阅读速度，还会让你收获更愉悦的阅读体验。在脑洞大开的创想中，锻炼你的逻辑思维和创造性思维能力,提升你的想象力,增加你解决问题的智慧。请从取经的不同阶段选择你喜欢的章节,完成《西游记》猜读游戏卡,进行阅读闯关吧!

**二、《西游记》猜读游戏卡**

| 章回 | 精彩情节概括 | 人物 | 遇到挑战 | 通关办法猜想 | 答案揭晓 | 智慧启示 |
|---|---|---|---|---|---|---|
|  |  |  |  |  |  |  |
|  |  |  |  |  |  |  |
|  |  |  |  |  |  |  |
|  |  |  |  |  |  |  |
|  |  |  |  |  |  |  |
|  |  |  |  |  |  |  |
|  |  |  |  |  |  |  |
|  |  |  |  |  |  |  |

## 活动二：西游闯关总结演讲

### 一、活动要求

唐僧师徒完成取经事业后要召开取经总结会。请你从悦读闯关者角度对西游团队取得胜利的原因进行总结，分享你的悦读通关体验和收获。

### 二、悦读创作

**西游闯关总结演讲稿**

### 三、《西游记》猜读游戏及闯关总结演讲评价

| 评价标准 | 自评(分) | | | | | 组评(分) | | | | | 分数合计 |
|---|---|---|---|---|---|---|---|---|---|---|---|
| | 5 | 4 | 3 | 2 | 1 | 5 | 4 | 3 | 2 | 1 | |
| 一、阅读效率 | | | | | | | | | | | |
| 1. 能按计划完成每日阅读任务。 | | | | | | | | | | | |
| 2. 概括精彩情节语言精练、准确。 | | | | | | | | | | | |
| 3. 主要人物、情节梳理与原著相符。 | | | | | | | | | | | |
| 4. 挑战情节概括准确，能体现小说的矛盾冲突。 | | | | | | | | | | | |
| 5. 智慧启示有哲理，能结合原著内容，联系生活实际。 | | | | | | | | | | | |

续表

| 评价标准 | 自评(分) | | | | | 组评(分) | | | | | 分数合计 |
|---|---|---|---|---|---|---|---|---|---|---|---|
| | 5 | 4 | 3 | 2 | 1 | 5 | 4 | 3 | 2 | 1 | |
| 二、创造性思维 | | | | | | | | | | | |
| 6.闯关办法猜想有创意,有理有据,符合小说情境,符合小说人物性格特点。 | | | | | | | | | | | |
| 7.闯关办法猜想与原著吻合。 | | | | | | | | | | | |
| 8.闯关办法与原著不同,经小组评议有创意,有想象力,合情合理。 | | | | | | | | | | | |
| 三、复盘反思 | | | | | | | | | | | |
| 9.师徒取经成功后的经验总结符合原著内容,语言风格符合人物性格特征,能体现小说人物的成长。 | | | | | | | | | | | |
| 10.闯关总结有真实的阅读体验,观点鲜明,有智慧,能体现作为读者的成长。 | | | | | | | | | | | |
| 总分 | | | | | | | | | | | |
| 文字点评: | | | | | | | | | | | |

## 活动三:《西游记》批评智慧

### 一、跟李卓吾学批评

赏析名家批注并补批。

《西游记》第一回 灵根育孕源流出　心性修持大道生

1.夹批。

（1）批难点。

原文细节：诗曰：混沌未分天地乱……须看西游释厄传。

李卓吾批注："释厄"二字，着眼。不能释厄，不如不读《西游》。

尹老师补批：西游记开头诗歌，读者一般会跳过。老师小时候读《西游记》时"诗曰"基本上跳过了，因为急着看有趣的情节。读了《西游记》李卓吾批评本才知晓，开头的诗歌是开篇点题的写法，是小说意旨所在。"须看西游释厄传"是什么意思？"释厄"是佛家用语，解脱的意思。李卓吾的"着眼"，意思就是全书的要紧处，与我们性命攸关的微言大义，是经世致用的身心要语。俗话说"人生不如意事十之八九"，人生不可能一帆风顺，读西游的魔幻情节只是表象，能从西游中读出人生智慧，获得自我解脱与救赎，取得"人生真经"，才是阅读的目的。

(2)批悟点。

原文细节：跳过桥中间。左右观看，只见正当中有一石碣，碣上有一行楷书大字，镌着"花果山福地，水帘洞洞天"。

李卓吾批注：人人俱有此洞天福地，惜不曾看见耳！

尹老师补批：花果山水帘洞的取名还有此等深意！是啊，人人皆有洞天福地，只不过我们难以发现当下生活的美好，不知道珍惜拥有的幸福。

(3)批趣点。

原文细节：列位呵，"人而无信，不知其可。"

李卓吾批注：老猴也曾读《论语》？

尹老师补批：似是原文漏洞，实则点明了作者幽默诙谐的笔法。

(4)批慧点。

原文细节：次日，美猴王早起……

李卓吾批注：如此勇决，自然跳出生死。可羡，可法。

原文细节：教："小的们，替我折些枯松，编作筏子……我将去也。"……乃是南赡部洲地界……见世人都是为名为利之徒，更无一个为身命者……争名夺利几时休？早起迟眠不自由。

李卓吾批注：世人可惜，世人可叹，不及那猴王多矣。

尹老师补批：美猴王敢说敢做，有执行力，才能成大事。敢想，是成功的前提；行动，是成功的关键。而我们很多时候的立志都变成了空想。

南赡部洲就是现实世界。天下熙熙皆为利来，天下攘攘皆为利往。

（5）批疑点。

原文细节：此山叫做灵台方寸山，山中有座斜月三星洞……

李卓吾批：灵台方寸，心也。一部《西游》，此是宗旨。

斜月像一勾，三星像三点，也是心。言学仙不必在远，只在此心。

尹老师补批：菩提祖师修仙之处真的暗示修心吗？我画了一下，斜月加三点，果然是"心"字，读西游，修心是宗旨。

斜月三星洞是须菩提祖师修道之处，祖师教出来的徒弟孙悟空闯荡仙界、魔界无敌手，是否道家的道行更高？

2. 回目总批。

李卓吾批：读《西游记》者，不知作者宗旨，定作戏论。……何以言释厄，只是能解脱便是……《孟子》"不失赤子之心"之意……

尹老师补批：李卓吾总批再解释"释厄"为"解脱"。读《西游记》，达到本心解脱。唐僧徒弟孙悟空、猪悟能、沙悟净，名字中都有一个"悟"字，通过"悟"本心来修身，实现人格完善；取经的过程就是修心向善的自我修炼过程。人生就是一场修行，能保持赤子之心，如儒家所追求的格物致知，诚意正心修身，就能治国平天下矣！

**二、我的批注智慧**

（一）活动要求

小组合作，仿照李卓吾的批注，选择自己喜欢的章节，进行夹批和回目总批。

（二）活动支架

1. 可以小组合作分工，每人批两回，小组再综合评议。夹批包含批难点、批悟点、批趣点、批慧点、批疑点等批注角度；回目总批则侧重故事情节和人物形象的点拨，西游精神的感悟。

2. 也可以个人自由批注，夹批可以选择不同回目，综合展现《西游记》的趣点与智慧点。小组再综合评议。

（三）悦读创作

## 《西游记》批注智慧卡

| 批注点 | 回目页码 | 原文摘抄 | 精彩批注 |
|---|---|---|---|
| | | | |
| | | | |
| | | | |
| | | | |
| | | | |
| | | | |
| | | | |

## 《西游记》回目总批智慧卡

## 三、《西游记》批注智慧卡分享评价

| 评价标准 | 自评(分) | | | | | 组评(分) | | | | | 分数合计 |
|---|---|---|---|---|---|---|---|---|---|---|---|
| | 5 | 4 | 3 | 2 | 1 | 5 | 4 | 3 | 2 | 1 | |
| 1.结合具体内容道出智慧启示,人生哲理。 | | | | | | | | | | | |
| 2.批注角度维度丰富。 | | | | | | | | | | | |
| 3.人物赏析能体现其性格特征,写作手法赏析点评精当。 | | | | | | | | | | | |
| 4.批注语言简洁精练,言简意赅。 | | | | | | | | | | | |
| 5.质疑有深度,有自己的思考。 | | | | | | | | | | | |
| 6.感想与评价有自己独特的阅读体验,有理有据。 | | | | | | | | | | | |
| 7.能结合字、词、句、段点评。 | | | | | | | | | | | |
| 8.书写美观、排版工整。 | | | | | | | | | | | |
| 9.能联系生活,结合自己的生活感悟,观点鲜明,有理有据,有创意。 | | | | | | | | | | | |
| 10.有小组合作意识,完成小组任务。 | | | | | | | | | | | |
| 总分 | | | | | | | | | | | |
| 文字点评: | | | | | | | | | | | |

## 任务二:跟着唐僧去取经

### 活动一:《西游记》思维导图演讲会

#### 一、活动要求

组建小组,任选角度,设计思维导图。

## 二、活动支架

（一）取经团思维导图参考维度

1. 设计取经团队人物形象照。

2. 绘制取经团队人物性格思维导图。

3. 撰写取经团队人物形象分析演讲稿。

4. 绘制取经路线思维导图。

（二）妖魔团思维导图参考维度

1. 设计妖魔团妖魔形象照。

2. 绘制妖魔团思维导图。

3. 撰写妖魔背景、性格、结局等形象分析演讲稿。

（三）神仙团思维导图参考维度

1. 设计神仙团神仙形象照。

2. 绘制神仙团思维导图。

3. 撰写神仙形象分析演讲稿。

## 三、悦读创作

我的团队：_____（取经团、妖魔团、神仙团）

### 《西游记》人物形象设计

《西游记》人物思维导图

《西游记》人物形象分析演讲稿

## 活动二：取经故事汇

**一、活动要求**

你印象最深的取经故事是哪个？唐僧师徒取经路上碰到了哪些困难？解决困难的方法是什么？你从故事中获得哪些有益的启示？请结合具体情节或细节创编故事。

**二、活动支架**

1.拟一个新颖的标题,标题中要包含主要人物或情节。

2. 要将时间、地点、人物及事件的起因、经过、结果讲清楚。

3. 发挥自己的创意,运用个性化语言风格。

4. 讲故事的视角可以是取经团队中某一个人员,也可以是取经团队敌对方比如某一妖魔的视角,也可以是读者视角。

5. 语言风格要符合讲故事人物的口吻。

6. 可以用说书人风格,故事引人入胜,语言生动有趣。

7. 故事具有时代感,联系当今的社会生活谈故事的启示。

三、悦读创作

取经故事汇

**活动三：取经团最有魅力人物评选**

一、活动要求

从取经团中评选一位你最喜欢的、最有魅力的人物,并为人物拟颁奖词。颁奖词要有理由据,真诚,有创意,有文采。

## 二、悦读创作

### 取经团最有魅力人物颁奖词

---

### 任务三：魔幻西游研究会

#### 活动一：好玩的西游人物

**一、活动要求**

《西游记》中有个性鲜明的取经人物,有千奇百怪的妖怪,有性格各异的神仙……你觉得哪个人物写得最有趣?你读出了魔幻人物形象哪些物性、人性、神性等特征?联系现实生活,说说这些魔幻人物像生活中的哪些人,给你怎样的智慧启示。请自拟题目,写一篇人物研究小论文。

**二、活动支架**

1. 用人物阅读图式来审视《西游记》中的人物,分类研究。人物分为取经团队、妖魔团队、神仙团队,任选团队人物,概括群体的共性特征,发现个体形象特点。

2. 结合小说相关情节和细节,归纳人物身上的物性、人性、神性等综合属性。

3. 结合作品细节和个人阅读体验,品析趣点。

4. 结合现实生活,探究小说"以幻写真"的艺术手法,说说这些魔幻人物像生活中的哪些人,给你怎样的启示。

5. 小论文题目新颖,观点鲜明,层次清晰,语言生动。

## 三、悦读创作

好玩的_____(任选妖怪、神仙、取经人物)

## 活动二:魔幻西游讲坛

### 一、活动要求

班级开设"西游讲坛"专题活动,请你任选下面研究专题进行研究,写一篇研究论文。

专题一:西游问题探究

阅读完小说后,你有哪些疑问?请你提出一个问题,像专家一样进行问题探究。

专题二:《西游记》魔幻艺术手法研究

神魔小说将现实世界的自然万物人格化成新奇有趣的神魔人物形象,来反映社会现实。请你自拟题目,写一篇《西游记》魔幻艺术手法研究小论文。

### 二、活动支架

(一)专题一:西游问题探究

1. 小组头脑风暴,选择感兴趣的问题探究。

探究问题示例:

唐僧功夫最差,为什么他能成为取经团队的领导?猪八戒好吃懒做,贪生怕死,读者为何喜欢他?沙僧功夫一般,不要他可以吗?妖魔们数量众多,是否可以少一些妖魔?神佛法力无边,种类繁多,与现实生活有什么联系?

2. 标题新颖,观点鲜明,有理由据,语言风趣幽默,引人入胜。

(二)专题二:《西游记》魔幻艺术手法研究

1. 魔幻小说艺术手法有拟人、夸张、变形、魔法等幻想艺术手法,结合小说细节,评说小说人物、情节等运用的妙处。

2. 结合小说具体内容,剖析作者运用魔幻艺术手法讽刺或揭露了哪些社会现实。

3. 联系自己的生活,探究"幻中的真",阐述小说中的魔幻现象在现实生活中的普遍性,探讨魔幻中寄寓的深刻哲理。

## 三、悦读创作

### 魔幻西游讲坛

### 活动三:西游巡回演讲报告会

一、活动要求

唐僧师徒取经回来后修成了正果,他们也成了唐朝人民的国民偶像。为了弘扬西游精神,学习取经团队的神勇与智慧,壮我盛唐的国威,唐太宗特邀请他的御弟唐僧组织团队开展西游巡回演讲报告会。请你自选取经团中某个人物,将自己想象成为这个人物,回顾西游历程,自拟题目,进行汇报演讲。

## 二、活动支架

1. 演讲要符合人物身份,如唐僧可以谈管理经验,也可以谈信念与毅力等;孙悟空可以谈斗争的经验与智慧等。

2. 演讲所选的案例要生动典型。如可以讲述自己印象最深刻的事,最难忘的人(神、魔),最艰难的挑战,最大的收获,自己的改变和成长。

3. 演讲内容与小说内容符合,语言风格与人物角色吻合,融入自己的阅读感受,结合自己的生活智慧。

4. 演讲者要做好观众提问的准备。可以提前预设观众会问什么问题,构思回答的纲要。

## 三、悦读创作

西游巡回演讲报告会

## 第7课时 《西游记》读书会颁奖与评价总结

### 一、读书会颁奖

(一)奖项设置

读书会总冠军、前十名读书好少年、最强团队奖、最佳主播奖、信息技术达人奖、最佳队友奖、黑马奖、最佳点评家及各类活动单项奖等。

## (二)奖项类别

分团体奖和个人奖。根据整本书阅读任务群各项活动的读书会作品展示分享,包括线下和线上的成果展示,通过线上投票评选最佳团队和个人单项奖。

## 二、《西游记》整本书悦读课程评价与总结反思

| 单元任务 | 学习内容 | 基本标准 | 自评 | | | 组评 | | |
|---|---|---|---|---|---|---|---|---|
| | | | 优秀 | 良好 | 合格 | 优秀 | 良好 | 合格 |
| 读前导 | 1. 魔幻西游解读。<br>2. 演说神魔英雄成长史。<br>3. 赏析魔幻艺术手法。<br>4. 探究"以幻写真"艺术手法。<br>5. 大话西游精神。 | 1. 了解作家、作品。<br>2. 演读第一至七回孙悟空相关情节,表演语言、表情生动,符合人物性格特征,评说人物有理有据,准确概括人物性格特点,语言精练,有自己的见解。<br>3. 结合小说社会背景和具体内容,解读"以幻写真"的魔幻艺术手法,赏析幽默风趣的游戏笔法,领会西游精神,感悟人生智慧。<br>4. 能制定评选标准,评选最佳表演、最佳评论、最有想象力、最佳鉴赏者、最有智慧者,最佳深度思考者等奖项。 | | | | | | |
| 读中导 | 1. 制订阅读规划,完成阅读挑战卡。<br>2. 演说游戏笔墨。<br>3. 概说游戏情节。<br>4. 话说游戏角色。<br>5. 探究游戏主题。<br>6. 读后测评:悦读通关考级。 | 1. 阅读计划具有可行性,能完成悦读挑战卡。<br>2. 体会《西游记》运用的游戏笔法、游戏情节、游戏角色、游戏主题等艺术特色,领悟人生智慧。<br>3. 能制定评选标准,评选最佳表演奖、最佳点评奖、最佳创意奖、最有智慧奖等奖项。<br>4. 阅读完全书后能够完成通关考级。 | | | | | | |

《西游记》：读神魔故事　话西游精神

续表

| 单元任务 | 学习内容 | 基本标准 | 自评 优秀 | 自评 良好 | 自评 合格 | 组评 优秀 | 组评 良好 | 组评 合格 |
|---|---|---|---|---|---|---|---|---|
| 读书会<br>任务一：西游游戏增智慧 | 1.《西游记》猜读游戏。<br>2. 西游闯关总结演讲。<br>3.《西游记》批评智慧。 | 1. 小组分工合作，完成《西游记》猜读游戏卡。情节、人物概括凝练准确，猜读有创意，有理有据，智慧启示有哲理。猜读总结演讲有感染力。<br>2. 小组分工合作，完成《西游记》批注智慧卡。批注点维度丰富，批注语言精练，有文采。总批智慧启示能结合小说具体内容，有自己的阅读体验；联系生活，观点鲜明，有哲理。<br>3. 能制定评选标准，评选猜读游戏总冠军、最强大脑、最佳点评小组、最佳批评者、最佳美术奖、最有创意者、最有智慧者等奖项。 | | | | | | |
| 读书会<br>任务二：跟着唐僧去取经 | 1.《西游记》思维导图演讲会。<br>2. 取经故事汇。<br>3. 取经团最有魅力人物评选。 | 1. 绘制西游思维导图，关键信息准确，符合思维导图特点；概括人物性格特征准确；演讲稿与思维导图结合，有感染力。<br>2. 故事情节完整，能体现小说情节的矛盾冲突艺术；能脱稿讲故事，声音洪亮，语言流畅，语气、表情、动作、手势等符合人物身份和性格特征，生动传神；在尊重原著基础上有自己的创意，表演富有感染力。<br>3. 人物点评符合原著中的性格特征；能从原著中梳理观点，寻找证据；有理有据，观点新颖，语言精练，有文采。 | | | | | | |

续表

| 单元任务 | 学习内容 | 基本标准 | 自评 优秀/良好/合格 | 组评 优秀/良好/合格 |
|---|---|---|---|---|
| | | 4.制定评选标准,评选最佳思维导读、最佳演讲者、故事大王、最佳评委、最有深度奖、最有创意奖等奖项。 | | |
| 读书会 任务三:魔幻西游研究会 | 1.好玩的西游人物。<br>2.魔幻西游讲坛。<br>3.西游巡回演讲报告会。 | 1.人物赏析能结合原著,思路清晰,有理有据。能结合自己的阅读体验,语言生动有趣,有创意。<br>2."西游讲坛"专题探究能结合小说背景和原著内容,融入自己真实的阅读体验,联系生活,语言生动,说出自己的智慧启示。观点鲜明,层次清晰,有理有据,语言精练。<br>3.西游巡回演讲报告会角色扮演的语言风格符合原著中的人物性格特征,演讲稿能吸引受众,新颖有趣,体现西游精神和角色成长主题。<br>4.制定评价标准,评选最佳人物点评专家、最好玩主播、最有深度奖、最有创意奖、最佳探究者、最佳演讲者、最佳小论文、最有智慧奖等奖项。 | | |

总结反思:

**附:《西游记》整本书悦读读创成果展示**

### 任务一:西游游戏增智慧

#### 活动一:《西游记》猜读游戏

《西游记》猜读游戏卡

田子昊

| 章回 | 精彩情节概括 | 遇到挑战 | 通关办法猜想 | 答案揭晓 | 智慧启示 |
|---|---|---|---|---|---|
| 第一~七回 | 1. 石猴出世,收服众猴成为花果山大王。<br>2. 不满玉帝,大闹天宫。 | 1. 如何获得群猴信服,稳固大王地位。<br>2. 各路天兵镇压。 | 1. 以自身武力降伏众猴,采取杀鸡儆猴之法,以立王威。<br>2. 强势回应,以暴制暴。 | 1. 带领众猴寻找水源,成为第一个发现水帘洞之猴;师从菩提老祖修习本领,学成归来打败混世魔王,解救群猴。率领众猴抵御天兵镇压。<br>2. 在天庭间来回周旋戏耍天宫众将,与玉帝商讨谈判,以自身强硬实力回击镇压。 | 1. 收服民心,取得威信的方法有很多。自身的强大固然重要,但将"蛋糕"做大,让下面的人也能分到"蛋糕",恩威并施的同时以德服人,才是稳固民心的根本。<br>2. 谈判的要诀除了明确目的,展现强硬,还要懂得周旋,以智取胜;面对不公要大胆发声,勇于反抗,但要以合适的手段,不偏激行事。 |

续表

| 章回 | 精彩情节概括 | 遇到挑战 | 通关办法猜想 | 答案揭晓 | 智慧启示 |
|---|---|---|---|---|---|
| 第二十三~四十二回 | 1. 三打白骨精,悟空被唐僧冤枉驱逐回花果山。2. 大战红孩儿。 | 1. 唐僧不信悟空,将其撵回花果山,八戒须想法将其寻回。2. 红孩儿三昧真火难以化解,唐僧被掳走须想法救回。 | 1. 八戒到花果山,知道动武不能取胜便扬长避短,面对孙悟空时先替师父道歉,主动示弱,再对猴哥打感情牌,激发其取经斗志。2. 利用七十二变的本领,先用猴毛变出分身吸引红孩儿注意,自己则溜进洞里救人,最后再让假猴虚张声势,自己和师父乘机逃跑。 | 1. 八戒软硬兼施,吹嘘猴哥,替师父道歉,接受孙悟空的捉弄后,使用激将法,说妖怪要将孙悟空抽筋剥皮,孙悟空听到自己如此不被放在眼里,暴跳如雷,于是跟八戒回去捉拿妖怪。2. 悟空变成牛魔王(红孩儿之父)让其将唐僧释放,被识破后请来了观音菩萨将红孩儿降伏。 | 1. 处理事情应该多方面考虑,不可蛮横行事。求人办事和谈判的时候应随机应变,通过了解对方的性格和举止,掌握主动权。2. "君子生非异也,善假于物也。"悟空懂得借助外界势力,这也是一种解决问题的能力。 |
| 第四十五~五十回 | 1. 车迟国斗法,悟空随机应变把控局面,指挥唐僧与师弟们斗法成功。 | 1. 斗法题目均由对方设立,需要随机应变及时分析斗法战况。 | 1. 利用七十二变、灵魂出窍等本领,在斗法时干扰对方,再请众神帮忙。 | 1. 请雷公电母帮忙,施展自己七十二变的本领干扰对方,并变成克制对方妖怪本体的动物降伏对方。 | 1. 孙悟空广结人脉的伏笔再次体现,当需要援手之时,朋友是能帮自己一把的人,悟空善于利用这一点,加上自身的智慧,因此总能化险为夷。在日常生活中,处处留心,结识善友,大有益处。 |

续表

| 章回 | 精彩情节概括 | 遇到挑战 | 通关办法猜想 | 答案揭晓 | 智慧启示 |
| --- | --- | --- | --- | --- | --- |
| | 2.女儿国唐僧面对女王招亲,坐怀不乱。 | 2.女儿国王要以身相许,唐僧难堪,被扰乱取经计划。 | 2.唐僧态度明朗坚定,严词拒绝,对国王展示强硬的态度让其兴趣索然。随后让悟空将自己救出,及时离开女儿国,以免夜长梦多。 | 2.国王柔情似水,含情脉脉。唐僧虽有所动摇,但婉言拒绝,且好言相劝,与她阐述佛门之道。随后悟空挣脱国王束缚,将唐僧一行人救走。 | 2.恪守本心、坚持初衷在现在的时代显得更为难能可贵。诱惑如潮水一般涌来,但要清楚知晓自己心中真正所念之事,面对诱惑不为所动。凡成大事者,抵御诱惑是其必修课。 |
| 第五十九～六十一回 | 悟空想法调借芭蕉扇,翻越火焰山。 | 铁扇公主不肯借扇,火焰山之火不熄无法继续前行。 | 变成铁扇公主的仆从混进其住所,伺机寻找机会,等铁扇公主拿出扇子的时候趁机抢夺。 | 悟空到须弥山借来定风丹,让铁扇公主的扇子扇不走他,再变成飞虫飞进铁扇公主体内,变回原形拳打脚踢,逼其借扇。借来发现是假扇于是变成牛魔王哄骗借扇,被真牛魔王将扇子抢回后,于是撕破脸大战,最终其夫妇二人被降伏并得到观音点化同意借扇。 | 明枪易躲,暗箭难防,似铁扇公主这般机敏,也险些着了孙悟空的道。所以要时刻提防那些潜在和已经浮出水面的危险,并做好应对准备。孙悟空最终还是巧借众神和观音菩萨之力降伏铁扇公主,再次证明结善缘的重要性。 |

## 活动二：西游闯关总结演讲

### 人性闪耀的光辉

田子昊

《西游记》的章回体小说形式完美对应了游戏闯关的体验。

师徒四人一开始矛盾摩擦不断，作为师父的唐僧对徒弟的信任危机，让他驱赶过誓死保护并追随他的孙悟空，这令其他人寒心。作为徒弟的悟空和八戒，一个狂妄自大，凡是能用手中金箍棒解决之事，便不计较后果和师父的看法，乱棍开路；一个好吃懒做，随便遇到点困难艰险便叫嚷着打包行李回家。这样一支涣散不齐的队伍，仿佛是闯关游戏的"地狱开局"。

但是传奇的缔造者们毕竟与众不同。在解决每次的困难之后，大家相互磨合，互相学习，唯有取经之本心不变，最终他们的成功就是必然的。能为团队牺牲，做出改变，一切为了取经之路，团结互助的同时大家各司其职，最后形成的是一个全新的团队。

团结合作，不怕困难，坚毅勇敢，积极乐观，勇于改变自己的缺点，一路成长为更好的自己，是唐僧师徒取经成功的主要原因。

磨难与挑战是人生永恒的主题。一关有一关的主题，一关有一关的困难。

每一次磨难不同，应对的方法就不同。当我们开始思索，九九八十一难，每一难该如何踏过，开始设身处地将心比心，在欣赏一部伟大的文学作品的同时，仿佛也在体验一次历练升级的闯关游戏。

从一开始自己天马行空的想象，到逐渐了解人物性格和特点后的理性分析和合理推断，越来越接近作者本身意图的同时，自己也在这一过程中得到了历练。

对于我们读者而言，面对一次困难或者挑战，妥当的处理往往需要全面综合的考虑：人为因素，环境因素，主客观因素，等等。一次闯关下来，综合考虑的思维惯性已经在脑海里翻涌，这是对自我能力的提升。

《西游记》中的唐僧师徒四人，就是一个小型团队的缩影。有人负责后勤生活；有人负责统领大局稳固根基；有人冲锋在前，负责那些艰险的困难和挑战；也有人虽好吃懒做但时不时调节团队的氛围。想要每一次闯关成功，就必须对团队的优劣势进行分析,扬长避短,这正是现实生活的映照。

总的来说,《西游记》的游戏主题丰富多彩,但让我印象最为深刻的莫过于其中对于人性的深入发掘和对生活的深刻理解。唐僧师徒每个人的性格在取经之后都大有改变,这些改变都是个人在与生活深深接轨后发生的。

生活就像一片穿插衔接着绿洲的戈壁。每个人都要从头走到尾,无论顺序如何,我们都在走的路上,走完之后,易了音容,变了心性。正如《西游记》的师徒四人,唐僧一开始固执已见、拘泥古板,最后也学会了审时度势;孙悟空从一开始目中无人、自命不凡,到最后收敛锋芒……这些都是他们人性的完善啊。且所有人都学到了一点,那便是不惧困难,迎难而上。

取经之路漫漫,一切结果也都是未知,最稳固、最不容易崩坏的便是一行人不惧困难的信念。作者用一百回的故事、八十一次的闯关,最终使我们看到了人性闪耀的光辉。

## 活动三:《西游记》批注智慧

### 《西游记》批注智慧卡

田子昊

| 批注点 | 回目页码 | 原文摘抄 | 精彩批注 |
| --- | --- | --- | --- |
| 慧 | 第三十一回 | "万望哥哥念一日为师终身为父之情,千万救他一救!"行者道:"你这个呆子!我临别之时,曾叮咛又叮咛,说道:'若有妖魔捉住师父,你就说老孙是他大徒弟。'怎么却不说我?"八戒又思量道:"请将不如激将,等我激他一激。"道:"哥啊,不说你还好哩,只为说你,他一发无状……"行者道:"既是妖精敢骂我,我就不能不降他,我和你去。" | 八戒请求猴哥,不同于其往日痴呆之像,软言相求后又使用激将之法,拿捏悟空的心理。可见八戒是张飞刺绣——粗中有细,在取经之路上心性大有成长。于我们而言,与人相处时应处处留心、随机应变的能力都是这样积累培养的,憨如八戒尚能,何况吾辈。 |

续表

| 批注点 | 回目页码 | 原文摘抄 | 精彩批注 |
| --- | --- | --- | --- |
| 趣 | 第六十一回 | 好魔王——他也有七十二变……念个咒语,摇身一变,即变作八戒一般嘴脸;抄下路,当面迎着大圣,叫道:"师兄,我来也!"这大圣果然欢喜——古人云"得胜的猫儿欢似虎"也——只倚着强能,更不察来人的意思,见是个八戒的模样,便就叫道:"兄弟,你往那里去?" | 一句"得胜的猫儿欢似虎也"灵动传神,猴哥得胜后得意忘形的姿态一览无余。精明如孙悟空,如此这般也会飘飘然也,着了牛魔王的道。所谓乐极生悲,任何时候都切莫得意忘形,小心驶得万年船。 |

## 《西游记》回目总批智慧卡

田子昊

《西游记》第六十一回《猪八戒助力破魔王　孙行者三调芭蕉扇》

八方请神,四方来将,为取得这芭蕉扇,这场牛猴之战声势浩荡,激烈至极。罗刹女与牛魔王本是功深力厚的妖王,以其二人之聪明才智本早可参悟成道,可惜不走正途,数次堵截唐僧师徒四人,二人的狡黠可见一斑。与此同时,纵使困难重重,悟空不言放弃,东奔西走想尽办法取扇,这样的恒心和毅力,完美诠释其"行者"之称。行动之人即为行者。困难是贯串人生始终的,唯有不断行动,方可踏出精彩人生路。此回末尾,孙悟空还扇之际,还不忘询问永熄火焰山之法,以慰周遭的芸芸众生。此时此刻,斗战胜佛的雏形已然出现,为黎明为百姓,佛家至理无外乎智慧与慈悲。诸恶莫作,众善奉行。以智慧为理论,慈悲为实践,悟空在借到芭蕉扇之时,脑中闪过之善念和他所做之善事,已显佛光隐隐。虽然不是所有人都信奉佛教,但"己所不欲,勿施于人",应该是我们需要恪守的。

**任务二：**跟着唐僧去取经

**活动一：《西游记》思维导图演讲会**

**取经团人物思维导图**

程越　绘图：张芯雅

1. 唐僧，又称唐三藏，法名玄奘，俗家姓陈，名江流，最后被封为旃檀功德佛。

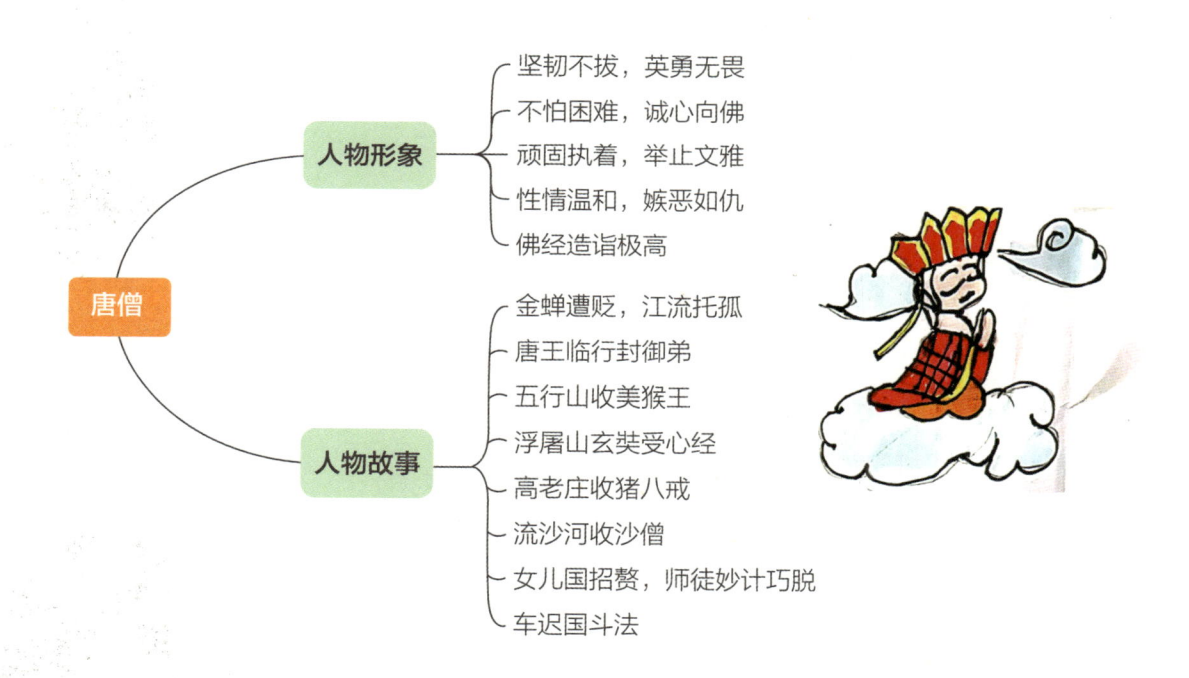

唐僧
- 人物形象
  - 坚韧不拔，英勇无畏
  - 不怕困难，诚心向佛
  - 顽固执着，举止文雅
  - 性情温和，嫉恶如仇
  - 佛经造诣极高
- 人物故事
  - 金蝉遭贬，江流托孤
  - 唐王临行封御弟
  - 五行山收美猴王
  - 浮屠山玄奘受心经
  - 高老庄收猪八戒
  - 流沙河收沙僧
  - 女儿国招赘，师徒妙计巧脱
  - 车迟国斗法

2. 孙悟空,又称孙行者、齐天大圣,唐僧大徒弟,最后被封为斗战胜佛。

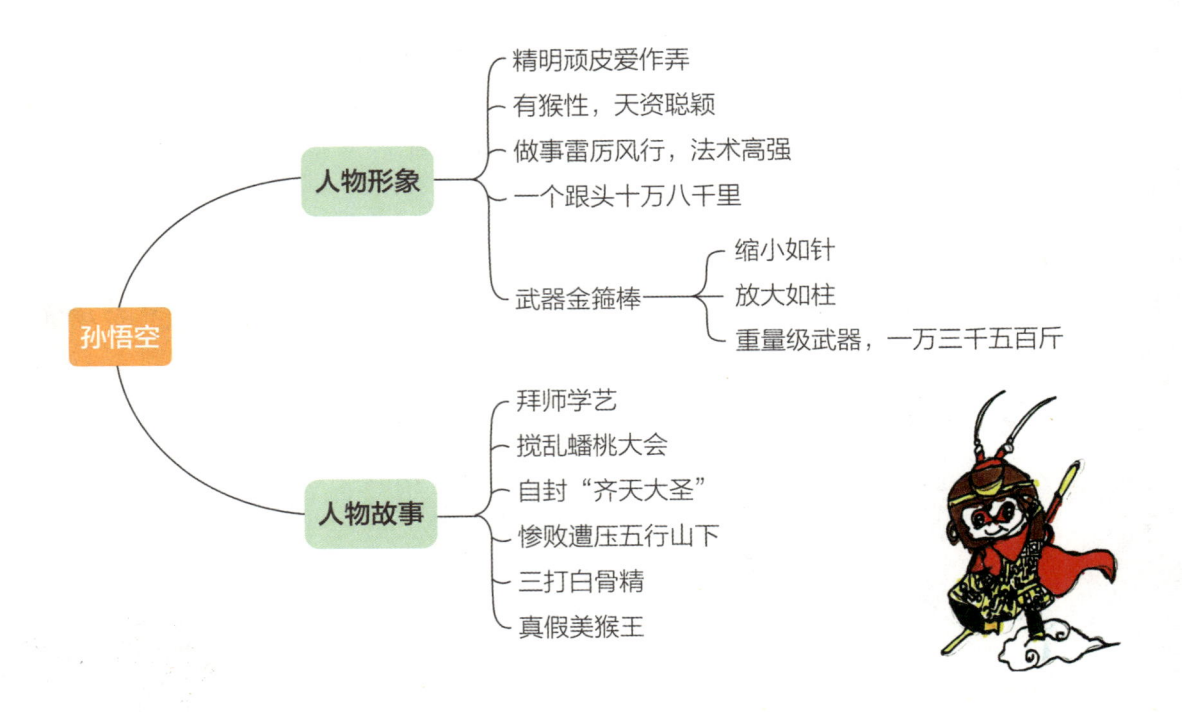

```
孙悟空
├── 人物形象
│   ├── 精明顽皮爱作弄
│   ├── 有猴性,天资聪颖
│   ├── 做事雷厉风行,法术高强
│   ├── 一个跟头十万八千里
│   └── 武器金箍棒
│       ├── 缩小如针
│       ├── 放大如柱
│       └── 重量级武器,一万三千五百斤
└── 人物故事
    ├── 拜师学艺
    ├── 搅乱蟠桃大会
    ├── 自封"齐天大圣"
    ├── 惨败遭压五行山下
    ├── 三打白骨精
    └── 真假美猴王
```

3. 猪八戒,法号悟能,诨名八戒,唐僧二徒弟,最后被封为净坛使者。

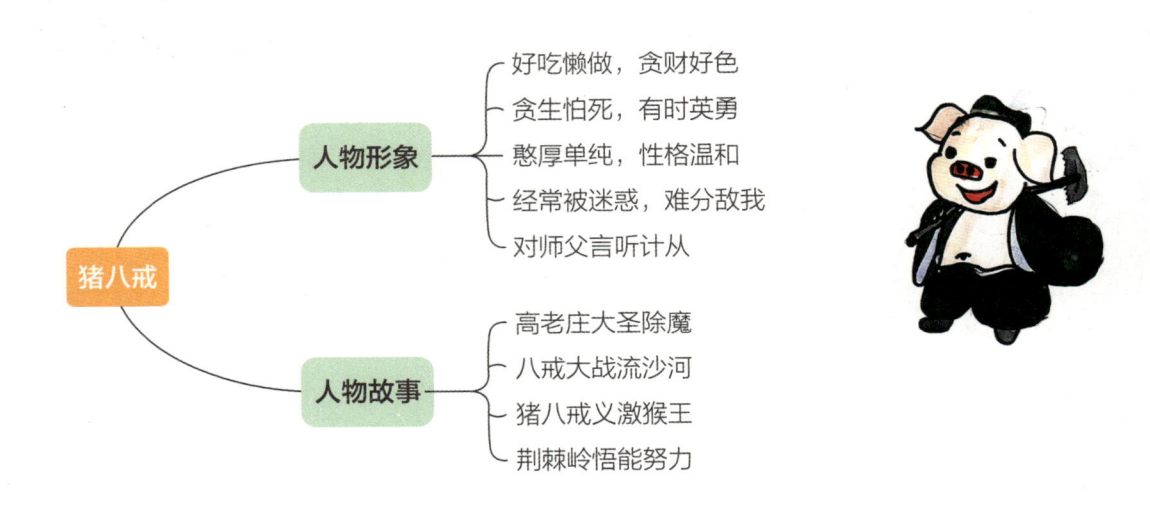

```
猪八戒
├── 人物形象
│   ├── 好吃懒做,贪财好色
│   ├── 贪生怕死,有时英勇
│   ├── 憨厚单纯,性格温和
│   ├── 经常被迷惑,难分敌我
│   └── 对师父言听计从
└── 人物故事
    ├── 高老庄大圣除魔
    ├── 八戒大战流沙河
    ├── 猪八戒义激猴王
    └── 荆棘岭悟能努力
```

4. 沙和尚，法号悟净，原天宫卷帘大将，唐僧三徒弟，最后被封为金身罗汉。

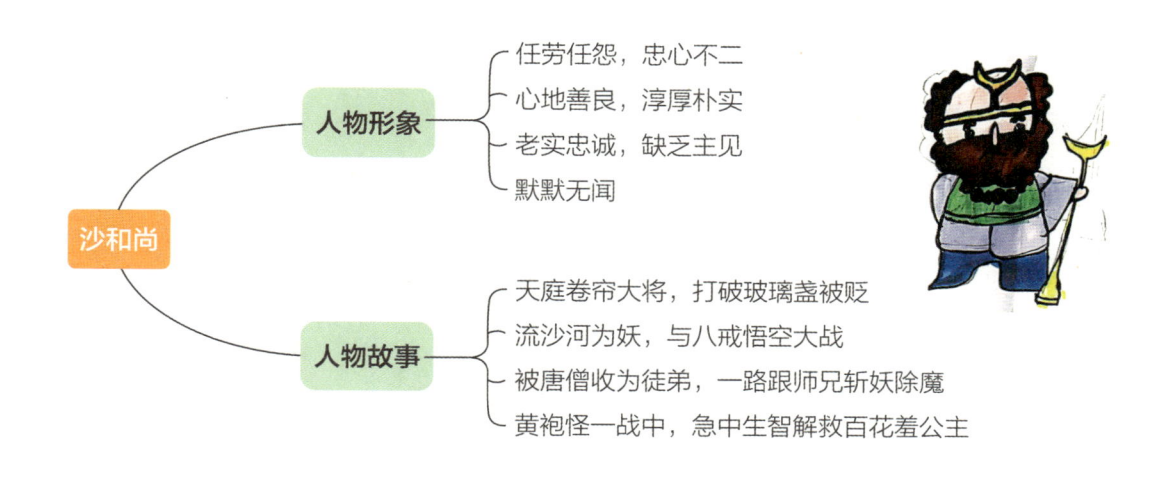

```
                    ┌─ 任劳任怨，忠心不二
       ┌─人物形象─┤   心地善良，淳厚朴实
       │            │   老实忠诚，缺乏主见
沙和尚─┤            └─ 默默无闻
       │            ┌─ 天庭卷帘大将，打破玻璃盏被贬
       │            │   流沙河为妖，与八戒悟空大战
       └─人物故事─┤   被唐僧收为徒弟，一路跟师兄斩妖除魔
                    └─ 黄袍怪一战中，急中生智解救百花羞公主
```

## 取经团人物形象分析演讲稿之孙悟空

刘婵、吴嘉烨等

孙悟空，聪明机智，勇敢果断。独闯花果山水帘洞，毫不畏惧。师父深陷无底洞，勇敢顽强的他三闯无底洞，救出师父。

勤学苦练，知恩图报。孙悟空为了长生不老四处寻师，不远万里，找到了须菩提祖师，他总是向祖师请求多学一点东西，自修自练，学会了许多。他还懂得感恩，每当唐僧肚子饿了，他就急忙化斋，就算师父赶他走，他也不忘报师恩。

敢作敢为，除恶务尽。在三打白骨精中，他看穿白骨精的变化后，不容分说，举起金箍棒就打，毫不留情，不管唐僧怎样念咒，也不让她伤害师父。师徒四人来到车迟国，见和尚穿得破破烂烂，孙悟空探明原因，坚决铲除妖怪。挽救童男童女，降伏白鹿精，火烧盘丝洞等都体现出孙悟空疾恶如仇、除恶务尽的信念。

## 神仙团人物思维导图汇报演讲

组长：熊　佑

组员：谢一辰　蔡弘毅　黄灏　孙文强　邹佳希　杨雅涵　张嘉阳　吴　桐

神仙团人物思维导图

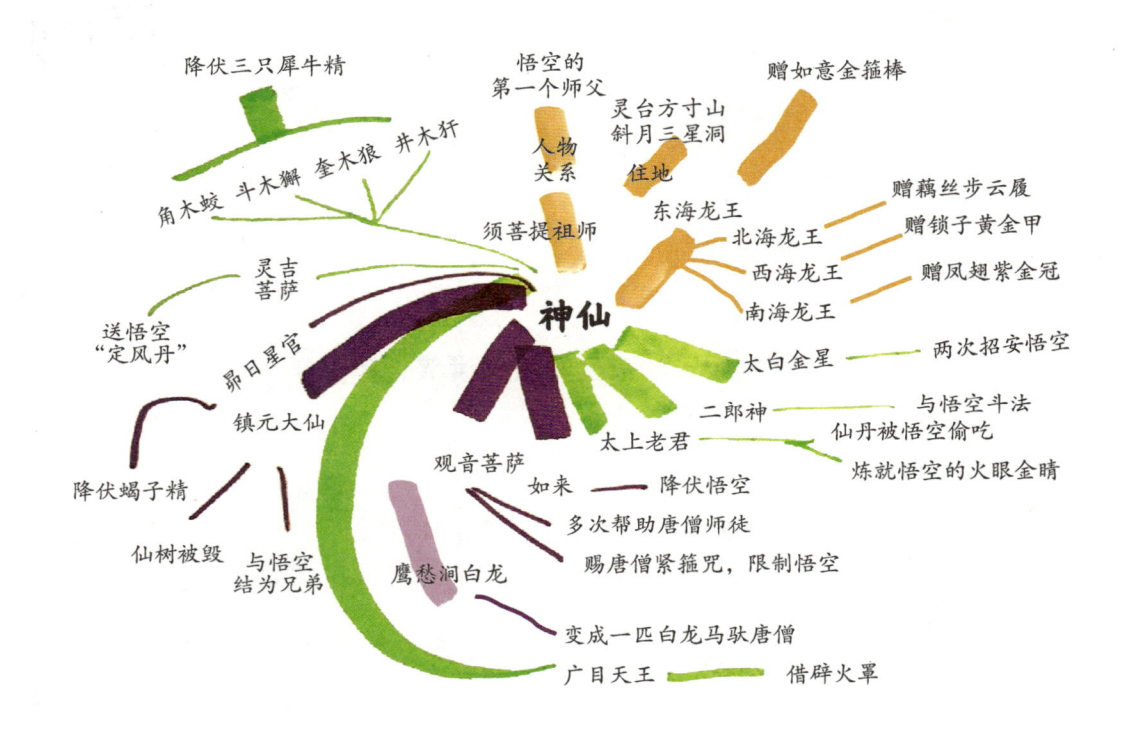

神仙
- 降伏三只犀牛精：角木蛟、斗木獬、奎木狼、井木犴
- 悟空的第一个师父：须菩提祖师（人物关系、住地：灵台方寸山 斜月三星洞）
- 东海龙王：赠如意金箍棒
- 北海龙王：赠藕丝步云履
- 西海龙王：赠锁子黄金甲
- 南海龙王：赠凤翅紫金冠
- 太白金星：两次招安悟空
- 二郎神：与悟空斗法
- 太上老君：仙丹被悟空偷吃、炼就悟空的火眼金睛
- 观音菩萨、如来：降伏悟空、多次帮助唐僧师徒、赐唐僧紧箍咒，限制悟空
- 鹰愁涧白龙：变成一匹白龙马驮唐僧
- 广目天王：借辟火罩
- 灵吉菩萨：送悟空"定风丹"
- 昴日星官：降伏蝎子精
- 镇元大仙：仙树被毁、与悟空结为兄弟

### 神仙团主要人物形象分析

#### 玉皇大帝

熊　佑

玉皇大帝是《西游记》中的一位经典人物，他是天宫的领导，在许多人眼中他是一位十分优秀的领导者，掌管整个天宫的各路神仙，一挥手就是十万天兵天将。

但是，你一定不知道他其实是一位昏庸无能的领导！

话说孙悟空大闹天宫时，玉帝派十万天兵天将去捉拿，皆被打败，可是他自己不想办法，还是太白金星给他提出招安的方法，让悟空暂时安静了几年。由此可知，玉帝的能力竟不如他手下的一位大臣。而且，当孙悟空再次大闹天宫时，他想的却是请如来佛祖收服悟空。可见他就是一个不会自己出力，依靠他人的领导！

他还是一个不会用人，且瞧不起他人的领导。

孙悟空神通广大，能力强，做事认真负责。可是玉帝在招安他时却只给了他一个弼马温的官职，最终导致了悟空再次大闹天宫。

把玉帝批评得这么惨，那接下来就表扬一下他吧。

玉帝他善于管理，不管遇到了多大的麻烦，他都能找到各种神仙来解决，天宫也在他的领导下没有人发动大型叛变，说明玉帝还是有点能力的。

玉帝善于寻求帮助，在悟空大闹天宫时，他请如来佛祖帮忙降伏了悟空，可见虽然自己实力不怎么样，但还是有些办法的。

所以说玉帝这个官职还是要有一些巧变诡诈的人才能当的。

## 神佛新解：观音收服红孩儿

熊　佑

作者借孙悟空请观音收服红孩儿的故事，表达了"人外有人，天外有天"的哲理。你红孩儿再厉害，自有人斗得过你。同时又将红孩儿恩将仇报、骄傲自大的性情表现得淋漓尽致。众人都只关注红孩儿，而遗忘了观音也是一个重要人物。对这一回故事中的观音，我就有新的解读。

观音开始问红孩儿是否足够强大，我以为不是观音怕了，而是在试探红孩儿，好计算对策。从中可以看出，观音做事不慌不忙，有对策再行事。

观音面对红孩儿的回答，从容不迫，只说她有一莲台，问红孩儿是否能坐。这就是观音在激将红孩儿，引他坐上莲台。这里，许多人都只是看出了红孩儿容易被迷惑这点，而对观音不予评点。我认为，观音这种"激将法"对红孩儿这种骄傲自大的"熊孩子"十分有效。观音抓住了红孩儿"你越不让我做，我越想做"的心理,简单的三言两语就把红孩儿困在了莲台中。

观音又说你能坐上,却下不来,再激红孩儿,让红孩儿在莲台里闹腾,耗光他的精力、法力以及打破莲台的动力。待他耗完后,观音才将他的手脚捆住,跟孙悟空交代后,将红孩儿带回去。

观音处事从不鲁莽,不会没有计划行事。在计划执行时,观音又会对敌人的某个特性进行补攻。就拿收服红孩儿这事说,观音就抓住了红孩儿的盲目自大这点来补攻,从而达到将红孩儿带去天庭当善财童子的目的。这不是为了报复,而是发现红孩儿这个妖魔是个好苗子,可以培养。

这就是我对观音收伏红孩儿的个人理解。

## 活动二:取经故事汇
### 众神佛祖战黄眉

黄品赫

我觉得《西游记》中最惊险的故事就是"众神佛祖战黄眉"。

话说师徒四人一路向西行,去西方极乐世界求取真经。这天,师徒四人来到"小雷音寺",与取经终点"雷音寺"仅一字之差。大圣几番去往西天寻如来,却从未听说"小雷音寺",心生疑惑。但唐僧不听劝告,执意不肯绕行。

进了"小雷音寺",师徒四人只见"佛祖"及"众神"早在大堂内等候。大圣早知有诈,想要将妖怪一网打尽。谁知那妖王黄眉怪神通广大,仅用一副金铙,便将大圣抓住。行者不论使出什么法术,都逃脱不得。而且,这金铙威力不比八卦炉弱,其中之物三昼夜时间就会化为脓血。

大圣忙叫五方揭帝、六丁六甲等打开金铙,可任凭众神如何使法术,也敲不出一个小洞;拿兵器把金铙打碎,又必会惊动妖怪。后又召来二十八星宿,其中亢金龙使出千斤之力,用龙角撬开一点缝隙,但那金铙紧紧地与龙角贴合,不留一丝缝隙。悟空迫不得已,在龙角上钻开一个容身的小洞。等亢金龙将龙角与悟空一并带出来时,已精疲力竭。大圣刚脱离会让他化为脓血的金铙,就掏出金箍棒。只见大圣手起棒落,金铙便化为千百碎片。大圣难解心头之恨,巨大的声响却招来了妖怪。黄眉怪拿起一个看似普通的布袋,将大圣与众神一起装起来,让小妖怪们把他们一个个绑起来。

大圣与众神的性命危在旦夕,大圣急中生智,将身体变小,从绳子里钻出来。救了师父师弟和众神后,又去拿行李。结果又惊动了妖怪,除了大圣一人逃走,其他人又被抓了回去。

后来,大圣请荡魔天尊帮忙,结果仍未能救出众人。大圣又去泗洲请来四大神将和小张太子助阵,却依旧没能成功。大圣悲痛欲绝、欲哭无泪,不知如何救出师父等人。

最后,弥勒佛亲自来到"小雷音寺",收伏了原来是黄眉童儿的黄眉怪。弥勒佛在大圣手里写"禁"字,让他把黄眉怪引来。黄眉怪仿佛着了迷似的,在大圣后面穷追不舍。弥勒佛变出一片未成熟的瓜,自己变成种瓜的人。大圣按照弥勒佛说的做,来到山下就变成一个大熟瓜。弥勒佛把大圣变作的大熟瓜送到黄眉怪手中,果然,大圣不一会儿就开始在黄眉怪肚子里闹腾。黄眉怪终于投降,放了所有人。

俗话说"听君一席话,胜读十年书",如果唐僧听取大圣的忠告,也不至于让那么多人都受到牵连。但正所谓"魔高一尺,道高一丈",不论妖魔鬼怪法力多么高深,正义的力量总会比他们高出一头。

## 大圣智斗红孩儿

胡益炫

《西游记》中"大圣智斗红孩儿"这个故事看得很过瘾。

却说唐僧师徒四人一路向西天取经,历尽了不少苦难,一行人方才在乌鸡国辞了国王,又遇见大山峻岭挡住去路。

唐僧等人行入山中,只见山里突然红光冒天,火云迷幻,似有妖精过境,为提防妖精,三个徒弟惊忙将唐僧围护在当中。

只一会儿,红云散去,师徒四人继续赶路。不知又从何处传来几声小孩叫唤着救命,唐僧动了慈悲心,想搭救这小孩,但行者早已识破红孩儿的诡计,使了个法术,将妖精摄到后边去了。

红孩儿察觉不对劲,才发觉唐僧早已到前边去了,于是又像前番那样,变化成一小孩,迷惑唐僧。行者晓得妖怪的伎俩,只是唐僧不听劝,听信了妖精的谎言,非要救这妖魔不可,行者不得不从,只好背起红孩儿赶路。一会儿,红孩儿便化作一阵妖风,趁行者没有注意到他,刮走了唐僧。行者大怒,问当地山神得知,妖精住在枯松涧火云洞,其实乃牛魔王的孩子红孩儿。

行者来到洞前,将红孩儿喝出洞外,与妖怪讲理不得,只好大打出手。红孩儿与行者大战二十回合,斗行者不成,用宝物放出三昧真火,大圣虽有金刚不坏之身,不怕三昧火,眼睛却怕烟熏。行者见妖火泛滥,于是前去东海请龙王下雨扑火,却不料龙王的雨水扑不得三昧真火,反而越泼越旺。行者受不得烟火,扑倒在水涧里,昏倒过去,沙僧几番叫唤都不曾醒来,却是八戒几番按摩,行者且才苏醒。

行者求龙王扑火未果,又遣八戒去请观音,妖精却化作菩萨模样在路上候着八戒,将八戒也骗了去。

八戒久去不回,引起了行者的疑心,为探明虚实,行者变作一只苍蝇,潜进洞府的内部,得知红孩儿要请牛魔王吃唐僧,于是又假扮为牛魔王的模样,受了红孩儿的拜揖。妖精见有异样,识破了行者,将行者赶了出去。

行者只身飞向南海,以求观音菩萨相助。请来了菩萨,行者根据菩萨的旨意,一步步将妖怪引至菩萨的莲台下,自己与菩萨藏了起来。那妖精见了莲台,便也学着菩萨的样子坐上去,菩萨连念咒语,几排尖刀从莲台上刺出,刺穿了妖王的两腿,红孩儿受不了疼痛,终于败给了菩萨。

红孩儿本无高深的武力,只是有三昧真火相助,然而这正好触及了行者的弱点,于是大圣便败下阵来,终还是须菩萨相助。

金无足赤,人无完人。即使齐天大圣也并非万事神通,当触及其短处时,也需要他人的帮助。不要吝啬向他人的求助,"众人拾柴火焰高",有些难题并非一人所能解决,而需要团队齐心协力的力量。

## 活动三：取经团最有魅力人物评选

### 取经团人物颁奖词

杨君淑

**唐僧：**

你用行动证明了一名佛家弟子的毅力，你用经卷书写了一名普通人的奇迹，你让我们看到了佛家的博爱，让我们看到了人性的高洁。你被封为"旃檀功德佛"。

**孙悟空：**

你的勇敢让人们佩服，你的机智让人们崇拜。孙悟空，你这个充满传奇的人物，必定会继续带给我们更多的感动，更大的惊喜！你被封为"斗战胜佛"。

**猪悟能：**

你这个呆子，吃喝在前，劳动在后，贪图享受，不思进取，又有顽心，色心未泯，但念你挑担有功，护伺辛劳，呆子啊，给你个"净坛使者"的封号吧。

**沙悟净：**

你本是天宫的卷帘大将，因毁坏公共财物被贬下界。你在这次的活动中表现得最老实、最守信，牵马挑担，鞍前马后，劳苦功高，封你为"金身罗汉"。

### 斗战胜佛孙悟空颁奖词

程　越

你是无数小朋友崇拜的偶像。你神通广大，法力无边；你不畏强权，大闹天宫；你不怕困难，疾恶如仇，遇到不平之事总是拔棒相助；你陪师父唐僧西天取经路上，经历了九九八十一难，一双火眼金睛，让无数妖怪无所遁形。你三打白骨精，三借芭蕉扇，遇到困难总是冲在最前面，降伏了无数厉害妖怪。你也受过委屈，被师父误会，好在最后顺利取得真经，并被封为"斗战圣佛"。

## 致孙悟空
### 罗卓伶

你尖嘴猴腮,金睛火眼,头上堆苔藓,耳中生薜萝。这就是你——齐天大圣孙悟空。你是取经四人中,最敢蔑视权威、勇于反抗的一员。你虽是一只石猴,却有着灵通的人性。尽管你三番两次被师父唐僧误解驱逐,但你仍始终如一地保护师父西行,足见你重情重义,赤胆忠心。你永远是取经道上四人中的"擎天柱"。

## 致斗战胜佛孙悟空
### 陈 媛

你是取经队伍中的大师兄,是斩妖除魔的一把好手。你有尊严,因弼马温闹天庭;你有气魄,勇于与所有妖魔一战。你有智慧,铁扇肚里巧取芭蕉扇;你有本领,七十二变火眼金睛样样精通。取经路因为你解决了鬼怪而轻松,你无疑是《西游记》中最令人敬佩的取经英雄!

## 天蓬元帅猪八戒颁奖词
### 李启程

你性格温和,单纯可爱,老实憨厚。在人们眼中你是师徒四人中最不靠谱的角色,实则不然。你虽然贪财好色、懒于思考、嘴馋,没有唐僧的固执和清高,没有孙悟空的敏捷,还没有沙僧的埋头苦干;但你却颇有幽默感,让枯燥危险的取经生活充满了乐趣;你还忠心耿耿、心地善良,一心一意帮助取经团捉妖、解决问题。你就是取经团中最有趣的、不可缺失的一份子——猪八戒。

## 致单纯可爱的猪八戒

### 吴佳诺

师徒四人中就数你最活泼捣蛋。

你曾为天蓬元帅，却因调戏嫦娥被贬下凡，为了赎罪被迫前往西天取经。

圆鼓鼓的身材，滑稽的长相，笨拙的动作……充满了人性的魅力。师徒四人中，你最贪吃，你最单纯，每次都会掉进大师兄的陷阱里，你这种可爱呆滞的样子让整个取经团多了份快乐。

你是人与动物完美的结合体。分家散伙你最积极，占小便宜你也不会落下。就是这样一个调皮可爱的猪八戒，却吸引了无数读者的目光。你擅长调节气氛，是取经团中不可缺少的一员，你最终战胜了自我，成为"净坛使者"。

## 知足常乐猪八戒

### 吴宇森

虽然你很懒惰，但你也有勤奋的一面，在十四年中，都是你在帮团队挑担。虽然你很多次提起过散伙，但其实你只是表面说说，菩萨的任务你牢记心间。你是大师兄的好帮手，在救师父的时候你非常有耐心。你的贪吃、好色、懒惰乃是人之常情，你在《西游记》中所象征的就是社会上的芸芸众生，享受庸常的生活，知足常乐。

## 憨厚可爱的沙悟净

### 武鹏凯

你总是默默地排在队伍最后面，不说话也不炫耀。

你虽然知道自己实力一般，但是每次遇到危险时你总是第一个上去，虽然知道自己会失败；每次吵架的时候，队伍快要分崩离析的时候，你总是第一个站起来不同意队伍解散。

你没有大师兄武力高强,你没有二师兄会拍马屁,但是你是最肯付出最肯劳动的人。

## 任务三:魔幻西游研究会

### 活动一:好玩的西游人物
### 好玩的妖怪　经典的小孩

林千涵

《西游记》中有一个很经典的小孩子。

他具有妖和仙的共同基因。他的父亲是一头牛,所以他也具有牛一样的韧性,想干的事情一定要干到底,倔强不服输,有初生牛犊不怕虎的精神,虽为小孩子,但跟牛一样能吃苦,不畏惧困难,有目标就立马付出行动。

他还是一个孝顺的小妖精。他很爱自己的母亲,虽然父亲不靠谱,但是仍然对父爱充满渴望。他希望能凭借自己的力量抓到唐僧,献给母亲,这足以说明他顽劣背后人性化的孝顺。虽然是妖精,但是作为一个儿童,身上的童真与孩子气是无法抹去的。他想要打败孙悟空,这说明他具有小孩子好胜心强、报复心也挺强的特点。因为幼稚天真,所以也很容易膨胀,目中无人,就连观音菩萨也不放在眼里。

他的身份也很像现在的许多小孩子,家庭支离破碎,父亲不负责任,母亲又远在他乡,就像一些留守儿童一样,身边只有一些狐朋狗友,一伙人在社会上胡作非为,他就是个不知天高地厚的小混混头子。现实生活中常有许多熊孩子像他一样,拥有聪明才智,却不愿意认真学习,学了一身歪门邪道,将聪明变成了小聪明。这也启示我们要珍惜宝贵的年华,不要虚度光阴,否则很可能也会变成一个被人收走改造的小妖怪。

不管他怎么样顽劣,他的聪明才智和神通广大是毋庸置疑的。小小年纪就本领超强,三昧真火尤其厉害,不仅轻而易举抓住了唐僧,还将许多厉害角色打得落花流水,连孙悟空都吃了他不少苦头,最后还是观音菩萨利用他的孩子天性将他困在了莲花台上。

这位神秘而经典的小男孩就是红孩儿。

## 好玩的如来

### 黄琼睿

如来佛祖是《西游记》中一个 boss 级的存在,但他却有很多好玩的地方。

如来是个非常有心机的人。

在降伏悟空时,他引诱悟空说出了他所有的能力,然后抓住筋斗云这点,使出"掌中乾坤"的法力降伏了悟空。其实悟空能力并不逊于如来,如果悟空知道如来的底细、法力,肯定不会输给如来。

狮驼岭一战中,悟空找如来想退下紧箍儿,如来说助他降妖时,说了一件事:飞禽之首凤凰生下孔雀、大鹏。孔雀当年很喜欢吃人,把如来一口吸入腹中。如来剖开孔雀脊背,跨上灵山。如来"欲伤他命",杀死孔雀,却被诸佛劝解。如来如果"欲伤他命",岂不是破了戒律?

唐僧发现真经无字,几人回灵山讨经,悟空抱怨阿傩、伽叶贪污,不料如来说,曾经一些圣僧去舍卫国念诵了一次真经,讨得三斗三升米粒黄金,如来还说卖贱了。可见如来所说的佛门善土,也不是净地!

后来对五圣授职时封八戒为净坛使者,八戒问,为何其他人都做佛,他却做个使者。如来说,四大部洲,景仰沙门者不少,做法事都有供贡品,叫八戒净坛,"乃是个有受用的品级,如何不好!"

如来,如来,真个好如来!

## 巧舌如簧的太白金星

### 王隽哲

在《西游记》中,太白金星是一位嘴上功夫了得的神仙,他虽然战斗力不强,但是非常能说会道。

孙悟空被任命为弼马温后，嫌官太小，私自下界回到花果山。玉帝觉得孙悟空不尊重自己，很生气，要派天兵天将捉拿他。太白金星劝玉帝不要生气，说孙悟空是天地育成之体，现在修成仙道，可以招安，如果把他招来天界，给他一个官，就可以约束他，如果他听话，就加官晋爵，不听话，再收拾他不迟。这样不仅不用打仗，而且还可以获得一个人才。玉帝听后大喜，同意了太白金星的主意。太白金星利用自己的三寸不烂之舌，让玉帝转怒为喜，化解了矛盾。

　　唐僧师徒取经途中，曾被托塔李天王的义女抓住，孙悟空去告御状，玉帝让孙悟空和太白金星去李天王府上对质，李天王认为孙悟空诬告自己，想砍了孙悟空，经哪吒提醒，李天王才想起确实有一个义女在下界。孙悟空准备打官司，太白金星出面说："天上一日，下界就是一年。这一年之间，那妖精把你师父陷在洞中，莫说成亲，若有个喜花下儿子，也生了一个小和尚儿，却不误了大事？"听了太白金星的话，孙悟空才意识到解救师父的紧迫性，同意不打官司赶快救人。这件事说明太白金星在与人沟通时，很善于抓住对方迫切解决问题的心理，从而说服别人。

　　通过这几件事情，太白金星巧舌如簧的形象跃然纸上。现实生活中是不是也有一些有智谋、口才了得的大神，凭三寸不烂之舌就获得了成功？


## 活动二：魔幻西游讲坛

### 专题一：西游问题探究

#### 唐僧太善良是好事还是坏事？

黄品赫

　　唐僧在取经路上规规矩矩，还经常行善。除了大闹五庄观那一回，唐僧几乎没有得罪什么人。倒是他行善的习惯常常让大圣头疼，因为他行善的对象总是妖魔鬼怪，而且每次都被妖魔鬼怪骗走，却不怎么长记性。才被黄袍怪教训一顿，过一段时间又被红孩儿骗一顿。这个问题让大圣感到十分棘手。

　　唐僧总以善良对待他人，可是如果对敌人善良，就是给自己找麻烦。虽然这是西游路上的一大难关，但是从另一方面来看，这也成了考验取经团队的地方：师徒四人是否能正确对待善良。

如果大圣不用为唐僧不分好坏而担心，那么唐僧肯定不是善良的人。唐僧在取经路上，毕竟还是凡人肉身，不能辨别好坏。他若不对红孩儿发慈悲、不"救"银角大王，那么他也肯定不会对那些国家的君主，乃至过路的行人彬彬有礼。他若是没有这般规矩、善良，那么取经路上的那些受难的国家也许就得不到他们的帮助，八十一难最终也无法度过。

八十一难象征着众多的苦难。这不仅仅是取得真经的必经之路，更是考验师徒四人毅力与决心的试金石。当初唐僧为什么要下决心克服困难，去西方取真经？就是因为他不忍心看见东方世界的人不像其他地方的人那样有高尚的品质。取经的起点，就是善良。

唐僧如果不具备善良的品质，就只是一味地走在取经路上，而忘了自己的初心。八十一难中，不知有多少个妖怪最后被带回天庭管教，被杀死的少之又少。让妖魔鬼怪改邪归正，而不是将他们杀掉，这也是善良的体现。所以说，善良是西游途中不可缺少的。

大圣拜师学艺的地方名为"灵台方寸山，斜月三星洞"。"方寸"本指"心"，而"斜月三星"是说"心"字的卧勾和三点，也指"心"。这就说明，大圣往后的修炼、磨难都会与"心"息息相关。

取经路上出现假大圣，就是因为唐僧为善良赶走了大圣。取经团队的人员内心出现了分歧，心中的妖魔也就出现了。这也印证了如来佛祖的那句话："汝等俱是一心，且看二心竞斗而来也。"师徒四人只有经历心的考验，才能真正克服磨难。善良，就是师徒四人要克服的心的磨难。

唐僧太过于善良，不时被红孩儿、银角大王等妖魔鬼怪骗走，确实令大圣棘手，可这也是他们必须接受的磨难。唐僧的善良让他帮助了取经路上所有的国家，做了能做到的善事，这就达到了八十一难为天下苍生降妖除魔的目的。

唐僧没有了善良的品质，师徒四人没有经历心的历练，也不可能取到真经。

唐僧用善良造福人民，屡次被骗却坚持善良，是心的历练。唐僧始终坚持善良，既是造福苍生，又是经历心灵的磨难。八十一难中，每一个磨难，都使师徒四人变得更加坚强、更加强大。所以经历那些心的历练，也是对师徒四人的锻炼。

唐僧的善良所带来的,不论是帮助他人还是经历磨难,都是取经路上的好事。

我们在人生途中总会经历一些磨难,如果始终保持一颗慈悲之心,也会受益匪浅。

## 神、魔,缺一不可

黄品赫

《西游记》里的神仙、妖魔鬼怪种类繁多,与现实生活有什么联系?

《西游记》里的妖怪大多是有"背景"的。这些妖怪基本是天上的成员,下了凡间便肆无忌惮。表面上与神仙一刀两断,最后却回到神仙身边。如果神魔失去了这层关系,那八十一难也没剩多少了。

凡间的魔依附着神。

在天竺国,玉兔因为与素娥的一掌之仇,拿着三界第一神奇捣药杵,把整个国家闹得不成样子,还把真的公主给调走了。可是最后,还是神仙来把玉兔毫发无损地带了回去。类似的妖魔鬼怪在八十一难中还有很多很多。许多妖怪都是从天上跑到凡间称霸一方,如果他们没有神仙"撑腰",恐怕就要像白骨精一样被一棒子打死了。神仙是妖魔的保护伞!

天上的神需要魔。

凡间放肆的妖魔鬼怪大多是来自天上的。他们偷偷下凡,化作妖怪。像金角大王和银角大王二人,都不用偷偷下凡,就是观音"请"来的!八十一难,不仅仅是用来为民除害的,更多是让这取经师徒历练的。没有了妖魔鬼怪,师徒四人哪里会取得真经、脱胎换骨?这世上一切的困难、挫折,从来不是用来折磨人的,而是用来锻炼人的。这种磨炼,不仅仅是对个人的考验与提升,更是一个国家,乃至整个人类文明的发展所必需的。这八十一难,就如同生活中的那些挫折,那我们不更应该像取经团队一样,在逆境中成长吗?

在《西游记》里,神与魔缺一不可;在生活中,挫折同样不可或缺。想要得到成功,就必须先经历磨难。这就是取经团队成功的原因。

## 毅力与善良

吴佳诺

唐僧武功最差，为什么却是取经团队的领导？

《西游记》讲述了师徒四人西天取经的故事，在取经团队中就属唐僧最没有战斗力，除了念经一无是处。但就这么个只会念经的和尚，却是三位大将的师父。这是为什么呢？

《西游记》里，三位徒弟都是一步一个脚印前往西天，只有唐僧坐着白龙马。当他要休息时，只需使唤徒弟去干活，而自己则是在一旁休息念经。这样一个没有武功只会念经的人称得上是师父吗？

唐僧能当师父，是因为他身上具有取经路上最珍贵的品质——毅力与善良。

唐僧虽然没有战斗力，但是他却有超乎常人的毅力。

师徒四人中，只有唐僧一人是自愿前去西天取经，其他三人都是被迫前去，不是为了报恩就是为了赎罪。途中有人想放弃回家，但唐僧绝对不会放弃自己立下的誓言。

女儿国的国王深爱着唐僧。为了让唐僧留下，百般温柔，各种利诱，可是唐僧心中只有西天取经一事，拒绝了女儿国国王的好意。

唐僧能成为师父，不仅因为坚定的毅力，还离不开他那颗善良的心。

三打白骨精，是最能体现唐僧善良天真的一段情节。白骨精三次化为不同的人物去博取唐僧的同情，唐僧本就不识妖，看到这户人家这么可怜，自然上了当。唐僧尽全力去帮助这户人家，可当孙悟空回来发现是妖怪时一棒打死了妖，这让唐僧非常生气，于是对孙悟空念紧箍咒并且将他驱逐回花果山。

看了这一幕，也许大家会很不解，孙悟空是西天取经团队里的保障，可是唐僧却因为那颗善良的心毅然决然地选择了将孙悟空逐出师门，为什么？

因为善良。做师父的首先就得善良，如果对待任何人都处处防御，充满杀心，那么干什么事都将一事无成。

唐僧虽然没有武功，但是他却有让人最值得敬佩的品质，毅力是做事成功的保证，善良是做人成功的前提，而这也许就是唐僧成为师父的原因吧！

## 孙悟空被称为大师兄的秘密

吴佳诺

在《西游记》中，让我印象最深的就是大师兄孙悟空了。

在孙悟空身上，我看到了顽强不息、不畏权威的品质。他之所以敢大闹天宫，不仅仅是艺高人胆大的底气，更多的是因为他自己心底不畏权威、勇于斗争的精神。

他常常对天上的神仙们口出狂言，语气咄咄逼人，出言不逊。大家想想各位大神仙可都比孙悟空强啊，在比自己强的神仙面前也敢口出狂言，不是找死是什么？

但我猴哥就是不怕，因为他藐视神仙们，不管是什么厉害的神仙，在他眼里都一视同仁，没有高贵低贱之分。这就是他让人欣赏的反抗精神，他追求平等和做人的尊严。

我猴哥天不怕地不怕。这一生明明白白，从不向权贵乞怜，不向社会低头，乐观积极地面对生活，真不愧是大师兄啊！

专题二：《西游记》魔幻艺术手法研究

## 奇幻背后的讽刺

吴佳诺

一段惊险而刺激的旅程，一次机缘巧合下的师徒之情。《西游记》讲述了师徒四人历经九九八十一难获取真经的故事。在令人回味无穷的故事背后隐藏了作者怎样的思想观念呢？

作者将自己对社会的不满寄于《西游记》中的人物身上。

唐僧就是一个例子。在我们心中，唐僧就是一个善良、慈祥的角色。可是他的善良用在哪儿呢？在三打白骨精中，白骨精先后变成一家人去博取唐僧同情，单纯的唐僧上了当，幸好孙悟空及时赶回来，保护了唐僧。救了师父一命的孙悟空，本应该继续留在师父身边，护他周全，可是唐僧却因为不辨人妖，误以为孙悟空打死了人，便把他赶回花果山并断绝师徒关系。这就是唐僧的善良，以善良之名将救过自己的孙悟空赶回花果山。这种不分是非的善良,毫无原则的慈祥,真的是一个高僧所该有的吗?

　　书中唐僧一直在教导徒弟们要善良,要仁爱,可是他所指的只不过是那毫无底线的仁爱、不辨是非的正义。对曾救过自己命的徒弟只有责备,在生死关头却还在教导徒弟们杀人乃是大祸⋯⋯这种愚昧至极、颠倒是非的所谓正义让我们仿佛看到了社会上占着高位但昏庸无能的领导,那些滥竽充数的人,他们自称是正人君子,却用正义之名在社会上做伤天害理之事。而作者正是借用唐僧这一角色,狠狠地讽刺了这些人。

　　《西游记》之所以会成为中国古典四大名著之一,不仅仅是因为书中所写的师徒四人在取经路上与妖魔鬼怪的打斗,更因为在那些奇幻故事背后寄托的讽刺与批判。

## 活动三:西游巡回演讲报告会
### 孙悟空讲述智斗妖魔故事

罗卓伶

　　我是齐天大圣孙悟空,西天取经路上的日常生活就是斗妖魔。

　　我印象最深的妖怪是红孩儿。那天,我们师徒四人路遇一个被捆住手脚吊在树上的可怜孩子。我立刻认出这一定是妖怪化成的,他听说吃唐僧肉可以长生不老才来找师父的。但是师父他执意要救。

　　果然被我猜中了,红孩儿用狂风卷走了师父,于是我立马赶上去追。但是红孩儿的三昧真火真是太厉害,我根本不是他的对手。就算我找来龙王也无济于事。我听说这红孩儿是我结拜的兄长牛魔王与铁扇公主的儿子。没办法,我只能先用人情劝说。但红孩儿根本不听,于是我又变作牛魔王的样子,但是被他识破了。最后我去请来观音,观音将其降伏,收作善财童子。

　　这次的事情终于解决了,我又一次地保护了师父的安全。我也获得了成长的智慧:一个人的能力是有限的,蛮干不如智斗,所谓"道高一尺魔高一丈",妖魔再厉害,总有能收服他的神仙,只要肯想办法,问题都能解决。

## 《骆驼祥子》：人性的幻灭　梦碎的悲歌

**一、学习主题**

人性的幻灭　梦碎的悲歌

**二、学习内容**

《骆驼祥子》整本书阅读

**三、学习目标**

1. 能根据计划自主阅读小说,演读小说情节,评说小说人物,探究小说主题。

2. 激发阅读兴趣,建构小说人物阅读图式,鉴赏人物形象,分主题进行人物专题探究,培养透过现象看本质的思维能力。

3. 项目化学习方式,采用批注阅读法全班共批一本书,制作班级《骆驼祥子》批注书;项目式分主题研究,打通名著与生活的联结,将名著改编成话剧,探寻《骆驼祥子》中的传统文化元素,探讨"悲剧根源"的现实意义。

**四、课时安排**

7课时

**五、资源与工具**

(一)资源

《骆驼祥子》全本;《骆驼祥子》台词表演(网络);《骆驼祥子》电影(1982年,北京电影制片厂);《金圣叹批评第五才子书水浒传》(施耐庵著,金圣叹评点,天津古籍出版社)。

(二)工具

阅读计划书、问卷调查表、评价量表等;表演场地、服装、音响等;线上讨论、调查、录屏、剪辑等多媒体平台、软件、设备。

## 六、项目启动

《骆驼祥子》是中国现代作家老舍的一部长篇小说,讲述了旧中国一个农村青年祥子来到北平城里靠拉车谋生,从心怀梦想到人性幻灭,最终沉沦堕落的悲剧故事。

什么是悲剧?老舍说:"悲剧就是和命运抗争而争不过。"那个黑暗的、罪恶的旧社会,将一个纯朴的、善良的、满怀青春梦想的人变成了鬼,变成了游走在城市边缘的"垃圾人"。老舍以现实主义笔法,用饱含同情的笔墨写了这个苦命人的挣扎与堕落。

祥子姓甚名谁?他为什么叫"骆驼祥子"?他经历了怎样的奋斗历程?遇到了哪些爱恨情仇?遭遇了社会怎样的毒打?……让我们与祥子同行,采用项目化学习方式,全班共批一本书,制作《骆驼祥子》批注书,进行人物专题探秘,走进骆驼祥子经典剧场,在祥子苦难的人生中,品读不平凡的故事,收获自己的人生智慧!

## 七、项目任务与学习活动

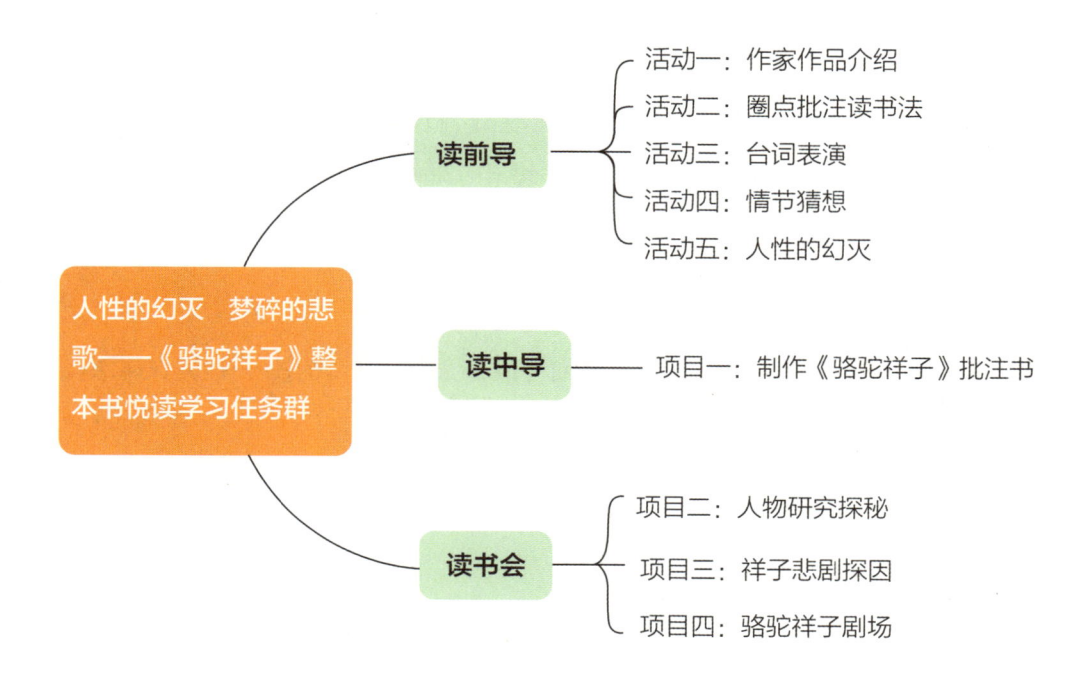

人性的幻灭 梦碎的悲歌——《骆驼祥子》整本书悦读学习任务群

- 读前导
  - 活动一:作家作品介绍
  - 活动二:圈点批注读书法
  - 活动三:台词表演
  - 活动四:情节猜想
  - 活动五:人性的幻灭
- 读中导
  - 项目一:制作《骆驼祥子》批注书
- 读书会
  - 项目二:人物研究探秘
  - 项目三:祥子悲剧探因
  - 项目四:骆驼祥子剧场

## 第1—2课时　《骆驼祥子》读前导

> **读前测评**

你有多想读这本书？你的阅读期待指数（　　）颗星（最多5颗星）。请说出你的理由。

_____

_____

### 教学活动一：作家作品介绍

**一、《骆驼祥子》：追梦之旅**

（一）追梦人职业猜想

提示：在20世纪二三十年代的中国，城市的主要交通工具是什么？

追梦人职业猜想：_____

（二）追梦人社会环境

那是中国近代史上多灾多难的年代：军阀混战，社会黑暗，自然灾害频繁，农村迅速走向破产。农民们为了谋生纷纷涌入城市。祥子，一个破了产的青年农民，走进了现代著名作家老舍的长篇小说《骆驼祥子》。

**二、作者简介**

老舍（1899—1966），原名舒庆春，字舍予，满族，出生于北京一个贫民家庭。中国现代著名作家，获"人民艺术家"称号。

代表作：长篇小说《骆驼祥子》《四世同堂》，话剧《龙须沟》《茶馆》等。

《骆驼祥子》：人性的幻灭　梦碎的悲歌

## 教学活动二：圈点批注读书法

**一、名家批注赏析**

（一）赏读金圣叹批《水浒传》

### 第二十二回　横海郡柴进留宾　景阳冈武松打虎

1.眉批。

写虎能写活虎，写活虎能写其搏人，写虎搏人，又能写其三搏不中：此皆是异样过人笔力……写虎要写活虎，写活虎要写正搏人时……执千笔，而无一字是虎，则亦终无一字是虎也。独今耐庵，乃以一人、一心、一手、一笔，而盈尺之幅，费墨无多……不惟双写一虎一人，且又夹写许多风沙树石，而人是神人，虎是怒虎，风沙树石是真正虎林。此虽令我读之，尚犹目眩心乱……读打虎一篇，而叹人是神人，虎是怒虎，固已妙不容说矣。

2.夹批。

（1）打虎前奏：景阳冈喝酒

招旗在门前，上头写着五个字道："三碗不过冈。"（奇文。自此以后几卷，都写武松神武。此卷饮酒作一段读，打虎作一段读。）……

武松入到里面坐下，把哨棒倚了。叫道："主人家，快把酒来吃。"（好酒是武二生平，只此开场第一句，便如闻其声，如见其人。）

武松拿起碗，一饮而尽，叫道："这酒好生有气力！（其酒可知。）主人家，有饱肚的买些吃酒。"（先唤酒，次及肉，其重其轻可知。）

武松笑道："原来恁地。我却吃了三碗，如何不醉？"酒家道："我这酒叫做'透瓶香'，（好名色。）又唤做'出门倒'。（好名色。）……"

武松道："肉便再把二斤来吃。"（写酒量，兼写食量，总表武松神威。）

酒家道："你这条大汉，倘或醉倒了时，怎扶得你住？"（无端忽从酒家眼中口中，写出武松气象来，俗笔如何临描得出？）

前后共吃了十八碗，（结一句。）绰了哨棒，（哨棒七……写哨棒有无数身分。）

（2）打虎前奏：酒后上山

武松乘着酒兴，只管走上冈子来。走不到半里多路，见一个败落的山神庙。

(奇文。不因此庙,几令榜文无可贴处。)

武松读了印信榜文,方知端的有虎,欲待转身再回酒店里来,(有此一折,反越显出武松神威。……)寻思道:"我回去时,须吃他耻笑,不是好汉,难以转去。"(以性命与名誉对算,不亦异乎?)存想了一回,说道:"怕甚么鸟!且只顾上去看怎地!"(活写出武松神威。)

(3)武松打虎

踉踉跄跄,直奔过乱树林来。(骇人之景,可知虎林。)……放翻身体,却待要睡,(惊死读者。)只见发起一阵狂风。那一阵风过了,只听得乱树背后"扑"地一声响,跳出一只吊睛白额大虫来。(出得有声势。)武松见了,叫声:"阿呀!"从青石上翻将下来,(有此一折,反越显武松神威。不然,便是三家村中说子路,不近人情极矣。)便拿那条哨棒在手里,(哨棒十四……)闪在青石边。(一闪。已下人是神人,虎是活虎……今耐庵为此文,想亦复解衣踞地,作一扑、一揪、一剪势耶?……我真不知耐庵何处有此一副虎食人方法在胸中也。)……武松被那一惊,酒都做冷汗出了。(神妙之笔。灯下读之,火光如豆,变成绿色。)……原来打急了,正打在枯树上,(百忙中又注一句。)把那条哨棒折做两截,只拿得一半在手里。(哨棒十六。半日勤写哨棒,只道仗他打虎,到此忽然开除,令人瞠目噤口,不复敢读下去。哨棒折了,方显出徒手打虎异样神威来,只是读者心胆堕矣。)……

(二)赏名家批注

"武松打虎"的故事我们在小学的课文中学过,也是大家熟悉的《水浒传》著名情节。请你研读金圣叹的批注,对照批注方法,发现批注奥妙:金圣叹批了什么?怎么批的?有哪些批注点你特别欣赏?为什么?金圣叹的批注与我们现在的批注有何异同?

## 《骆驼祥子》：人性的幻灭　梦碎的悲歌

**赏名家批注**

**二、我来批注：祥子印象**

（一）活动要求

1. 选择人物描写精彩点进行夹批。
2. 批注评说祥子印象，猜想祥子有无实现梦想的可能，要有理有据。

（二）学生活动

**祥子素描**

头不很大，圆眼，肉鼻子，两条眉很短很粗，头上永远剃得发亮。腮上没有多余的肉，脖子可是几乎与头一边儿粗；脸上永远红扑扑的，特别亮的是颧骨与右耳之间一块不小的疤——小时候在树下睡觉，被驴啃了一口。他不甚注意他的模样，他爱自己的脸正如同他爱自己的身体，都那么结实硬棒；他把脸仿佛算在四脚之内，只要硬棒就好。是的，到城里以后，他还能头朝下，倒着立半天。这样立着，他觉得，他就很像一棵树，上下没有一个地方不挺脱的。

> 祥子印象　_____
> _____
> _____

**为梦想挣命**

大雨点砸在祥子的背上几个，他哆嗦了两下。雨点停了，黑云铺匀了满天。又一阵风，比以前的更厉害，柳枝横着飞，尘土往四下里走，雨道往下落……辨不清哪是树，哪是地，哪是云，四面八方全乱，全响，全迷糊。风过去了，只剩下直的雨道,扯天扯地的垂落……房屋上落下万千条瀑布。几分钟,天地已分不开,空中的河往下落,地上的河横流,成了一个灰暗昏黄,有时又白亮亮的,一个水世界。

祥子的衣服早已湿透……地上的水过了脚面,已经很难迈步;上面的雨直砸着他的头与背,横扫着他的脸,裹着他的裆。他不能抬头,不能睁眼,不能呼吸,不能迈步。……想跑,水裹住他的腿。他就那么半死半活的,低着头一步一步的往前曳。坐车的仿佛死在了车上,一声不出的任着车夫在水里挣命。

> 祥子有无实现梦想的可能?

_____
_____
_____

## 三、评说"梦想的力量"

> 我来评说

_____
_____
_____

### 教学活动三:台词表演

**一、剧目一:"富二代"的诱惑**

**人物:** 祥子  虎妞

**虎妞:**(半笑半恼地指着祥子)你这小子不懂好歹!

这儿有你的吃,有你的穿;非去出臭汗不过瘾是怎着?老头子管不了我,我不能守一辈子女儿寡!就是老头子真犯牛脖子,我手里也有俩体己,咱俩也能弄上两三辆车,一天进个块儿八毛的,不比你成天满街跑臭腿去强?我哪点不好?除了我比你大一点,也大不了多少!我可是能护着你,疼你呢!

**祥子:**(红着脸,生气地辩驳)我愿意去拉车!

## 二、剧目二:圆梦

**人物:** 祥子  车铺铺主

祥子:(脸通红,手哆嗦着,拍出九十六块钱来)我要这辆车!

铺主:(把车拉出去又拉进来)看看质量吧!多崭新的车啊!一百块,少一分咱们吹!

祥子:(坚定地)我要这辆车,九十六!

铺主:(把车棚子支开,又放下)看看样式吧!多时新的款式啊!一百块,少一分咱们吹!

祥子:(坚定地)我要这辆车,九十六!

铺主:(按按喇叭,在钢轮条上踢了两脚)听听声儿吧,铃铛似的!拉去吧,你就是把车拉碎了,要是钢条软了一根,你拿回来,把它摔在我脸上!一百块,少一分咱们吹!

祥子:(坚定地)我要这辆车,九十六!

铺主:(无可奈何地)交个朋友,车算你的了,保六个月,除非你把大箱碰碎,我都白给修理;保单,拿着!

(祥子的手哆嗦得更厉害了,揣起保单,拉起车,几乎要哭出来。)

## 三、演读:祥子特写

有结婚的,他替人家打着旗伞;有出殡的,他替人家举着花圈挽联;他不喜,也不哭,他只为那十几个铜子,陪着人家游街。

打着那么个小东西,他低着头,弯着背,口中叼着个由路上拾来的烟卷头儿,有气无力的慢慢的蹭。

## 教学活动四:情节猜想

### 一、开启想象

任选话题猜想,并说明理由。

话题一:故事的结局是欢喜还是悲凉?

话题二:到底发生了怎样的故事,毁灭了祥子的梦想?

话题三:为什么祥子叫"骆驼祥子"呢?

话题四:你知道祥子最爱的女人是谁吗?

话题五:祥子和虎妞结婚了吗?他的婚姻幸福吗?

话题六:你还对书中哪些内容感兴趣?

## 二、我来猜想

我的猜想

### 教学活动五:人性的幻灭

**一、齐读小说结局**

祥子还在那文化之城,可是变成了走兽。一点也不是他自己的过错。他停止住思想,所以就是杀了人,他也不负什么责任。他不再有希望,就那么迷迷忽忽的往下坠,坠入那无底的深坑。他吃,他喝,他嫖,他赌,他懒,他狡猾,因为他没了心,他的心被人家摘了去。他只剩下那个高大的肉架子,等着溃烂,预备着到乱死岗子去。

**二、齐读作者名言**

什么是悲剧?悲剧就是和命运抗争而争不过。

——老 舍

## 三、我来总结

**参考维度：** 这是一个怎样的故事？作者的写作意图是什么？祥子由"人"变成"走兽"，他的变化和人性的幻灭是必然还是偶然？祥子悲剧的原因是什么？为什么个人奋斗很难成功？骆驼祥子的故事带给你怎样的情感共鸣与启示？……如果你对祥子的故事感兴趣，如果你想探究祥子悲剧的深层原因，如果你想透过故事背后的表象获得更多的人生智慧，那就快去阅读老舍的小说《骆驼祥子》吧！

**我的课堂总结**

### 导后评价

1. 你现在有多想读这本书？你的阅读期待指数（　　）颗星（最多 5 颗星）。你的阅读期待发生变化了吗？请分享你的理由吧！

2. 你最大的收获是什么？你还需要老师哪些帮助？请分享你的阅读方法和阅读感受吧！

## 第3—4课时　《骆驼祥子》读中导

**开启悦读之旅**

一、制订整本书阅读规划

**我的阅读规划**

《骆驼祥子》一共（　　　）章

我计划（　　　）天读完

每天读（　　　）章

（　　　　　　　）（什么时间）读

在（　　　　　　　）（什么地方）读

我挑战成功的信心（　　　）颗星！（最多5颗星）

二、我的阅读挑战卡

*每日一问*

| 日期 | 篇章页码 | 阅读收获 | 阅读困惑 | 我的问题 | 猜想答案 | 标准答案 |
|---|---|---|---|---|---|---|
|  |  |  |  |  |  |  |
|  |  |  |  |  |  |  |
|  |  |  |  |  |  |  |
|  |  |  |  |  |  |  |
|  |  |  |  |  |  |  |
|  |  |  |  |  |  |  |
|  |  |  |  |  |  |  |

## 三、交流阅读感受,质疑抢答

### 项目一:制作《骆驼祥子》批注书

**一、项目启动**

全班共批一本书,是班级友谊的凝聚,是个人才情的绽放,是阅读鉴赏能力的跃升,是审美创造的提高,是思维探究能力的提升……让我们像金圣叹一样做批评家吧!创作我们班专属的《骆驼祥子》批注书,留下美好的青春纪念!

**二、项目组织**

(一)项目分组

《骆驼祥子》全书共24章,可以分12个小组,每个小组批注2章。

(二)组长负责统筹安排与分工

批注全员参与,可以先个人批注,再小组商议汇总。安排排版和绘制插图人员。

(三)批注书活动支架

1. 为每个章节拟一个能概括情节的小标题。

2. 批注位置体现眉批、夹批、尾批。

3. 参见金圣叹名家批注示例,体现个性化风格。

4. 批注要体现对写作手法的赏析。

5. 对同一原文细节,可以小组多人共批,但批注角度或批注语言不要雷同,要有创意。

6. 每个小组绘制一幅人物或情节插图。

**三、项目推进**

(一)我的悦读批注卡

摘抄你喜欢的原文细节,展示你最精彩的几处批注,在班级中分享。

| 日期 | 篇章页码 | 原文摘抄 | 精彩批注 |
|---|---|---|---|
|  |  |  |  |
|  |  |  |  |
|  |  |  |  |

(二)我的章节批注书

第( )章 (章节标题)_____

眉批：

_____

夹批：

1. 人物描写赏析(外貌、语言、神态、动作、心理等)　页码(　　)

_____

2. 环境描写赏析　页码(　　)

_____

3. 写作手法赏析　页码(　　)

_____

4. 最有感触点　页码(　　)

_____

5. 评价式批注(评价人物、作者情感、态度、观点、主题等)　页码(　　)

_____

6. 质疑式批注　页码(　　)

_____

7. 联想式批注　页码(　　)

8. 个性化批注　页码(　　　)

尾批：

(三)《骆驼祥子》批注书封面或插图设计

## 四、《骆驼祥子》批注书评价

| 评价标准 | 自评(分) | | | 组评(分) | | |
| --- | --- | --- | --- | --- | --- | --- |
| | 优秀 | 良好 | 合格 | 优秀 | 良好 | 合格 |
| 1. 章节标题概括情节准确新颖。 | | | | | | |
| 2. 批注角度维度丰富。 | | | | | | |
| 3. 人物描写赏析能体现性格特征,写作手法赏析点评精当。 | | | | | | |
| 4. 批注语言简洁精练,生动传神。 | | | | | | |
| 5. 质疑有深度,有自己的思考。 | | | | | | |
| 6. 感想与评价有自己独特的阅读体验,有理有据。 | | | | | | |
| 7. 能结合字、词、句、段点评。 | | | | | | |

续表

| 评价标准 | 自评(分) | | | 组评(分) | | |
|---|---|---|---|---|---|---|
| | 优秀 | 良好 | 合格 | 优秀 | 良好 | 合格 |
| 8. 书写美观，排版工整。 | | | | | | |
| 9. 插图设计精美，有创意。 | | | | | | |
| 10. 有小组合作意识，完成小组任务。 | | | | | | |
| 综评 | | | | | | |
| 文字点评： | | | | | | |

## 读后测评：悦读通关考级

### 悦读通关考级卡

《骆驼祥子》　作者：_____　原名：_____　体裁：_____　阅读时长：_____

| 闯关等级 | 参考问题 | 我来回答 | 评价等级 | | |
|---|---|---|---|---|---|
| | | | 优秀 | 合格 | 待提高 |
| 第一关 | 祥子的梦想是什么？在追梦的过程中，他的人生经历了三起三落，请你概述是哪三起三落？ | | | | |
| 第二关 | 你觉得祥子是一个怎样的人？请你结合小说背景和细节说明。作者老舍对祥子的感情如何？你对祥子的感情和评价如何？请分享你真实的感受。 | | | | |

续表

| 闯关等级 | 参考问题 | 我来回答 | 评价等级 | | |
|---|---|---|---|---|---|
| | | | 优秀 | 合格 | 待提高 |
| 第三关 | 你觉得祥子的悲剧可以避免吗?为什么?你觉得在现在的和平年代还会发生祥子式的悲剧吗?祥子的故事给你怎样的人生启示? | | | | |
| 通关感悟: | | | | | |

## 第5—6课时　《骆驼祥子》读书会

**项目二:** 人物研究探秘

### 活动一:人物阅读图式

**一、活动要求**

小组讨论,完成下表《骆驼祥子》中的人物阅读图式。

**二、学生活动**

#### 《骆驼祥子》之"祥子"人物图式表征

| 形式图式 | | 具体内容图式 |
|---|---|---|
| 社会环境 | 社会背景 | |
| | 社会风气 | |
| | 社会习俗 | |

续表

| 形式图式 | | 具体内容图式 |
| --- | --- | --- |
| 人物 | 简历 | |
| | 朋友圈 | 家人：<br>亲戚：<br>朋友：<br>同事： |
| | 个性 | |
| | 理想 | |
| | 行为 | |
| 情节 | 开端 | |
| | 发展 | |
| | 结局 | |
| 主题 | | |
| 反思 | 人物 | |
| | 社会 | |

## 活动二：人物形象赏析

### 一、活动要求

选择小说中的一个人物，进行人物形象分析，撰写人物赏析小论文，或将论文转化为文案，录制人物形象赏析小视频。可以从原著中找出精彩的人物描写细节，从外貌、神态、动作、心理等方面来剖析人物的性格特征，分析人物形象。可以结合人物阅读图式，从小说社会环境、情节等宏观角度评析人物；还可以联系生活和自己的阅读体验评价人物。

二、悦读创作

### 《骆驼祥子》人物赏析

## 活动三：人物专题研究

一、活动要求

联系小说内容与现实生活，任选话题如梦想、爱情、婚姻、生存、社会、奋斗、成功等，撰写小论文，进行人物专题研究，撰写研究论文，或将论文转化为文案，录制人物专题研究小视频。

二、悦读创作

### 《骆驼祥子》人物专题研究

## 项目三：祥子悲剧探因

**一、项目要求**

以"小说悲剧探因"为主题，自拟题目撰写小论文。

**二、悦读创作**

小说悲剧探因

## 项目四：骆驼祥子剧场

**一、项目要求**

组建"骆驼祥子剧社"演名著，将小说经典情节改编成剧本，演绎"祥子剧场"。

**二、活动支架**

（一）共读原著

选择好剧情后，回归原著文本，理清人物身份；区分人物之间的关系；细读人物语言和动作描写，结合语言环境揣摩人物的情绪。

（二）编制剧本

1. 梳理人物。

2. 整理台词：将原著中的人物语言整理成台词，可以直接选用原著语言，也可以适当改编。

3. 设计动作：将原著中的人物动作提炼出来，补充到人物台词说明中。

4. 设计语气：结合语言环境，揣摩人物的情绪，补充台词的语气。

### 三、演员表演

（一）演员说戏

演员分析人物形象，辨明人物身份，评说人物性格，结合当时的语境（在什么地方？处境怎样？与谁说话？对方与人物的身份关系？与对方的感情？）分析人物的情绪变化，揣摩应该用怎样的语气、语态、动作表达。

（二）演员表演

演员根据自己对人物的理解，分角色表演。

（三）导演说戏

导演根据演员的表演，结合自己对人物的理解，肯定哪些表演比较到位，指出有待改进的地方，对如何表演提出自己的见解。

（四）组员评戏

（五）演员再表演

（六）后勤保障、人员分工

组长是导演，确认编剧、剧务、演员、摄像、课件制作、配音、化妆、服装道具等人员分工。

### 四、悦读创作

《骆驼祥子》剧本撰写

## 第7课时 《骆驼祥子》读书会颁奖与评价总结

### 一、读书会颁奖

（一）奖项设置

最佳新闻奖、最佳评论奖、最有创意奖、最有深度奖、最有文采奖、最佳美术奖、最佳编剧奖、最佳表演奖、最佳主播奖、最佳队友奖、黑马奖等。

（二）奖项类别

分团体奖和个人奖。根据整本书悦读学习任务群各项活动的读书会作品展示分享，包括线下和线上的成果展示，通过线上投票评选最佳团队和个人单项奖。

### 二、《骆驼祥子》整本书悦读课程评价与总结反思

| 单元任务 | 学习内容 | 基本标准 | 自评 | | | 组评 | | |
|---|---|---|---|---|---|---|---|---|
| | | | 优秀 | 良好 | 合格 | 优秀 | 良好 | 合格 |
| 读前导 | 1. 作家作品介绍。<br>2. 圈点批注读书法。<br>3. 台词表演。<br>4. 情节猜想。<br>5. 人性的幻灭。 | 1. 了解作家、作品。<br>2. 学习圈点批注读书法，进行简单的眉批、夹批、尾批。批注语言精练，有个性。<br>3. 台词表演的语言、表情生动，符合人物性格特征，评说人物印象有理有据，准确概括人物性格特点，语言精练，有个性。 | | | | | | |

续表

| 单元任务 | 学习内容 | 基本标准 | 自评 优秀 | 自评 良好 | 自评 合格 | 组评 优秀 | 组评 良好 | 组评 合格 |
|---|---|---|---|---|---|---|---|---|
| | | 4.猜想小说情节,剖析小说主题,能结合小说社会背景,符合人物性格特点,符合情节发展规律,有理有据。<br>5.能制定评选标准,评选最佳表演奖、最佳评论、最有想象力、最佳深度思考者。 | | | | | | |
| 读中导<br>项目一:制作《骆驼祥子》批注书 | 1.制订阅读规划,完成阅读挑战卡。<br>2.制作《骆驼祥子》批注书。<br>3.绘制《骆驼祥子》批注书插图。 | 1.阅读计划具有可行性;能完成悦读挑战卡和每日一问。<br>2.小组分工合作,全班共批一本书。章节概括标题凝练准确,批注要有眉批、夹批、尾批,批注点维度丰富,批注语言精练,有文采。<br>3.《骆驼祥子》批注书插图设计能结合小说人物形象和情节进行构思;完成人物思维导图,信息准确,要素完整;演讲思路清晰,语言富有感染力。<br>4.能制定评选标准,评选最佳点评小组、最佳批评者、最佳美术奖、最有创意者、最佳演讲者。 | | | | | | |

续表

| 单元任务 | 学习内容 | 基本标准 | 自评 优秀 | 自评 良好 | 自评 合格 | 组评 优秀 | 组评 良好 | 组评 合格 |
|---|---|---|---|---|---|---|---|---|
| 读书会项目二：人物研究探秘 | 1. 人物阅读图式。<br>2. 人物形象赏析。<br>3. 人物专题研究。 | 1. 完成人物阅读图式，信息与原著相符，概括准确，有深度。<br>2. 参与制作第1期人物赏析微视频，人物性格特点分析能结合原著，思路清晰，有理有据。能结合自己的阅读体验，分析语言生动。<br>3. 参与制作第2期人物专题研究微视频，文案观点鲜明，思路清晰，有理有据。能结合小说背景和原著内容，融入自己真实的阅读体验，联系生活，语言生动。<br>4. 视频画面、音乐、字幕、解说词能吸引受众，新颖有趣。<br>5. 制定评价标准，评选最佳阅读图式、最佳主播、最有深度奖、最有创意奖、最佳探究者。 | | | | | | |
| 读书会项目三：祥子悲剧探因<br>项目四：骆驼祥子剧场 | 1. 撰写"小说悲剧探因"小论文。<br>2.《骆驼祥子》小剧场。 | 1. 小说悲剧探因能从原著中梳理观点，寻找证据，观点鲜明，层次清晰，有理有据，语言精练。<br>2. 剧本创作情节完整，能体现小说情节的矛盾冲突艺术，人物语言、动作、神态、情感变化等概括准确。剧本格式符合规范，要素完整。 | | | | | | |

续表

| 单元任务 | 学习内容 | 基本标准 | 自评 优秀 | 自评 良好 | 自评 合格 | 组评 优秀 | 组评 良好 | 组评 合格 |
|---|---|---|---|---|---|---|---|---|
| | | 3. 演员表演能脱稿,声音洪亮,语言流畅,语气、表情、动作、手势等符合人物身份和性格特征,符合剧情,能表达出人物内心的情感和态度,表演富有感染力。<br>4. 服装、道具、配音等符合剧情,课件制作精美,台词完整。<br>5. 制定评选标准,评选最佳表演团队、最佳表演者、最佳小论文、最佳主播、最佳文化研究组、最有深度奖、最佳社会学家。 | | | | | | |

总结反思:

读创共生：整本书悦读课程设计·七年级

附:《骆驼祥子》整本书悦读读创成果展示

**项目一**:制作《骆驼祥子》批注书

《骆驼祥子》批注书

《骆驼祥子》批注书封面图

王旻雯

《骆驼祥子》批注书卷首语

## 与美好相遇

广州大学 曾丽纯

和老师同学们一起做《读吧》第二期的编写工作，是一个偶然。

很少上 QQ 的我某天突然福灵心至，登录了。一打开便看见尹老师在一两天前给我的留言，她说"好久不见，想你了"。像夏日里一杯冰水下肚，通体凉爽。忍不住偷笑，她还把我放在心上。又有些愧疚，自上了大学后对着更大的社会不知所措，手忙脚乱地安排着自己的生活，也一直没有回去看看老师。当时人在广州，只好匆匆约下时间拜访。

到了老师家里，她给我介绍的第一个人竟然是我的小学弟。当时刘振淇同学正在做着《骆驼祥子》的原文校对。两个久不见面的人自然有说不完的话，老师躺在沙发上，我瘫坐在旁边，谈理想，聊未来，说说身边的三五小事。原以为这次见到尹老师我会情绪激动，却出乎意料地平淡。我总是跟老师说好像我们昨天才见过面。

得一这样知己，多么美好！

看到小学弟认真地校对，想起当年做的班刊《回眸》，稚嫩的文笔、奇特的审美让我羞于翻开书页。但我的班刊却放在书柜最显眼的位置，一看见《回眸》，总能让人想起那美好的中学时光。老师说想让我帮忙制作《读吧》，我庆幸现在还有这样的机会，于是跟着老师一起看书稿。

看同学们的批注，是很新奇的体验。有时候会和大家有一样的见解，遇到这种批注总会有"英雄所见略同"的兴奋。也会有不一样的理解，但都让我开拓了思路，和大家一起在思想上的碰撞让我受益良多。想来当同学们回首再看自己的"著作"时也能有不一样的收获。

在制作《读吧》的过程中，我又将《骆驼祥子》看了一遍，和初中时看的感受自然不一样，惊喜于自己又有新发现。作为一名中文系的学生，我竟是不喜欢看书的。每每在学期初或者放假时，教授们总要开出一张长长的书单，一口气叫我们读完。"威胁"说看几本加分，不看肯定没分。为了给可怜的分数加多几分，不得不抱着几厘米厚的书一点点啃。与其说不喜欢看书，不如说不喜欢被逼着看书。有时我会故意在图书馆乱逛，手指从排成一列的书脊上掠过，随心意停下，拿出一本书就读。我觉得这样的书跟我是有缘分的，读起来自然轻松，还能享受我和作者的二人世界。

一直这样任性了很久，才意识到自己心态有错，像个没长大的小孩固执地反抗大人的一切决定。书单只是对我的一个引导，也是为了上课能够更好掌握知识点。想来那书也能感受到我对它的"恶意"，所以也不喜欢我。后来我看书就像交朋友一样，跟作者，跟书中的情节、人物，跟一页页的纸交流。这样看，很多时候都能有灵魂相触的奇妙体验，也能体会到一点它们想表达的东西。

这种时候，才发觉读书是件美好的事。

不想让同学们都被"逼迫读书"束缚着，于是写下自己小小的心路历程。想着就算只有一个人受我影响，那我也算是很了不起的人了！

这个夏天，和你们一起遇见美好。

（原福安学校 2012 届（7）班学生）

## 《骆驼祥子》批注书目录

# 目 录

第一章　攒钱买车（苏政命名）／1

第二章　初车被抢（苏政命名）／7

第三章　贱卖骆驼（苏政命名）／12

第四章　仍怀梦想（苏政命名）／19

第五章　杨家四日（李嘉镇命名）／24

第六章　弃工返厂（李嘉镇命名）／29

第七章　入住曹宅（刘振淇命名）／35

第八章　攒钱买车（李佳蓉命名）／40

第九章　虎妞假孕（刘畅命名）／45

第十章　茶馆初遇老马（徐莹命名）／50

第十一章　梦想破灭（李佳蓉命名）／55

第十二章　离开曹府（刘安琦、吴超命名）／60

第十三章　走投无路（徐莹命名）／65

第十四章　虎妞大闹寿宴（李振宇命名）／70

第十五章　虎妞逼婚（徐莹命名）／75

第十六章　活在囚牢（徐莹命名）／81

第十七章　二强子卖女，祥子买车（夏一平命名）／86

第十八章　祥子病倒（夏一平命名）／91

第十九章　虎妞难产（曾雅楠命名）／96

第二十章　梦碎北平（刘莉馨命名）／101

第二十一章　偶遇刘四爷（刘莉馨命名）／107

第二十二章　祥子寻小福子无果（徐莹命名）／112

第二十三章　小福子自杀，祥子彻底堕落（徐莹命名）／117

第二十四章　末路鬼（容鑫煌命名）／121

《骆驼祥子》：人性的幻灭　梦碎的悲歌

## 《骆驼祥子》批注

### 第一章　攒钱买车(苏政命名)

　　姚建廷眉批：有梦想,生活才会充满希望。祥子,一个勤勤恳恳,踏实肯干的进城农村青年,他也有一个梦想——买车梦。梦想,点燃了祥子对生活的全部希望。祥子攒钱买上车了吗? 祥子最终通过努力过上幸福生活了吗?

　　我们所要介绍的是祥子,不是骆驼,因为"骆驼"只是个外号;那么,我们就先说祥子,随手儿把骆驼与祥子那点关系说过去,也就算了。

　　北平的洋车夫有许多派:王培琳批注:人力车夫,早出晚归的,也挣不了几个钱,却还有许多派。可见处处有江湖,车夫界也有尊卑之分。年轻力壮,腿脚灵利的,讲究赁漂亮的车,拉"整天儿",爱什么时候出车与收车都有自由……年纪在四十以上,二十以下的,恐怕就不易在前两派里有个地位了。他们的车破,又不敢"拉晚儿",所以只能早早的出车,希望能从清晨转到午后三四点钟,拉出"车份儿"和自己的嚼谷。张自力批注:充满京味的话语,体现出社会的灰暗,暗示了车夫生活的艰辛。换作是我,肯定撑不下去。可是,没文化,又没背景,如何在这个黑暗的社会立足呢? 他们的车破,跑得慢,所以得多走路,少要钱。宋志坚批注:"多"和"少"对比鲜明,写出当时社会的无情和黑暗,底层人民生活的艰苦。到瓜市,果市,菜市,去拉货物,都是他们;钱少,可是无须快跑呢。张自力批注:"无须快跑"是福利? 可见车夫这种职业是没有前途的,充满了艰辛。车夫年纪越大,命运越悲惨。

　　在这里,二十岁以下的——有的从十一二岁就干这行儿……因为在幼年受了伤,很难健壮起来。王政批注:当时有多少苦命的孩子来到城中干起了这行? 他们也许拉一辈子洋车,而一辈子连拉车也没出过风头。那四十以上的人,有的是已拉了十年八年的车,筋肉的衰损使他们甘居人后,他们渐渐知道早晚是一个跟头会死在马路上……而到了生和死的界限已经不甚分明,王昱雯批注:"生和死的界限"也就是濒临死亡的那个临界点,这是一种怎样的生存状态? 这些人在干车夫之前曾经遭受了怎样的生活重创? 可见,车夫这个职业是在迫不得已的情况下才会有人去干的。但是,为什么主人公祥子年轻力壮就只能去拉车呢?

才抄起车把来的。被撤差的巡警或校役，把本钱吃光的小贩，或是失业的工匠，到了卖无可卖，当无可当的时候，咬着牙，含着泪，上了这条到死亡之路。刘畅批注："咬着牙""含着泪"等词体现出做车夫这个行业的人是痛苦而艰难的，干这行也是无可奈何的。"死亡之路"的说法，令人不寒而栗，可见车夫地位之低下。做车夫就是做好了死的准备，这样的一生将注定是黑暗的，也暗示了祥子最后悲惨的命运。这些人，生命最鲜壮的时期已经卖掉，现在再把窝窝头变成的血汗滴在马路上。没有力气，没有经验，没有朋友，就是在同行的当中也得不到好气儿。他们拉最破的车……自己有车的那一类：自己的车，自己的生活，都在自己手里，高等车夫。这可绝不是件容易的事。一年，二年，至少有三四年；一滴汗，两滴汗，不知道多少万滴汗，才挣出那辆车。林夏萍批注："一滴汗，两滴汗"形象地写出了底层劳动人民生活之艰苦和社会的黑暗。寥寥几笔，把辛勤劳动的样子描绘出来，突出祥子是一个无所畏惧、为梦想而战的人。　王一帆点评："一滴汗，两滴汗，万滴汗"表现出在当初那个社会，买一辆人力车是多么不容易，也侧面表现了祥子是多么希望拥有一辆自己的车啊！　杨乐雅点评："一年，二年，至少有三四年；一滴汗，两滴汗"，这里运用了慢镜头，日以继夜的辛苦劳动最终为的只是一辆车罢了。　陈海森点评：这段话写出了祥子是个不怕苦不怕累的人。为了他的梦想他可以做到一切，战胜所有困难！"为梦想而生"是幸福的，我相信祥子一定会成功！从风里雨里的咬牙，从饭里茶里的自苦，才赚出那辆车。那辆车是他的一切挣扎与困苦的总结果与报酬……在他赁人家的车的时候，他从早到晚，由东到西，由南到北，像被人家抽着转的陀螺；他没有自己。容鑫煌批注：可以看出祥子做车夫的辛苦，用生命在奋斗，我相信有努力就会有回报。可是在这种旋转之中，他的眼并没有花，心并没有乱，他老想着远远的一辆车，可以使他自由，独立，像自己的手脚的那么一辆车。有了自己的车，他可以不再受拴车的人们的气，也无须敷衍别人；有自己的力气与洋车，睁开眼就可以有饭吃。

　　他不怕吃苦，也没有一般洋车夫的可以原谅而不便效法的恶习，他的聪明和努力都足以使他的志愿成为事实……然后省吃俭用的一年二年，即使是三四年，他必能自己打上一辆车，顶漂亮的车！看着自己的青年的肌肉，他以为这只是时间的问题，这是必能达到的一个志愿与目的，绝不是梦想！李振宇批注：一个"必"字，体现了祥子一定要买车的决心，他有一身的干劲，有强健的身体。祥子

《骆驼祥子》：人性的幻灭 梦碎的悲歌

坚信——只要努力奋斗,梦想一定会实现!

　　他的身量与筋肉都发展到年岁前边去;二十来的岁,他已经很大很高,虽然肢体还没被年月铸成一定的格局,可是已经像个成人了……他的铁扇面似的胸,与直硬的背;扭头看看自己的肩,多么宽,多么威严!杀好了腰,再穿上肥腿的白裤,裤脚用鸡肠子带儿系住,露出那对"出号"的大脚!刘安琦批注:外貌描写,写出祥子的天真,体现出他想成为一个完美的车夫的心理。是的,他无疑的可以成为最出色的车夫;傻子似的他自己笑了。蔡伟佳批注:傻子似的"笑",富有表现力,写出初到城里的祥子还保留着一份淘气,童心未泯,富有乡土气息。肩宽,脚大,傻笑,生动的人物细节描写,写出了祥子的强壮和纯朴,对未来充满了信心。

　　他没有什么模样,使他可爱的是脸上的精神。头不很大,圆眼,肉鼻子,两条眉很短很粗……特别亮的是颧骨与右耳之间一块不小的疤——小时候在树下睡觉,被驴啃了一口。喜丽颖批注:外貌描写,体现祥子的强壮和可爱,同时又反映出了他出生在贫穷的家庭,父母忙于生计,缺乏照顾,被驴啃后留下了伤疤。他不甚注意他的模样,他爱自己的脸正如同他爱自己的身体,都那么结实硬棒;他把脸仿佛算在四肢之内,只要硬棒就好。是的,到城里以后,他还能头朝下,倒着立半天。徐莹批注:我看到了一个爱惜身体、身强力壮和可爱的祥子。"倒着立半天"足以体现出祥子钢铁般的结实身体。这样立着,他觉得,他就很像一棵树,上下没有一个地方不挺脱的。刘畅批注:运用比喻的修辞手法,将壮实的祥子比喻成一棵大树,生动地写出了祥子的挺拔和健壮威武,更是给人以自信、勇敢、能干的印象。可以看出祥子对未来的无限憧憬。　田培材批注:祥子如大树般挺拔、笔直,塑造了一个健壮、充满活力、有梦想的祥子!

　　他确乎有点像一棵树,坚壮,沉默,而又有生气。刘莉馨批注:比喻手法,刻画出了一个朴实、纯朴、生机勃勃的祥子——好一个富有正能量的祥子啊!　张自力批注:树是伟岸和挺拔的,比喻修辞手法,形象生动地写出了祥子的坚定性格。他有自己的打算,有些心眼,但不好向别人讲论。在洋车夫里,个人的委屈与困难是公众的话料……他晓得自己的跑法很好看。跑法是车夫的能力与资格的证据。那撇着脚,像一对蒲扇在地上扇乎的,无疑的是刚由乡间上来的新手。钟玉茹批注:运用比喻的修辞手法,把脚比作蒲扇,生动地写出了新手车夫的形象。反映出祥子对自己跑法很满意,对未来满怀希望。……他只要有一百块钱,就能弄一辆车。猛然一想，一天要是能剩一角的话，一百元就是一千天，一千天！把一千天堆到一块，他几乎算不过来这该有多么远。但是，他下了决心，一千天，一万天也好，他得买车！陈海淼批注：从这短短的一句话可以看出，祥子想要一部新车的愿望是多么强烈。买车，是他坚定、执着的信念，是他毕生的梦想。第一步他应当，他想好了，去拉包车。……一年就能剩起五六十块！这样，他的希望就近便多多了。他不吃烟，不喝酒，不赌钱，没有任何嗜好，没有家庭的累赘，只要他自己肯咬牙，事儿就没有个不成。黄滋姿批注：执着的祥子为了梦想果断拒绝了一切诱惑。我相信祥子一定会成功，老天一定会把机会给努力的人！他对自己起下了誓，一年半的工夫，他——祥子——非打成自己的车不可！刘畅批注："非""不可"等词，透露出祥子坚定的信念。感叹号增加语气强度。祥子勤奋精明的形象跃然纸上，积极上进的祥子是多么的可爱。是现打的，不要旧车见过新的。

　　他真拉上了包月。……病了，他舍不得钱去买药，自己硬挺着；结果，病越来越重，不但得买药，而且得一气儿休息好几天。陈健批注：充分说明了当时祥子买车的急迫心理，为了存钱舍不得花钱看病。同时也反映了当时社会的黑暗，贫苦的人民生活在水深火热之中。真是庆幸我没有生在那个年代呀！这些个困难，使他更咬牙努力，可是买车的钱数一点不因此而加快的凑足。

　　整整的三年，他凑足了一百块钱！苏政批注："整整"二字体现出祥子一路上拉车的艰辛，他为了买车，每天都努力地工作。功夫不负有心人，祥子终于可以买车了。　邹冰怡批注：三年的辛苦，到了实现理想的时候了。为下文祥子买新车做铺垫。

　　他不能再等了。原来的计划是买辆最完全最新式最可心的车，现在只好按着一百块钱说了。不能再等；万一出点什么事再丢失几块呢！钟玉茹批注："不能再等"体现出了祥子买车的急迫心情，对拥有一辆自己的车的渴望和期待。恰巧有辆刚打好的车……本来值一百多……车铺愿意少要一点。祥子的脸通红，手哆嗦着，拍出九十六块钱来："我要这辆车！"……铺主知道是遇见了一个心眼的人，看看钱，看看祥子，叹了口气："交个朋友，车算你的了；保六个月；除非你把大箱碰碎，我都白给修理；保单，拿着！"

　　祥子的手哆嗦得更厉害了，揣起保单，拉起车，几乎要哭出来。姚建廷批注：

《骆驼祥子》：人性的幻灭 梦碎的悲歌

"哆嗦"写出了祥子的激动。"几乎要哭出来"写出了他无比的喜悦，甚至要喜极而泣。这是一个怀揣着梦想的年轻人！他会一直这样下去吗？ 钟玉茹批注："哆嗦、揣、拉"这几个动词写出了祥子内心的激动和对新车的在乎。可以看出这辆车对祥子来说是极其重要的，也为后文丢车的悲剧做铺垫。拉到个僻静地方，细细端详自己的车，在漆板上试着照照自己的脸！石皓天批注：动作描写，体现出祥子当时的激动与开心，终于得到自己梦寐以求的车了。越看越可爱，就是那不尽合自己的理想的地方也都可以原谅了……他忽然想起来，今年是二十二岁。因为父母死得早，他忘了生日是在哪一天。自从到城里来，他没过一次生日。好吧，今天买上了新车，就算是生日吧，人的也是车的，曾雅楠批注：为什么祥子要把买车这一天当作自己的生日？ 李佳蓉点评：祥子用自己拉车辛辛苦苦赚的钱买到了属于自己的车。把买车的日子当成自己的生日，足以看出车在祥子心中的地位。 张自力点评："就算是生日吧，人的也是车的"，可见祥子对新车的爱惜，衬托出祥子视车如命的心理以及祥子职业的艰辛。好记，而且车既是自己的心血，简直没什么不可以把人与车算在一块的地方。姚建廷批注：写出了祥子对这辆车发自内心的喜爱。同时也为下文祥子失去车后的悲痛欲绝做铺垫。

怎样过这个"双寿"呢？……他应当在最好的饭摊上吃顿饭，如热烧饼夹爆羊肉之类的东西。吃完，有好买卖呢就再拉一两个；没有呢，就收车；这是生日！

自从有了这辆车，他的生活过得越来越起劲了……拉了半年，他的希望更大了：照这样下去，干上二年，至多二年，他就又可以买辆车，一辆，两辆……他也可以开车厂子了！

可是，希望多半落空，祥子的也非例外。

刘畅尾批：充满希望的祥子，身材矫健的祥子，充满信心的祥子！老舍将一个最好的祥子呈现在大家面前。这样的祥子，是阳光，是希望。有了自己的车，祥子可以如愿以偿过上自己梦寐以求的生活了吗？

## 《骆驼祥子》第一章插图
### 王旻雯

## 项目二：人物研究探秘

### 活动一：人物阅读图式
### 《骆驼祥子》之"祥子"人物图式表征

| 形式图式 | | 具体内容图式 |
| --- | --- | --- |
| 社会环境 | 社会背景 | 军阀混战,社会阶层两极分化,农民破产,社会秩序混乱。 |
| | 社会风气 | 个人奋斗主义,人性自私,人与人之间冷漠。 |
| | 社会习俗 | 时代特色,老北京地域特色。 |
| 人物 | 简历 | 农民;车夫;社会底层小人物。 |
| | 朋友圈 | 家人:妻子虎妞<br>亲戚:岳父刘四爷<br>朋友:雇主曹先生<br>同事:车夫 |
| | 个性 | 由勤劳、纯朴、善良变成堕落的、行尸走肉的无业游民。 |

续表

| 形式图式 | | 具体内容图式 |
| --- | --- | --- |
| | 理想 | 买一辆属于自己的车,坚信个人奋斗的力量。 |
| | 行为 | 勤劳;懒惰、害人、吃喝嫖赌。 |
| 情节 | 开端 | 到城里来,做洋车夫。理想萌发。 |
| | 发展 | 三起三落。 |
| | 结局 | 理想幻灭。 |
| 主题 | | 这部现实主义小说,真实展现了黑暗社会对"祥子"们的压迫。 |
| 反思 | 人物 | 底层人物与生俱来的小农意识,狭隘眼光,是悲剧的主观因素。 |
| | 社会 | 由特殊到一般,是底层人物悲剧的缩影。 |

## 活动二:人物形象赏析

### 至善与至恶
——论祥子的人物形象

邓维浩

人之初,性本善。善恶皆在一念间。

祥子是老舍笔下的一个主人公,志存高远,心怀良知,但老舍为其谱写了一场彻底的悲剧。祥子在黑暗社会的压迫下,在极度绝望中扭曲了灵魂,人生发生了极限反转。

那祥子到底是怎样的人呢?

### 心怀梦想

祥子是一个心怀梦想的人。他初到北平,志存高远,希望买一辆车。他辛苦了三年,磨破多少双鞋,穿过多少小巷,载过多少的客人,用汗水与努力换来一辆车。整整三年的光景,足见其信念之深。多少的誓言,在这一刻被实现,这伟大的时刻啊。

梦想是前进的动力。人生如同一次航行，梦想是那只小船，载着信念，驶向胜利的彼岸。

### 在风雨中挺立

祥子是一个坚强的人，那个恐怖的暴雨天，天空如死灰一般沉寂，灰蒙蒙的，偶然几道蓝紫色的闪电撕裂了苍穹，狂风大作，电闪雷鸣，飞沙走石。豆大的雨点打在祥子的脸上，湿了宽大的袖筒，弱了祥子的力气，停住了他前进的脚步。仿佛面前有一道屏障挡住了去路，使他难以前行。乘客的催促，雷电的怒吼声陷入这深深的寂静之中，死寂、恐怖的静。雨线在灰色的天空中泼洒，颜色是污的。但，此刻，他，并没有放弃，长而粗壮的腿不断向前迈进，挺立在风雨之中。这一刻，祥子的身上闪耀出坚毅的光辉。

### 堕落·失去希望

祥子的一生，跌宕起伏。可谓"时运不济，命运多舛"！经历那么多的悲哀，祥子逐渐丧失希望。祥子遇到老马时，他的下半生已经注定衰亡。老马有自己的车，却混在社会的最底端，忍受凄风苦雨，名义上是有车的人力车夫，其实已沦为乞丐。"干苦活儿的打算独自一个人混好，比登天还难"这句话深深地影响了祥子，让祥子失去了希望。此时虎妞已死，小福子不知下落，祥子每天与烟酒为伴，沾染了恶习，漠视人生，生活好像对他无关紧要似的。

涸辙遗鲋，旦暮成枯；人而无志，与彼何殊。

### 堕落·行尸走肉

深夜，祥子久久不能入梦，噩耗占满他整个脑子，他两眼无神，面如死灰一般，狂风呼啸着……小福子的死，犹如压死骆驼的最后一根稻草，使祥子的精神彻底崩溃。他没有了精神寄托，彻底丧失本性，每天吃喝嫖赌，叼着从路上捡来的烟头，低着头，弯着背，躬着身，脸显得更加憔悴，争着打一面飞虎旗，与老人、小孩、妇女竞争。曾经体面、要强、有梦想的祥子变得自私，堕落，成为黑暗社会的牺牲品。

相鼠有皮，人而无仪。人而无仪，不死何为？！

综上所述，祥子是一个有梦想、坚强的人，但尝尽人生的痛苦之后，沦为一个悲哀的、丧失本性的行尸走肉。

纵观那个年代，其实，没有黑与白，社会是灰色的。

善与恶，仅在那一念间。

沧海微尘

——《骆驼祥子》小人物研究之小福子

（微视频文案，2022年3月）

郑佳文

悦读经典，点亮人生。欢迎观看尹庆华名著悦读直播间《骆驼祥子》第三季。大家好！我是主播郑佳文。今天我们探讨的主题是"沧海微尘——《骆驼祥子》小人物研究之小福子"。

### 一、被父卖去

两百块！十九岁的小福子被卖给了一位军官！十九岁！一个花容月貌的花季少女——小福子从此走上了一条屈辱的不归末路。如今，十九岁的女孩在大学里享受青春的献礼。这不得不让人感叹：旧社会穷困家庭的女性是那样没地位、没尊严。

> **一．被父卖去（19岁）**
>
> 二强子在去年夏天把女儿小福子——**十九岁**——卖给了一个军人。卖了两百块钱。
>
> **没地位！！！没尊严！！！**

### 二、被人丢弃，自付房费

去了军官那里也不好受，军官得了美人，还把她当作用人省了钱。抛弃她后，房租竟然要她付！这体现了当时底层女性任人摆布的悲惨，侧面反映了社会黑暗和腐败统治，渲染了小福子的悲惨命运。

> **二．被人丢弃，自付房费（20岁左右）**
>
> 花这么一百二百的，过一年半载，并不吃亏……娶个姑娘呢，既是仆人，又能陪着睡觉，而且准保干净没病。**高兴呢，给她做件花布大衫，块儿八钱的事。不高兴呢，教她光眼子在家里蹲着，她也没什么办法。**等到他开了差呢，他一点也不可惜那份铺板与一两把椅子，因为欠下的两个月房租得由她想法子给上，把铺板什么折卖了还许不够还这笔账的呢。
>
> **小福子就是把铺板卖了，还上房租，只穿着件花洋布大衫，戴着一对银耳环，回到家中来的。**

## 《骆驼祥子》：人性的幻灭 梦碎的悲歌

### 三、决心卖身

为了醉酒的爸爸，为了快饿死的弟弟，小福子没办法，她只能卖肉。姐姐！姐姐也是人啊！有血有肉的人啊！但她没办法，难道要看着弟弟们饿死吗？她不能！小福子还是笑着，泪落在肚子里。她也哭啊，她偷偷地哭。小福子变得谨慎小心，她怕院中那些男人们斜着眼看她，所以等他们都走净，才敢出屋门，她害怕恶意的目光落在自己的身上。祥子不是这样的，他是小福子黑暗的一束光，这也是小福子愿意和祥子过日子的原因之一。二强子还是常常来找小福子拿钱，拿钱也就算了，他还骂她，似乎是骂给大家听，二强子没有错儿，小福子天生的不要脸。小福子还是让步了，面对这种父亲，她又能怎么做呢？

### 三．决心卖身（20岁左右）

> 看看醉猫似的爸爸，看看自己，**看看两个饿得像老鼠似的弟弟，小福子只剩了哭**。眼泪感动不了父亲。眼泪不能喝饱了弟弟，她得拿出更实在的来，为教弟弟们吃饱，她得卖了自己的肉。搂着小弟弟，她的泪落在他的头发上，他说："姐姐，我饿！"**姐姐！姐姐是块肉，得给弟弟吃！**

### 四、说话被赶，无奈下跪

**解说词**：只因小福子和祥子说了几句话，虎妞便把小福子赶了出来。她只是害怕，不敢生气，她带着小弟弟过来，给虎妞下跪……她不怕死，可也不想死，因为她要做比死更勇敢更伟大的事。她要看着两个弟弟都能挣上钱，再死也就放心了。小福子没办法，她只能卖肉，她是一个伟大的姐姐。她可以去死，可她放不下她的弟弟，最伟大的牺牲是忍辱。

## 四．说话被赶，无奈下跪（20岁左右）

> 她不怕死，可也不想死，因为她要作些比死更勇敢更伟大的事。她要看着两个弟弟都能挣上钱，再死也就放心了。……她只是害怕，不敢生气，落到她这步天地的人晓得把事实放在气和泪的前边。她带着小弟弟过来，给虎妞下了一跪。什么也没说，可是神色也带出来：这一跪要还不行的话，她自己不怕死，谁可也别想活着！最伟大的牺牲是忍辱，最伟大的忍辱是预备反抗。

### 五、愿随祥子

原来虎妞的怀疑不是没有道理的，小福子暗恋祥子。虎妞死后，小福子看到了希望，祥子也是小福子的一根救命稻草，他是小福子的光，穷困车夫和苦命妓女的爱恨情仇，也就此开始。小福子把自己所有的希望都压在了祥子身上，可惜世事无常，小福子带着恨离开了，弟弟呢，她管不了了。她连自己都保护不好，又怎么去保护弟弟。她做不到"我保护你，你保护世界"。父亲呢，她恨，她为什么会有这样的父亲呢？母亲呢，她念，她要去陪她。祥子，她等不起了。她讨厌自己肮脏的身躯，她恨自己为什么会生在这样的世界。小福子的死，也成了压死祥子的最后一根稻草。

## 五．愿随祥子（20出头）

> 祥子心中仿佛忽然的裂了，张着大嘴哭起来。小福子也落着泪，可是处在<u>帮忙的地位</u>，她到底心里还清楚一点。"祥哥！先别哭！我去上医院问问吧？"

小福子为什么会走向末路？其一，社会黑暗，男权至上。旧社会的女性没有出路,只是繁殖工具和供玩弄的布偶,这是小福子走向末路的不可逆因素。其二,家庭穷困,父亲无能。其三,爱情无果。祥子给了小福子希望,但自己却堕落了。由期待,到失望,最后走向绝望。小福子是黑暗社会被羞辱被摧残的柔弱女性的代表,她生在不公道的世界,她的悲剧,揭示了旧社会将人变成鬼的悲惨事实。

> **小福子为什么走向末路?**
>
> 1. **社会黑暗,男权至上**。旧社会的女性没有出路,只是繁殖工具和供玩弄的布偶。
> 2. **家庭穷困,父亲无能**。两个弟弟,已经够她受的了,二强子不配做父亲。
> 3. **爱情无果**。祥子给了小福子光,可自己的堕落又灭了这束光。期待越大,失望越大。

## 沼泽里的阮明

(微视频文案,2022年2月)

李晓欧

悦读经典,点亮人生。欢迎观看尹庆华名著悦读直播间《骆驼祥子》第一季人物专题。大家好!我是主播李晓欧。我给大家带来的视频主题是"沼泽里的阮明"。

等等,阮明不是个"炮灰"男配吗?他有啥好讲的,他的出场次数简直屈指可数,话都没说几句,就下场了。别看阮明出场次数少,但他在书中可是具有举足轻重、以一敌百、四两拨千斤的地位。

为什么这么说?大家可以看看这段话:

曹先生在个大学里教几点钟功课。学校里有个叫阮明的学生，一向跟曹先生不错，时常来找他谈谈。曹先生是个社会主义者，阮明的思想更激烈，所以二人很说得来。不过，年纪与地位使他们有点小冲突：曹先生以教师的立场看，自己应当尽心的教书，而学生应当好好的交代功课，不能因为私人的感情而在成绩上马马虎虎。在阮明看呢，在这种破乱的世界里，一个有志的青年应当做些革命的事业，功课好坏可以暂且不管。他和曹先生来往，一来是为彼此还谈得来，二来是希望因为感情而可以得到够升级的分数，不论自己的考试成绩坏到什么地步。乱世的志士往往有些无赖，历史上有不少这样可原谅的例子。

到考试的时候，曹先生没有给阮明及格的分数。阮明的成绩，即使曹先生给他及格，也很富余的够上了停学。可是他特别的恨曹先生。他以为曹先生太不懂面子；面子，在中国是与革命有同等价值的。因为急于作些什么，阮明轻看学问。因为轻看学问，慢慢他习惯于懒惰，想不用任何的劳力而获得大家的钦佩与爱护；无论怎说，自己的思想是前进的呀！曹先生没有给他及格的分数，分明是不了解一个有志的青年；那么，平日可就别彼此套近乎呀！既然平日交情不错，而到考试的时候使人难堪，他以为曹先生为人阴险。成绩是无可补救了，停学也无法反抗，他想在曹先生身上泄泄怒气。既然自己失了学，那么就拉个教员来陪绑。这样，既能有些事作，而且可以表现出自己的厉害。阮明不是什么好惹的！况且，若是能由这回事而打入一个新团体去，也总比没事可作强一些。

71李晓欧骆驼祥子阮明

　　这是原文中对阮明的一些相关描写，这段话讲的主要是阮明考试成绩不好，就想靠着和曹先生的师生关系走后门，但是曹先生拒绝了。于是阮明觉得曹先生不讲面子，所以自己才没有拿到毕业证，于是阮明进入了复仇模式，向政府告发了曹先生。

　　阮明成绩无可补救，就迁怒于老师曹先生。生动的心理描写将阮明的丑恶形象刻画了出来。此时的阮明是一个变了质的革命者，他急于求取功名，可以看出他内心的邪恶，他习惯于懒惰，总想着不劳而获，他从一个有志青年变成了一个空想者。他当了官之后堕落了，开始做一些以前自己十分看不起的事情。他开始嘚瑟了，当他醒悟的时候，他将自己犯的所有错误，归因于社会。直到阮明快把钱挥霍完了之后，他开始出卖自己的思想，投机取巧，他参加了组织洋车夫的工作，不巧的是他选中的人是祥子。祥子可是有"主角光环"的，他怎么可能因为阮明而牺牲？而且此时祥子已经"黑化"了，以下是原文的描述：

《骆驼祥子》：人性的幻灭 梦碎的悲歌

他不敢再在街市上走，因为他卖了阮明。就是独自对着静静的流水，背靠着无人迹的城根，他也不敢抬头，仿佛有个鬼影老追随着他。在天桥倒在血迹中的阮明，在祥子心中活着，在他腰间的一些钞票中活着。他并不后悔，只是怕，怕那个无处无时不紧跟着他的鬼。

祥子一声不吭地把阮明给出卖了。

阮明是个小矮个儿，倒捆着手，在车上坐着，像个害病的小猴子；低着头，背后插着二尺多长的白招子。人声就像海潮般的前浪催着后浪，大家都撇着点嘴批评，都有些失望：就是这么个小猴子呀！就这么稀松没劲呀！低着头，脸煞白，就这么一声不响呀！有的人想起主意，要逗他一逗："哥儿们，给他喊个好儿呀！"紧跟着，四面八方全喊了"好！"像给戏台上的坤伶喝彩似的，轻蔑的，恶意的，讨人嫌的，喊着。阮明还是不出声，连头也没抬一抬。有的人真急了，真看不上这样软的囚犯，挤到马路边上呸呸的啐了他几口。阮明还是不动，没有任何表现。大家越看越没劲，也越舍不得走开；万一他忽然说出句："再过二十年又是一条好汉"呢？万一他要向酒店索要两壶白干，一碟酱肉呢？谁也不肯动，看他到底怎样。车过去了，还得跟着，他现在没什么表现，焉知道他到单牌楼不缓过气来而高唱几句《四郎探母》呢？跟着！有的一直跟到天桥；虽然他始终没作出使人佩服与满意的事，可是人们眼瞧着他吃了枪弹，到底可以算不虚此行。

这是关于阮明被出卖后游街示众的相关描写。阮明像害病的小猴子，低着头，让麻木的看热闹的人们很是失望。从这里可以看出阮明临死之前的平静，至少他表面上没有任何表现，但是他的内心必然是没有表面上那么平静的。他现在可能在后悔，因为他生在了这样的一个社会，因为他摊上祥子这样的人，所有

163

的一切,包括他自己的堕落,造成了他人生的悲剧。

从开始到结束,他仿佛陷入了一个沼泽,无法自拔。他的悲剧其实也是当时一部分伪革命者的写照,因为种种借口最终变成了自己讨厌的样子。谢谢大家的观看!

## 活动三:人物专题探究

### 失败的爱情,失败的人生
——《骆驼祥子》爱情探讨
(微视频文案)
吴佳诺

祥子,一个两次都败给了爱情的男人,可是他到底败在了哪里?

#### 一、祥子与虎妞的爱情

在书中虎妞毫不掩饰对祥子的喜欢,大胆追求爱,用小手段逼祥子和她结婚。那是她的作风,利落泼辣,几次对祥子拉车进行打击,阻挡祥子追求事业的上进心。虎妞难产身亡,下葬时,祥子不得不卖掉车,祥子再次梦想破灭。那么问题来了,这算爱情吗?

有人说结了婚就是许了爱。可我不这么认为,虎妞不尊重自己男人的想法,说话直来直去,不懂得怎么去照顾祥子的感受。她对祥子的照顾无非就是洗衣做饭收拾家里,她认为爱情就是两个人结了婚,我看上了你,你就难以逃出我的手掌心。虎妞得到了祥子,没有捧在手心里好好养着护着,反倒露出一副"只是玩玩"的模样,以车、钱和孩子来威胁祥子。

有人说,虎妞前期也很喜欢祥子啊!不是大胆追求爱了吗?虎妞为了祥子,不顾自己的荣誉和家庭,"倒贴"祥子。祥子本身就穷,娶了虎妞岂不是变成了"抱大腿"?可是祥子也丢失了荣誉,如果祥子拒绝虎妞的诱惑,也许会拥有更好的家庭。这种双方不匹配的爱情放在任何社会都是不理智的做法。况且虎妞还是个"富二代",祥子只是个拉车的小伙子,两个人三观不一致,理想不同,彼此间最基本的尊重都没有,又怎能获得爱情呢?

### 二、祥子与小福子的爱情

第一次读《骆驼祥子》,以为祥子莫名其妙就喜欢上小福子,再读后以为祥子单纯可怜小福子,直到第三次读,才真正体会到了黑暗社会的细节。小福子家穷,她爸将她卖给军官;后来又让她在大杂院卖身养活家里。可怜又温柔善良的小福子,与虎妞的形象截然不同,形成了鲜明的对比,更吸引祥子,让祥子体会到女人的温情。虎妞的逝去,让小福子成为祥子重要的精神支柱,就是因为小福子,祥子才有动力继续奋斗,留下对世间的仅存的向往。他对小福子许诺:"等着吧!等我混好了,我来!一定来!"

而爱情就是如此简单,是两个人对未来美好的向往。爱情可以给予我们生活的热情,活着的希望。但好景不长,小福子受不了压力最终上吊自杀了。祥子哪能接受得了,承受得住?爱情的告终也让祥子沉沦,淹入黑暗的社会。

遇到对的人,却因时机而错过,这就是祥子与小福子的爱情。他们都生活在社会底层,更能感同身受,互相理解,相互关照。祥子和小福子的爱情是众多底层人民爱情的缩影。

### 三、爱情的悲剧

祥子答应要给小福子一个完整的家,要给小福子永恒的爱。可最后,小福子受不了屈辱,上吊结束了生命。小福子的死让祥子最后一丝希望破灭了,事业爱情满盘皆输。祥子曾经也为理想而奋斗,曾经也从低谷中爬出,曾经也是一个有理想,对未来有着憧憬的小伙。如今的他沦落到帮结婚的人打旗伞,替出殡的人举花圈,从此他再也不哭也不笑,每天在大街上找还可以抽的烟头。祥子与小福子的爱情是悲剧。这一对相爱的情人终究错过了彼此。老舍在书中说:"爱与不爱,穷人得在金钱上决定,'情种'只生在大富之家。"在那个时代,两个穷人相爱的权利都要被剥夺,可见他们的理想被现实压制,老舍也用此来表达对黑暗社会的控诉。

## 末路鬼祥子之解谜篇

(微视频文案,2022 年 3 月)

陈　嫒

祥子,一位吃苦耐劳、老实天真、乐观磊落的青年,却堕落成了末路鬼?你信吗?我不信。所以这是一篇末路鬼祥子之解谜篇,从三个角度来探索祥子能否改过自新。

### 一、不合群的理念

小说中,祥子对于其他车夫的态度说不上好,简直就是爱答不理。对于那些车夫口中的谣言,他听而不闻,甚至加以嘲讽。

但正是这种不合群害了他。因为不了解战争情况,所以车被抢,人被绑;因为过于个人主义,所以前期"盼",后期"烂"。

所以祥子的结局只有两种烂——同流合污的"烂"和一人憋死的"烂"。合群与不合群,似乎都得不到好结局。

### 二、死爱车的执念

祥子对车,可以说是爱不释手,恨不得抱着车睡觉。车在他心中是除自己之外第二重要的,当他买了新车,那么大的人都快哭出来了,还把买新车这天当作自己的生日,拉着新车,人也活得起劲。

有人会说:祥子爱车,不正给了他更大的动力吗?怎么会让他堕落呢!没错,作为全文中贯串"三起"的重要情节线索,车确实给祥子提供了巨大的奋斗动力与乐观的精神支持;可车也贯串了"三落",车被抢,卖车对祥子的打击如巨石锤击,直接让他陷入"车没了,我不活了"的状态。

祥子把他第一次买车的日子定为"双寿",代表着祥子与车紧密相连着,车最终没有好归宿,祥子最终也没有好结果,是否又在暗示着,他们的命运早已关联,车亦是祥子,祥子亦是车?

### 三、感情线的牵念

小说中祥子的"感情线"不算少。泼辣爽快、干事利索的虎妞是第一感情线。

虎妞能干而敢作敢当,她的确是真心爱着祥子的,她为了与祥子结好,反抗她爹刘四爷,骗说自己怀了孕。她愿意承担后果,只为对祥子的一片真心。

但她在两个方面直接导致了和祥子的感情破裂:一是骗他上床,二是嫌他拉车。祥子原是光明磊落、干净单纯的祥子,被虎妞骗上床后自然觉得遭到沉重的打击,这段感情还没开始已经有了裂痕。后又被嫌拉车,拉车是祥子所热爱的事业,要强的性格让他无法接受自己看作命一般珍贵的东西被看不起,他们自一开始就是两个世界的人。

二号感情线小福子和三号"假线"夏太太,都推动着情节的发展。若是没有这些女性,祥子不会感受到家的温暖,不会有亲热的朋友,不会有人记挂着他,不会有人对他付出真心;就算夏太太是"假线",也叫他认清了人心,放弃抵抗。

通过解谜可以看到,祥子总是处在各种极端:正直到极致,也堕落到极点。故事所有的条件巧妙地相生相克,祥子变成末路鬼是无法改变的事实。《骆驼祥子》也通过这一点控诉了社会的黑暗。失衡畸形的世界里,希望像是悲鸣,人生暗无出路;希望如今的世界,不再重奏起曾经的悲楚。

## 论虎妞婚姻不幸的原因

### 何梓浩

谈到虎妞的婚姻,我认为虎妞的婚姻是不幸福的。她爱着祥子,骗了祥子,然后在一个大杂院与祥子结了婚,还资助祥子买了一辆邻居二强子的旧车。她在怀孕期间好吃懒做,最后难产而死,其中牵扯到了社会、人性等一些因素,但归根到底,还是虎妞的家庭因素——刘四爷导致了她婚姻的不幸。

利己主义者刘四爷用私心拴住虎妞的婚姻幸福。

虎妞在与祥子结婚之前已经三十七八岁了,为什么虎妞这么晚都还未结婚呢?是她不想嫁吗?不是,是刘四爷不想她嫁!

虎妞虽然略丑,但她出生于财主家庭,经常帮父亲管理车厂,有着出色的家庭背景和管理能力,找一个心仪的对象应该是不成问题的。虎妞一拖再拖,拖到三十七八岁一直不结婚,这是与刘四爷脱不了关系的。老舍先生也在文中提及

"虎妞是这么有用,他实在不愿她出嫁"。可见虎妞勤劳能干,能力出众,刘四爷便为了自己的私心,将虎妞拴在身边,帮着自己打理车厂,也正是这种私心,拴住了虎妞的婚姻幸福。

"嫁出去的女儿泼出去的水",刘四爷担心家产落入他人之手。

在刘四爷的寿宴上,刘四爷心里暗自想着:"假若虎妞是个男子,当然早已成了家,有了小孩……自己什么也不缺,就缺个儿子。"为何刘四爷希望虎妞是一个男子,或希望有一个儿子?因为刘四爷有着重男轻女的思想,所以为了守住家业,他决不能轻易将女儿嫁出去,更不能便宜了祥子这个"臭拉车的"。所以最后刘四爷把车厂卖了,自己拿着钱去享福了。这也是虎妞追求祥子路上的一座大山。

家庭教育的缺失导致虎妞不懂如何正确去追求幸福。

刘四爷是何许人也?老舍先生写到,刘四爷"土混混出身",干过不少坏事,"买卖过人口,放过阎王账","打过群架,抢过良家妇女,跪过铁索"。这说明他自身受到的教育也是十分有限的,再加上虎妞自幼就没了母亲,缺少了家庭教育,这也导致虎妞不懂如何正确去追求幸福。她爱上了祥子,却用了不正当的手段,用假孕诱骗祥子与她结婚。虎妞敢于去追求爱,这一点值得我们学习,但她用不正当的手段去争取就不对了,这也导致祥子对她百般厌恶,这就是刘四爷对虎妞缺少家庭教育的后果。

总而言之,原生家庭对婚姻的态度决定了孩子的婚姻是否幸福,虽然现在基本不存在重男轻女的思想,但我们也要注重孩子的教育,珍惜现在的美好生活!

## 项目三:祥子悲剧探因

### 梦碎的悲歌
——论《骆驼祥子》中祥子悲剧的根源
方子莫

在小说《骆驼祥子》中,主人公祥子本是要强、体面、有干劲的青年奋斗者,但小说最后却以祥子的悲剧结尾。究其原因,不是偶然,确是必然。

## 《骆驼祥子》：人性的幻灭 梦碎的悲歌

首先是周围人和事的影响。

小说中许多角色都与祥子的悲剧脱不开干系，就比如泼辣心机的虎妞。祥子并不是真的爱虎妞，自从他与虎妞结婚，生活秩序仿佛都被打破了，他已然成为虎妞的笼中小鸟，想飞但飞不远，任由虎妞摆布，生活痛苦不堪。虎妞难产死后，祥子唯一的一辆车也被迫卖掉用来葬虎妞，生活再一次跌入了谷底，让他逐渐走向了堕落。

书中还有很多跟祥子一样命运的底层百姓，如小福子、老马，他们一次次怀着希望去奋斗，又一次次被命运打垮，直到他们终于站不起身，走向死亡或沦为行尸走肉。

但若是祥子没遇上虎妞，没遇上抢走自己爱车的大兵，没遇上敲诈勒索的孙侦探，祥子的命运就能扭转吗？——答案当然是否定的。因为祥子就生活在那样的社会环境里，在那样的社会，没有人能不受熏染地为自己活着。

老舍先生笔下的20世纪上半叶的中国是混乱的、昏暗的、无序的。在小说的最后一章提到：堕落的祥子为了得钱出卖了阮明，阮明被杀的那一天，大街上围满了看热闹的人，人们都谈笑着，盼望着……这些人都来看阮明的热闹，只为图自己的乐，满足自己的猎奇心理。

社会是人组成的，这些人造成了一个多么黑暗、自私、扭曲的社会。而社会又能改变人。在这样的环境下，再善良、明事理的人都会被玷污，更何况祥子呢？他只是一个天真的青年，又怎么能判别对错，明辨是非呢？到了小说的最后，祥子已经彻底堕落为"社会病胎里的产儿"。

除了他人和社会，最大的祸端就是他们自己。

祥子乐观却又盲目。在战争动荡时期，祥子为了多赚一点钱，冒险抄了近道，结果被大兵发现，连人带车全被抓去，当了兵奴。祥子勤快而又保守。他虽然爱打拼，没日没夜地拉车赚钱，但却把全部精力都集中在拉车上，从没想过打破自身局限尝试新的生存方式，最后倒在了拉车的路上。祥子外刚而又内软。他一生要强，面对虎妞的威胁却软弱服从，若是祥子坚决地拒绝，他的人生也可能有所转机……

而最重要的，是祥子思想的局限性。祥子自始至终都坚信个人奋斗能给自己带来幸福的生活，但却没想到，这种个人主义无法在那个黑暗社会的压迫下立足。祥子曾在茶馆里遇到了老马和他的孙子小马,老马一生穷困潦倒,虽有自己的车,却还是混得不好。这让祥子的希望破灭了,他一生只想着要一辆自己的车,这样就不用给车商交租费,但却没想到即使有了自己的车也无法打出一片自己的天地。

祥子是"个人主义的末路鬼",他把一生都奉献给了个人主义,使他朝着深渊一步步走去。这也告诉我们,现如今,只靠个人奋斗取得的成就也是有限的,我们也需要他人的帮助,才能在社会上立足,走得更远!

## 论祥子悲剧的原因

### 杨骏峰

祥子,一个生活在旧中国北平城中的普通的人力车夫。他原本是一个坚强、好强、有骨气、有血有肉的年轻壮汉,他的梦想只不过是有一辆属于自己的车,但是,他在当时的社会中因为各种原因逐渐堕落,自暴自弃,放弃梦想与追求,并最终走向灭亡。而造成他悲剧的原因有很多:社会因素、婚姻因素、爱情因素与自身因素。

社会因素。我认为此因素是导致祥子悲剧的最主要的原因。在北平时,祥子靠自己的劳动挣钱,他的梦想是可以拉上一辆属于自己的车。所以,祥子靠坚定的信念和勤劳踏实,买上了第一辆自己的车,感觉未来有无限的可能。没过多久,祥子冒险到了清华,车和人都被大兵抓去,他自己也好不容易逃出来捡回一条命。然后祥子重拾了信心,又攒钱想买第二辆车,但又被孙侦探骗走了所有的钱。后来有一次,祥子偶遇了同为车夫的老马,老马的处境十分悲惨。老马的出现让祥子意识到光靠自己努力拉车也许不会有什么出路。这些社会因素对祥子的打击很大,直接影响了祥子未来的人生轨迹。这样黑暗的社会,简直就像是个会"吃人"的社会。

婚姻因素。虎妞是一个霸道、粗鲁的女人,她看上了老实健壮的祥子。虎妞通过哄骗怀上了祥子的孩子,从此赖上了祥子。祥子从此就像虎妞的一颗棋子,无处可逃,受虎妞摆布。虎妞怀孕后好吃懒做,最终难产而死,祥子又将车卖了给虎妞办葬礼。虎妞的出现促进了祥子悲惨结局的形成。

爱情因素。祥子后来遇上了同样悲惨的小福子。她虽是妓女，但她那至高无上的灵魂深深吸引着祥子。她是祥子真心爱过的女人，曾一度成为祥子活下去的精神支柱。然而后来，小福子因不堪再忍受人间的疾苦，上吊自杀了。祥子得知后心如刀绞，这沉重的打击让祥子彻底丧失了对未来所有的希望。小福子之死，成了压死祥子的最后一根稻草。

个人因素。祥子在面对虎妞的欺压时，选择屈服，面对孙侦探的欺骗，选择相信，这些都说明祥子很胆小，怯懦。且在当时黑暗的社会下，他是一个个人奋斗者，只凭个人的奋斗在当时是不会有好结果的。同时，祥子不懂人情世故，沉默寡言，不合群，不会融入集体。祥子的坚强、善良、吃苦耐劳，在当时社会下显得与他人格格不入，这也是他四处碰壁、最终毁灭的原因之一。

## 《骆驼祥子》之祥子悲剧探因

（微视频文案）

王彦丹

祥子，一个勤劳、善良、正直的年轻小伙，为何最终沦落到行尸走肉的悲惨境地？以下是我的五点分析。

### 一、对车的执念

"车"是贯串全小说的线索：辛辛苦苦拉了三年租赁车买来属于自己的车，却因贪图一点小便宜车被兵抢走；后来干包月，钱又被孙侦探骗去；最后给虎妞办丧事，车又稀里糊涂地卖了去。祥子最终成为一具行尸走肉，"车"是最重要的导火索。

### 二、虎妞的追求

虎妞作为小说的女主角，那是毫不掩饰对祥子的喜欢。她大胆求爱，利用小手段，逼祥子娶她。可她是个"富二代"，哪懂什么苦活脏活的累。好吃懒做，遗憾难产而死。她阻挡了祥子追求事业的上进心，间接导致祥子堕落。

### 三、缺钱却又是个大情种

"车"贯串全文,而说到车就会提到钱。没钱上哪儿买车去?祥子贪小便宜车被抢,干包月钱被骗,为虎妞办丧车被卖去换钱。没钱就算了,他还爱上了小福子。那时的祥子已经开始堕落,小福子是他活下去的唯一希望,而小福子最后受不住屈辱自杀是对祥子致命的打击。在那个社会,缺钱的大情种只会以悲剧告终!

### 四、吃人的社会

黑暗腐朽的社会,是全书所有故事发生的大背景:军阀混战,让祥子车丢;"侦探"霸道扫光祥子的血汗钱;虎妞为了爱情耍小手段骗祥子;小福子在男权思想的压迫下走上绝路……似乎像祥子这种底层人民就只能如此低微悲惨地活着,"吃人"的社会是底层人民悲惨命运的根源。

### 五、自身原因

祥子的悲剧说到底也有他自身的原因。祥子一开始确实是个热爱生活的勇敢小青年,但他也确实太把自己当回事,对生活期望太高,反倒抱怨,小便宜是自己要占的,虎妞是他娶的,胆小怯懦,人缘不好太孤僻。这些自身性格缺陷也导致他遇事往往做出错误的选择,把自己一步步推向了毁灭之路。

# 《钢铁是怎样炼成的》：永不褪色的精神路标

**一、学习主题**

永不褪色的精神路标

**二、学习内容**

《钢铁是怎样炼成的》整本书阅读

**三、学习目标**

1. 能根据阅读计划自主阅读小说。采用小说要素阅读法，评说小说人物，演绎小说情节，探究小说主题，感受英雄风采，培养家国情怀和爱国主义精神。

2. 激发阅读小说的兴趣，建构小说阅读图式。

3. 了解小说的时代背景，理解小说的文化内涵，感悟英雄人物坚韧顽强、积极乐观、无私奉献等个性品质，培养有理想、有追求、有家国情怀等正确的人生观、世界观、价值观。

4. 跨学科学习，打通名著与生活的联结，培养表演、演讲、配音、评论等口语交际能力；培养辩证评价人物、绘制思维导图、写小论文等所需的高阶思维能力，发展语言运用、思维能力和审美创造等核心素养。

**四、课时安排**

7课时

**五、资源与工具**

（一）资源

《钢铁是怎样炼成的》全译本[①];《钢铁是怎样炼成的》相关电影及相关网络资源。

(二)工具

阅读计划书、思维导图、问卷调查表、评价量表等;线上讨论、调查、观看电影、剪辑等多媒体平台、软件、设备。

**六、学习情境**

《钢铁是怎样炼成的》这部小说塑造了以保尔为代表的英雄群像,揭示了生命的价值和意义在于奉献的主题,展现了青年的革命理想和革命英雄主义精神,这种革命精神是永不褪色的精神路标,是我们披荆斩棘,创造生命价值的人生教科书。

主人公保尔·柯察金是作者的化身,作者以保尔的人生轨迹为情节线索,塑造了一个永远不向命运低头,用顽强的毅力创造生命奇迹的革命英雄形象。让我们走进"保尔的人生剧场",演绎少年保尔的反抗与浪漫;与保尔同行,感受战士保尔奋勇杀敌的英勇无畏,建设者保尔忘我工作的无私奉献,钢铁战士保尔与疾病斗争的坚韧与顽强……保尔的革命精神,激励了无数年轻人。我命由我不由天,只要自己不屈服,就可以创造奇迹。让我们走进《钢铁是怎样炼成的》,"致敬英雄理情节",拟章节标题,绘情节地图,评英雄本色;"英雄联盟评人物",绘制保尔成长轨迹,评说人物形象;"英雄是怎样炼成的",探究英雄炼成要素,提炼钢铁精神核心,探究英雄价值的历史意义与现实价值。

---

[①] 为教学方便,我们选用商务印书馆2015年6月第1版《钢铁是怎样炼成的》作为教学用书。

## 七、学习任务与学习活动

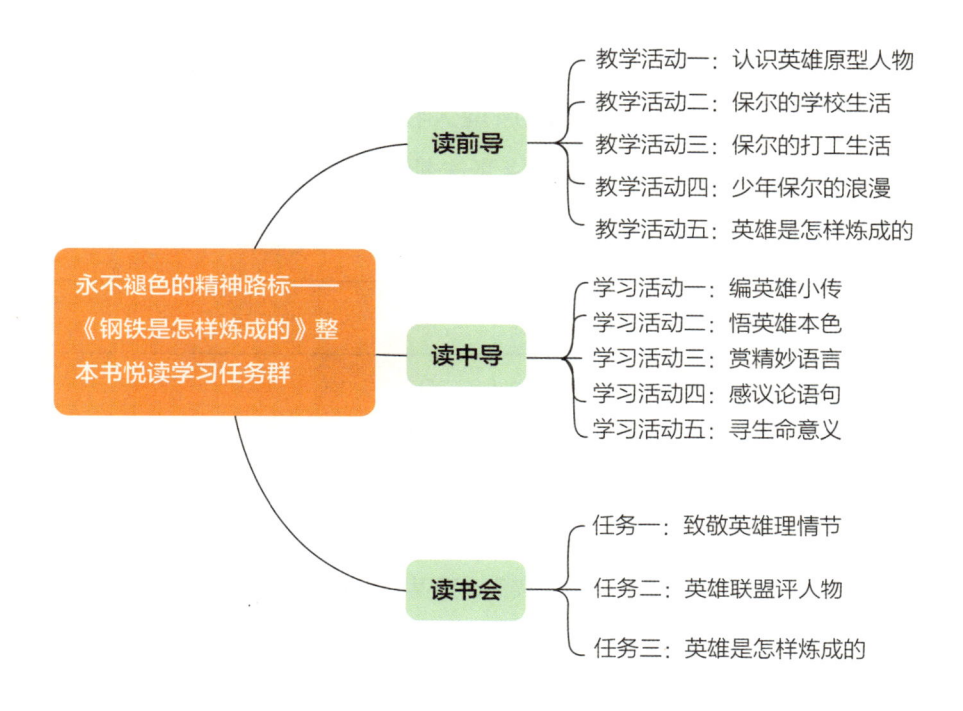

```
永不褪色的精神路标——
《钢铁是怎样炼成的》整
本书悦读学习任务群
├── 读前导
│   ├── 教学活动一：认识英雄原型人物
│   ├── 教学活动二：保尔的学校生活
│   ├── 教学活动三：保尔的打工生活
│   ├── 教学活动四：少年保尔的浪漫
│   └── 教学活动五：英雄是怎样炼成的
├── 读中导
│   ├── 学习活动一：编英雄小传
│   ├── 学习活动二：悟英雄本色
│   ├── 学习活动三：赏精妙语言
│   ├── 学习活动四：感议论语句
│   └── 学习活动五：寻生命意义
└── 读书会
    ├── 任务一：致敬英雄理情节
    ├── 任务二：英雄联盟评人物
    └── 任务三：英雄是怎样炼成的
```

## 第1—2课时　《钢铁是怎样炼成的》读前导

### 读前测评

你有多想读这本书？你的阅读期待指数（　　）颗星（最多 5 颗星）。请说出你的理由。

_____

_____

### 教学活动一：认识英雄原型人物

**一、阅读作家简历，认识小说英雄原型人物**

#### 尼·奥斯特洛夫斯基简历

| 姓名 | 尼·奥斯特洛夫斯基 |
|---|---|
| 国籍 | 苏联 |
| 家庭背景 | 工人家庭，家境贫寒。父亲是酿酒厂工人。 |
| 社会背景 | 20世纪20年代末到30年代初，十月革命后，苏联国内战争，经济恢复和社会主义建设。 |
| 作者小传 | 　　苏联作家尼·奥斯特洛夫斯基（1904—1936）以自己的生活为原型，创作了长篇小说《钢铁是怎样炼成的》。<br>　　奥斯特洛夫斯基上过三年学，11岁开始干活谋生；13岁参加革命；14岁时冒着生命危险收集敌人情报；15岁成为第一代共青团员，参加红军同白匪作战，多处受伤，右眼因伤失明，因伤病离开部队；伤势好转，在铁路工厂当助理电机师；参加突击队修筑铁路；25岁全身瘫痪，双目失明，完全失去活动能力，躺在病床上用文学创作作为战斗新武器；1934年小说《钢铁是怎样炼成的》出版后获得轰动效应，被苏联政府授予最高荣誉列宁勋章，成为苏联和全世界的英雄偶像；1936年逝世，终年32岁。<br>　　《钢铁是怎样炼成的》被翻译成73种文字，行销47个国家，小说主人公保尔·柯察金成为全世界家喻户晓的英雄人物。 |

**二、阐述英雄含义**

结合上表作者简历，联系现实生活，阐述什么是英雄。

## 教学活动二：保尔的学校生活

**一、演读保尔·柯察金的学校生活片段**

### 高年级课堂

**人物** 保尔·柯察金 高年级老师

(有一次，保尔在学校跟同学打架，任课教师罚他留校，不准回家吃午饭，但又怕他一个人在空荡荡的教室里淘气，便领他到二年级的教室里，和年龄较大的学生们一起听课。保尔在后面的凳子上坐下来，正好听到高年级老师讲地球和天体。)

**高年级老师：**(语气夸张，边说边做手势)地球已经存在好几百万年了，而天上闪烁的星星也有地球这么大。

(保尔不听则已，一听就吃惊得目瞪口呆，越听越觉得心中充满疑团。)

**保尔：**(心里说)老师，这跟圣经上说的完全两样啊！

(保尔怕挨罚，没敢问。)

### 圣 经 课

**人物** 保尔·柯察金 瓦西里神父

(保尔圣经课成绩不错，神父平时总给他满分，祈祷文和新约、旧约他都背得烂熟。他爱听创世纪的故事，对上帝哪一天创造了哪一种东西如数家珍。他打算请瓦西里神父解答他心里的疑团。上圣经课了，保尔举起手来。)

**神父：**保尔，你有什么疑问吗？

**保尔：**神父，为什么高年级的老师说，地球已经存在好几百万年了，不像圣经说的五千年……

**神父：**混蛋！你闭嘴！

(保尔的话未说完，瓦西里神父就大声吼叫起来，保尔只好慢慢坐下。保尔还没来得及分辩，神父就已经揪住他的两只耳朵，把他的头往墙上撞，一分钟后，挨了一顿毒打、饱受惊吓的他已经被神父推到走廊上去了。回到家又遭到母亲的打骂。第二天保尔的妈妈到学校去，恳求瓦西里神父让他儿子回学校读书。

打那以后保尔恨透了神父,既恨又怕,他生性不能容忍对他稍加侮辱的任何人,当然也不会忘记神父没来由的这顿毒打。他把仇恨埋在心里,不显露出来。后来保尔再次受到神父的歧视和凌辱,往往因为鸡毛蒜皮的小事,就被撵出教室,有时好几个星期天天被罚站墙角,而且从来不问他功课。)

### 补考撒烟丝事件

**人物** 保尔·柯察金  三个男同学  两个女同学  瓦西里神父

(复活节那天保尔跟几个成绩不好的同学一道到神父家去补考。他们在厨房等待的时候,保尔就把一撮烟丝撒在复活节用来做奶渣甜糕的面团上。)

神父:(神情威严,大声吼叫)过节之前你们当中上我家补考的,都站起来!

(四个男孩、两个女孩胆战心惊地站起来。神父用凶恶的眼神打量着学生。)

神父:(朝两个女生挥手)你们坐下。

(女生如释重负地坐下来。)

神父:(走向四个男孩)到这儿来,亲爱的宝贝儿!

神父:(审问的语气)你们这些卑鄙的家伙,谁会抽烟?

四个男生:(齐答)神父,我们不会抽烟。

神父:(大骂)你们这群坏蛋,都说不会抽烟,那么谁往面团里撒烟丝的?真的不会抽烟吗?我们马上就可以见分晓!把口袋翻过来!没听见我的话吗?翻过口袋来!

(三个男孩将自己口袋里的东西掏出来,摆放到桌子上。神父仔细检查每个孩子的口袋,想在线缝中找到烟丝的碎屑,但他什么也没找到。)

神父:(盯着保尔)你干吗像木偶似的呆呆地站着不动?

保尔:(看了神父一眼,低声)我没有口袋。

(保尔伸手摸了摸被缝死的口袋。)

神父:(气急败坏)哼!没有口袋!你以为这么一来,我就查不出糟蹋面团的恶作剧是谁干的吗?你以为这一次又可以蒙混过关,继续赖在学校不走吗?不,小宝贝儿,这次我不能饶恕你,上次你母亲苦苦哀求,我才把你留下,这回可到头了。赶快离开班级吧,滚吧!

(神父用劲揪住保尔的耳朵,把他推到走廊里,随手关上门。)

**教室门外**

(被逐出教室的保尔感到无面目回家见母亲。母亲在别人家中当厨娘,从早忙到晚。)

保尔:(内心独白)母亲那么爱我,活得那么辛苦,我怎么好意思向母亲说呢?现在我该怎么办呢?全怪那个该死的神父。可我干吗撒烟丝呢?是谢廖沙唆使我干的,可现在谢廖沙没事,我却说不定会被开除……

(想到这里,保尔流下了眼泪。)

## 二、评价学生保尔

(一)概括情节

请用简洁的语言概括以上故事情节。

(二)评价学生保尔

1. 你觉得保尔是一个怎样的孩子?保尔有怎样的性格特征?他是"熊孩子"吗?请任选角度,从老师、母亲、同学、读者等视角评价人物。

2. 你觉得保尔生活在俄国哪个时代?与你的学校和老师比较,保尔的学校教育有怎样的特点?

3. 保尔为什么要将烟丝撒在神父家的面团上?你如何看待他的叛逆做法?你想对同龄人保尔说什么?

## 三、学生活动

### 读 后 感

## 教学活动三：保尔的打工生活

### 一、演读保尔的打工生活片段一

#### 餐馆面试

**人物** 餐厅老板 保尔母亲 保尔 济娜 弗罗霞 餐厅服务员 洗碗工 接班男孩

（十二岁那年，保尔·柯察金被学校开除了，因为补考的时候，他把烟灰撒在了瓦西里神父家用来做复活节蛋糕的面团上了。不得已，保尔跟着母亲来到车站的食堂干活，开始了自己的打工生活。）

餐厅老板：(斜眼瞧着保尔)他多大年纪？

保尔母亲：十二岁。

餐厅老板：好吧，我留下他干杂活。先说好条件：每月工钱八卢布，干活的日子包饭，干一天一夜，回家歇一天一夜，可不准偷东西。

保尔母亲：(语气慌张)看你说到哪儿去了！他手脚干净，绝不会偷东西，我敢担保。

餐厅老板：那好，让他今天就开始干活！济娜，领这个男孩到洗碗间去，让他顶替格里什加干活。

保尔母亲：(叮嘱)保尔，亲爱的，干活儿可得卖力气啊，千万别再因自己的行为受人欺侮！

济娜：(指着弗罗霞对保尔说)她是这儿的工头，她说的话，你得听。她叫你干什么，你就干什么。

保尔：(轻声)知道了。

#### 工作职责

弗罗霞：小伙计，重活你干不了，只能派你干杂活。这是个开水炉，你从清早起就得把水烧开，让炉中一直有开水。生火的木材也得自己劈。茶壶也归你照管。有需要，你得帮忙擦刀叉，倒脏水。小伙计，你干的活挺多，你会忙得满头大汗的。

保尔：大婶，这会儿我得干什么？

餐厅服务员：(按住保尔肩头，将他推到两个大茶壶跟前)这两个大茶壶就交给你了，你可得一直照管好。你瞧，现在一个熄火了，另一个也冒着烟。今天的事儿不要你负责，要是明天的茶炉仍然是这样，你可得挨耳光，明白吗？

(保尔的打工生涯就这样开始了。他第一天干活可卖劲了，可以说从娘胎里出来他从来没有这样努力过。他明白，这儿可不是家里，在家里可以违拗妈妈的话，在这里，不听话就得挨耳光。)

## 打工两年

洗碗工：喂，这孩子可不简单，干起活来像发疯似的，他家里准是揭不开锅了，才打发他出来做工的。

弗罗霞：你说得没错，这是个懂事的孩子，干活不用催。

(保尔手忙脚乱干了一个通宵，第二天早上七点，他一丝力气也没有了。接他班的男孩来了。)

接班男孩：喂，小鬼！记好，明天早上准六点来接班。

保尔：干吗六点来？不是七点接班吗？

接班男孩：(威胁)人家七点接班，是人家的事，你得六点来。狗东西，你如果还敢嚷嚷，我就要在你的脸上留下印记。你这无名小卒，也该掂量一下自己的轻重，新来乍到，就敢逗英雄吗？

保尔：(怒发冲冠)你放安静点，别瞎胡来，不然就自讨苦吃，论打架我丝毫不比你弱，不信，就试一下吧。

接班男孩：(吓得倒退一步，吃惊地盯着保尔，对保尔坚强的反击不知所措，嘟囔着)哼，好吧，咱们走着瞧。

(保尔在餐厅一干就是两年。保尔性格倔强，早就该被解雇了，但他取之不尽的劳动力拯救了他。保尔干活比谁都卖力，而且从不叫苦，不知疲倦。他简直豁出性命来干，像疯子一样。)

## 二、评价打工者保尔

(一)概括情节

请你用简洁的语言概括以上故事情节。

_____

(二)评价打工者保尔

1. 你觉得保尔是一个怎样的孩子？任选角度，用母亲、餐厅老板、同事、读者等视角评价人物，要有理有据。

2. 你觉得保尔生活的社会背景是怎样的？如果你在餐厅打工，你会如何做？

## 三、学生活动

### 评价打工者保尔

## 四、演读保尔打工生活片段二

### 保尔的觉醒

**人物** 保尔　小徒工克利姆卡

保尔：坐下，克利姆卡。

小徒工克利姆卡：你怎么啦？对火施魔法吗？保尔，你今天的神情有点古怪。你到底出了什么事儿？

保尔：(缓缓站起来，攥紧拳头，声音低沉)没出什么事儿。克利姆卡，在这个鬼地方工作，我感到很难受。

克利姆卡:(用胳膊肘支起身子)你今天究竟怎么了?

保尔:(激愤)你问我今天怎么了?我到这儿来干活儿,从一开始心里就很不乐意。这儿的情况我看不惯呀!咱们像牛马一样干活,可得到的回报呢,是谁高兴都可以赏你几个嘴巴子,连一个替你打抱不平的人都没有。这儿的规矩是,大鱼吃小鱼,小鱼吃虾米,老板雇咱们替他干活,可随便哪一个只要有劲,都有权揍你。就算你有分身法,也不能一下子把每个人都伺候到。只要有一个不满意,就得挨揍。你就是拼命干,该做的都做得好好的,谁也挑不出毛病,忙得团团转,可总有伺候不到的时候,只要你给某位客人上菜上慢一点,又得挨耳光……

克利姆卡:(吃惊,打断保尔的话头)你别这么大声嚷嚷,说不定有人过来,会听见的。

保尔:(站起来,激愤)听见就听见,反正我要离开这里!到铁路上扫雪也比在这儿强,这儿是什么地方……简直像坟墓,流氓骗子成堆,他们有钱有势!把咱们当牛马一样驱使,对姑娘们,想怎么干就怎么干。要是哪个长得俊俏一点,又不肯顺从他们,马上就会给赶走。她们躲得开魔爪吗?招来的都是没地方住、没东西吃的难民,为了不挨饿,只得任凭他们摆布。就说你吧,克利姆卡,他们揍你时,你总不吭声,为什么不吭声呢?

克利姆卡:(疲惫地用两手支着头)今天咱们还读书吗?

保尔:(气愤)没有书啊!书亭关门了。

克利姆卡:(吃惊)怎么今天书亭不做生意吗?

保尔:书老板给宪兵抓走了,从他那儿搜出些印刷资料。

克利姆卡:(疑惑)凭什么抓他?

保尔:听说是因为政治问题。

克利姆卡:什么叫政治?

保尔:鬼才知道!听说,谁反对沙皇,谁就有政治问题。

克利姆卡:(惊吓)难道谁吃了豹子胆,敢反对沙皇?

保尔:天晓得!

(保尔离开餐厅比自己预料的早。在严寒的一月天,保尔干完了当班活儿准备回家,但接班的小伙子没来,老板娘就再让他干一天一夜。天黑时,他全身的力气都使尽了。保尔拧开水龙头,没有一滴水。他就让水龙头开着,躺在劈柴堆里,想歇会儿。可是他太疲倦了,不知不觉睡着了。几分钟后水就来了,水越积越多,流到了营业厅里……拳头如雨点般落在酣睡的保尔头上,保尔因为疼痛完全昏迷了过去。)

### 五、探究保尔的觉醒

(一)概括情节

请你用简洁的语言概括以上故事情节。

(二)探究保尔的觉醒

1. 如果你是社会学家,请你根据保尔打工餐厅的情况分析当时俄国的政治制度、社会环境、人与人之间的关系、人民的生活状况等。请你预测当时的沙皇制度会如何发展?小说详尽地描绘当时的社会背景是否有点多余?为什么?

2. 你觉得保尔与其他打工者有什么不同?他的觉醒体现在哪儿?少年保尔的性格特征与他未来成为无产阶级英雄人物有什么关联?

### 六、学生活动

**探究保尔的觉醒**

## 教学活动四：少年保尔的浪漫

### 一、演读保尔的初恋

**人物**　保尔　冬妮亚

#### 湖畔相遇

（冬妮亚在野外观赏风景，她来到湖边，发现一个游泳高手用各种各样的姿势游泳，后来一动不动地仰躺在水面上晒太阳。冬妮亚在树荫里全神贯注地看书，没想到那个人站到了她的面前。）

保尔：我吓着您了吗？我不知道您在这儿。我不是有意的。

冬妮亚：您并没有打搅我，要是您高兴的话，我们还可以聊一会儿。

保尔：(惊奇)我们有什么好聊的呢？

冬妮亚：(微笑，用手指着一块石头)您为什么老是站着呢？您可以坐到这边来。请问您叫什么名字？

保尔：保尔·柯察金。

冬妮亚：我叫冬妮亚。瞧，我们已经互相认识了。您叫保尔·柯察金？为什么叫保尔·柯察金呢？这名字不好听，还是叫保尔好。我以后干脆就这样叫您。您经常到这里来，散步吗？

保尔：不常来，有空的时候偶尔来一下。

冬妮亚：您在什么地方做工呢？

保尔：我在发电厂烧锅炉。

…………

保尔：(内心独白)见鬼，我为什么要同这个妖精闲扯呢？瞧她那副神气，竟然对我下命令，一会儿不喜欢"保尔·柯察金"这个名字，一会儿又叫我"不要骂人"。

### 倾心交谈

冬妮亚：告诉我，您为什么不继续念书呢？

保尔：学校把我开除了。

冬妮亚：什么原因呢？

保尔：我把烟末儿撒在神父的面团上，他把我赶出来。那个神父凶极了，同学们全都吃过他的苦头。

（保尔像对老朋友似的，把所有事情都告诉了冬妮亚。他们亲切、快活地交谈，在草地上坐了好几个小时，保尔才想起来他要上班了。）

保尔：哎呀，我该上班去了。我只顾跟您闲聊，忘了时间，现在得马上回去生火烧锅炉了。再见，小姐，现在我必须马上跑步回到城里。

冬妮亚：我也该走了，要不我们一块儿走吧。

保尔：哦，不，我得快跑，您赶不上我。

冬妮亚：为什么赶不上？我们可以一块儿跑，看谁跑得快。

保尔：（轻视）赛跑？您怎么能跑得过我呢？

冬妮亚：那等着瞧吧！咱们来试试，现在先走出这儿再说。

### 相约赛跑

（保尔先跳过石头，接着拉着冬妮亚的手，帮她跳过石头，走到平坦的大路上。）

冬妮亚：一、二、三，开跑，来追我吧！

（冬妮亚像一阵风一样跑在前面，保尔在后面紧追不舍，一直到了大路的尽头才追上，保尔猛冲过去，双手紧紧抓住冬妮亚的肩膀。）

保尔：（快活地喊叫）捉住了，小鸟给捉住了！

冬妮亚：（掰开保尔的双手）过去没有人能追得上我，你是第一个。

（他们马上就分手了，临别，保尔向冬妮亚挥挥帽子，向城里走去。）

### 爱情萌芽

冬妮亚：（内心独白）他多么热情，又多么倔强啊！他一点也不像我以前想象的那样粗鲁无礼。至少，完全不同于那些对我垂涎三尺的中学生。他是另一类型的人，来自我从未接近过的阶层。我可以诱导他，让他听我的话。我们之间将产生一种挺有意思的友谊。

(一种从未有过的、朦朦胧胧的感情,悄然潜入少年保尔的生活,这种感情是那样新鲜,那样说不清楚,无法表述,又令人焦躁不安,它使这个淘气的、不安分的少年心神不宁。)

## 二、走进保尔的精神世界

(一)概括情节

请你用简洁的语言概括以上的故事情节。

_____

(二)走进保尔的精神世界

1. 请你猜想保尔和冬妮亚的初恋是否会有结果?为什么?

2. 观看了少年保尔的不同生活剧场,他与普通少年有何异同?请你概括他的性格特征。你发现他身上的英雄潜质了吗?

## 三、学生活动

走进保尔的精神世界

## 教学活动五:英雄是怎样炼成的

一、快速阅读"修筑铁路"片段

连绵的秋雨

秋雨打着人的脸。一团团深灰色的积雨云在低空缓缓移动……细密的雨点像是从用筛子上洒下来似的。寒冷的雨点浸透了衣服。雨水冲坏了人们的劳动成果,泥浆像稠粥一样从路基上往下流淌。衣服都湿透了,变得沉重冰冷,但是人们每天干到完全黑才收工……雨水渗过遮挡窗洞的麻袋,一滴接一滴地落在室内的地板上。雨点像密集的榴霰弹,敲击着屋顶上残存的缺皮。风从破门的缝儿往里灌……雨还在下个不停。

### 偏僻的车站

小车站孤零零地坐落在森林中间……修筑的路基一天天向密林深处延伸。

### 艰苦的住宿

在离车站不远的地方,一座石头建筑物的骨架阴森森地耸立在地面上。那里面一切可以一古脑儿拧下、拆下或砸断取下的东西,早就被乘机掠夺财物者取走了。门窗成了大洞小洞,炉门成了黑窟窿。通过破败的房顶的洞可以看见桁架的边棱。

每天夜里,四百个穿着沾满泥浆的湿衣服的人就躺在水泥地上睡觉。

他们并排躺在铺着薄薄一层麦秸的地上,紧紧地挤在一起,竭力想用体温来相互取暖。衣服冒热气了,但是它从来也没焐干过。

### 艰难的饮食

午饭每天都是素扁豆汤和一磅半像无烟煤一样黑的面包。天天都是这些,真是单调得要命。

筑路工程受到的第一次打击是在第二个星期里:有一天,从城里开来的晚班火车没有带来面包。

### 同伴的逃离

只有一个人公开声明要离队。他气愤的声音从一个角落里发出来,其间还带着骂语:"见他妈的鬼了!我在这儿一天也待不住了。发配人们在外地做苦役,是因为他们犯了罪。我们犯了什么罪?把我们关在这儿两个星期了——这已经够了。再也没有那么多傻子了。谁决定的就让谁来干,谁乐意在烂泥里打滚,就让他打滚吧。我可只有一条命。我明天就走!"

这个叫嚷的人就站在奥库涅夫背后。奥库涅夫划着火柴,想看看这个逃兵。点燃的火柴在一瞬间驱走了黑暗,照亮了他那口眼歪斜、充满愤恨的怪脸和张大的嘴。奥库涅夫认出他是省粮食委员会会计的儿子。

"这是我的团证,请收回吧,我可不为这么一张硬纸片卖命!"

他的后半句话淹没在板棚内四处发出来的斥责声中。

"你扔掉的是什么?"

"呸,你这个出卖灵魂的自私自利者!"

"钻进共青团,图的是一个温暖的窝!"

"赶他走!"

"看我们不揍你一顿,你这传染伤寒病的虱子!"

扔掉团证的家伙低着头朝门口挤。大家像躲避鼠疫患者一样避开他。门在他身后"砰"的一声关上了。

潘克拉托夫捡起扔下的团证,凑近小油灯的火苗。硬纸片烧着了,卷起来,变成焦黑的纸筒。

### 匪帮的袭击

森林里响了一枪。一匹马载着一个骑手迅速逃离破旧的板棚,钻进了黑幽幽的林子。人们从破校舍和板棚里跑出来。有人无意中摸到了一块插在门缝里的胶合板。人们划着火柴,用大衣的下摆挡住使火光摇摆不定的风,看见胶合板上写着:

通通滚出车站!从哪里来的,滚回哪里去。谁敢留下,叫他脑袋开花。

我们要把你们斩尽杀绝,一个不饶。限明天晚上以前滚蛋。

### 大头领切斯诺克

切斯诺克是属于奥尔利克匪帮的。

**二、探秘英雄是怎样炼成的**

1. 探寻角度:外因——环境,内因——人物精神内核。

2. 探寻方法：从人物动作、语言、心理、情感、小说情节、艺术手法等方面去体察。

三、学生活动

**探秘英雄是怎样炼成的**

四、教师小结

钢铁是怎样炼成的？"钢铁是在烈火里燃烧、高度冷却中炼成的"。这里的"钢铁"象征了坚强的意志和坚定的信念。而"烈火"和"骤冷"反差极大，象征了艰苦的环境和人生的磨难。

英雄是怎样炼成的？环境造就英雄。保尔在战斗、修路等艰苦的环境中磨炼了坚强的意志和高尚的情操。时势造英雄。保尔的成长离不开那个有信仰的时代，爱国是永恒的精神力量，将自己的生命价值融入为国家、为人类解放而斗争这样的伟大事业中，让他在遭遇生命绝境时有了活下去的勇气，让我们看见了一个革命战士的脆弱与坚强，无私与无畏。

让我们走进《钢铁是怎样炼成的》中那段激情燃烧的岁月，汲取英雄的精神力量，让我们在遭遇人生挫折时依然相信未来，相信自己，勇敢前行，在困境中永不放弃！为自己的梦想而努力，为祖国的富强而奋斗，成长为新时代的英雄！

**导后评价**

1. 你现在有多想读这本书？你的阅读期待指数（　　）颗星（最多 5 颗星）。你的阅读期待发生变化了吗？请分享你的理由吧！

《钢铁是怎样炼成的》：永不褪色的精神路标

_____

_____

2.你最大的收获是什么？你还需要老师哪些帮助？请分享你的学习方法和阅读感受吧！

_____

_____

## 第3—4课时　《钢铁是怎样炼成的》读中导

**开启悦读之旅**

### 一、制订整本书阅读规划

**我的阅读规划**

《钢铁是怎样炼成的》一共（　　）章

我计划（　　）天读完

每天读（　　）章

（　　　　　）（什么时间）读

在（　　　　　）（什么地方）读

我挑战成功的信心（　　）颗星！（最多5颗星）

## 二、我的阅读挑战卡

每日一问

| 日期 | 篇章页码 | 阅读收获 | 阅读困惑 | 我的问题 | 猜想答案 | 标准答案 |
|------|----------|----------|----------|----------|----------|----------|
|      |          |          |          |          |          |          |
|      |          |          |          |          |          |          |
|      |          |          |          |          |          |          |
|      |          |          |          |          |          |          |
|      |          |          |          |          |          |          |
|      |          |          |          |          |          |          |
|      |          |          |          |          |          |          |

## 三、交流阅读感受，质疑抢答

## 学习活动一：编英雄小传

### 一、活动要求

1. 为《钢铁是怎样炼成的》目录章节拟小标题。小标题语言精练，能突出主要人物和情节。

2. 小组分工合作，以保尔·柯察金的人生经历为线索，概括各章节的主要内容，汇编成《保尔英雄小传》。

## 二、教师示例

第一部第一章：保尔退学打工

年幼的保尔天真顽皮,在神父家的面团中撒烟丝,被赶出学校,开始了他在车站餐厅长达两年的打工生活。

## 三、学生活动

### 保尔英雄小传

第一部

第一章　章节标题：_____
　　　　主要内容：


第二章　章节标题：_____
　　　　主要内容：

…………

## 学习活动二：悟英雄本色

### 一、英雄也彷徨

（一）阅读原著片段

#### 英雄的挣扎

既然已经丧失了最宝贵的东西——战斗的能力,那么他还为了什么活着呢?在现在和在毫无乐趣的将来,他将怎样才能证明自己生活得有价值呢?用什么来充实生命呢?仅仅是吃、喝和呼吸?只做一个无用的旁观者,看着同志们在战斗中向前猛冲吗?甘心情愿做一个革命队伍的包袱吗?既然这个臭皮囊已经背叛了他,不如把它枪毙掉算了?朝心口打一枪——这是唯一的了结办法!既然有本事让以前的生活过得不坏,那么现在也应该有本事适时地结束生活。

（二）对话英雄

你能理解保尔想自杀的想法吗?你想对保尔说什么?

(三)理解英雄

你猜想保尔会如何走出心理危机？请你发挥想象补充他的心理独白。

## 二、英雄也绝望

(一)阅读原著片段

### 英雄的重生

"老弟，这样做不过是纸糊的英雄气概。啪地一枪杀死自己，这是任何一个笨蛋永远和随时随地可以做到的事情。这是为了摆脱困境最怯懦也是最容易的出路。活得艰难，就啪地一枪。这对胆小鬼来说，也无须更好的出路了。可你试过战胜这种生活吗？你已经尽了一切力量来设法冲出这个铁环吗？当初，在沃伦斯基新城城下，一天发起十七次冲锋，终于攻占了城市，这你忘了吗？把手枪藏起来，永远不要让别人知道你有过这种念头。纵然到了生活难以忍受的时候，也要设法活下去。要竭尽全力，以使生命变得有益于人民。"

(二)悟英雄本色

你猜对了吗？保尔说服自己不能放弃生命的核心原因是什么？你觉得真正的英雄应该如何直面人生困境？请你联系保尔的语言描写细节，评说什么是真正的英雄。

(三)学钢铁英雄

你能找出生活中像保尔这样勇敢面对人生挫折的英雄吗？你是否遭遇过人生困境的时刻？你是如何走出心理危机的？保尔的心理挣扎与自我救赎给你怎样的成长启示？我们该如何面对人生的挫折？请分享你真实的成长体验吧！

《钢铁是怎样炼成的》：永不褪色的精神路标

---

### 学习活动三：赏精妙语言

**一、活动要求**

尼·奥斯特洛夫斯基为什么能将钢铁战士保尔·柯察金塑造得血肉丰满？请你从描写、抒情等表达方式角度品析作者的写作技巧、艺术特色，感受人物的情感、思想与品格。

**二、活动支架**

1. 赏析生动传神的人物描写句。

运用生动传神的人物描写细节，如从保尔鲜活的语言、传神的动作、细腻的心理等正面描写来塑造人物形象，展现人物的精神内涵。

2. 赏析真实细腻的环境描写句。

从细腻的环境描写中体会作者的写作技巧、艺术特色，感受人物的情感、思想与品格。

3. 赏析意蕴深刻的抒情句。

从抒情句中感受人物的思想及作者的情感与观点，抒发自己的阅读体验与感想。

**三、赏析示范**

1. 赏析生动传神的人物描写句。

原文："你放安静点，别瞎胡来，不然就自讨苦吃，论打架我丝毫不比你弱，不信，就试一下吧。"

赏析：一个个性鲜明的保尔，他倔强、不服输，面对那个小伙子无端的挑衅，他丝毫不畏惧，敢于斗争；他努力捍卫自己的尊严。

2. 赏析真实细腻的环境描写句。

原文:炉膛里的火苗闪了几下,便熄灭了,余火好像一些红色的舌头,在颤动着,又像在编织一个长长的淡蓝色的螺旋线圈,保尔感到炉火中有一个人在嘲笑他的软弱,在向他伸舌头,挖苦他。

赏析:费罗霞受到欺辱,自己却无能为力;看着火炉里的火苗,都感觉它们在嘲笑自己的软弱无能。此处可见一个正直、善良、重情义的保尔;保尔埋怨自己软弱无能,为后文保尔想要保护身边至亲、朋友而去参军埋了伏笔。

3.赏析意蕴深刻的抒情句。

原文:多少生灵遭摧残,被杀害。在这鲜血迸溅的时刻,多少亲人泪如雨下,多少青年急白了头!谁又能说,那些幸存的人比死者更幸运呢?

赏析:战争,一个可怕而残忍的字眼。它无情,它来势汹汹,却是人类造就了它,这是一场人类对人类的灭绝性的灾难,多少家庭被拆散,或是无一生还,有活下来的人,他们日益受着失去亲人朋友痛苦的煎熬,同时心惊胆战,怕下一个死的就是自己,可谓生不如死啊!

### 四、我来赏析

每个类别选择两个句子赏析。

**赏精妙语言**

---

**学习活动四:感悟议论语句**

一、感悟启迪思想的议论句

书中有很多启迪思想的议论句,成了激励无数读者战胜困难的座右铭,包括保尔的名言、作者的议论、别人对保尔的评价等。请摘抄给你的思想带来启迪的议论句,并结合现实生活,阐述自己的认识与感悟。

## 二、点评示范

1. 宁可轰轰烈烈苦干一年,也不躺在医院的病床上苟活五年。

我的感悟:人的一生在于奋斗,即使你摔倒了,也要站起来再哭!连自己的人生都不能主宰,活在这个世界上有什么意义呢?生命是自己的,人生很短,我们能做的事情很少,但我们不能放弃,我们要力所能及地在这个世界上留下些什么,为这个世界做些什么,至少证明,我没有白来这个世界。

2. 生活,有时候就是这样变幻莫测,忽而乌云密布,忽而又阳光灿烂。

我的感悟:人生总是变化莫测,我们要去适应生活,改变生活,创造生活。人生之旅不可能一帆风顺,总会遇到挫折与磨难,我们要笑对人生,懂得随机应变,天气预报都有不准的时候,更何况人生呢?拜佛不如拜自己。

3. 青春的友谊高于一切,比火更炽烈、更明亮。

我的感悟:年少时的朋友最单纯,友谊最纯真,那时候的我们没有被社会上的歪风邪气浸染,我们无忧无虑,整天就嘻嘻哈哈的,可以为朋友两肋插刀。长大以后,再回看自己的友谊,你会觉得那时候的自己虽然很傻,但很单纯。

## 三、学生活动

请你摘抄几句启迪思想的名言警句做自己的座右铭,并抒发自己的感悟。

### 《钢铁是怎样炼成的》我的座右铭

(名言警句)

我的感悟:

## 学习活动五：寻生命意义

### 一、齐读英雄名言

人最宝贵的是生命。生命每个人只有一次。人生应当这样度过：当回首往事，不会因虚度年华而悔恨，也不会因碌碌无为而羞愧；在临终的时候能够说：我的整个生命和全部精力，都已献给世界上最壮丽的事业——为人类的解放而斗争。

### 二、抒发英雄名言感悟

抒发感悟，揭示小说标题"钢铁是怎样炼成的"的含义。

_____

_____

### 三、阐述生命的意义

革命英雄浴血奋战是为了我们今天美好的生活。在今天这个时代，生命的意义又是什么？我们每一个共青团员要以怎样的态度对待生活？"躺平""摆烂"是网络上的流行词汇，如果保尔穿越到我们的时代，他会对那些"躺平"、"摆烂"、沉迷于游戏的青少年说什么？

_____

_____

### 四、教师小结

生命赐予我们最好的礼物是青春。在青春岁月，我们是选择"躺平""摆烂"，还是追寻青春的梦想？每个人的一生都不可能一帆风顺，在遭遇命运坎坷的时候，我们应如何重拾理想信念，笑对生活？一个人究竟应该怎样度过自己的一生？人生的意义、生命的价值是什么？……这是关于生命的哲学话题，也是我们人生必须直面的现实问题。尼·奥斯特洛夫斯基根据自身经历创作的长篇小说

《钢铁是怎样炼成的》:永不褪色的精神路标

《钢铁是怎样炼成的》回答了这些生命话题。让我们走进那个激情燃烧的时代,与保尔·柯察金一道经历命运的挑战与精神的磨炼,汲取成长的力量吧!

## 读后测评:悦读通关考级

### 悦读通关考级卡

《钢铁是怎样炼成的》　作者:_____　体裁:_____　阅读时长:_____

| 闯关等级 | 参考问题 | 我来回答 | 评价等级 | | |
|---|---|---|---|---|---|
| | | | 优秀 | 合格 | 待提高 |
| 第一关 | 谁是保尔走上革命道路的人生导师?哪些人、哪些事对他的人生产生了影响? | | | | |
| 第二关 | 你如何理解小说标题的含义?请你联系具体事例说明保尔是如何炼成钢铁战士的。 | | | | |
| 第三关 | 保尔遭受了哪些人生挫折?他走出人生困境的原因有哪些?给你怎样的启示? | | | | |
| 通关感悟: | | | | | |

199

## 第5—6课时 《钢铁是怎样炼成的》读书会

**任务一:** 致敬英雄理情节

### 活动一:绘情节思维导图

一、活动要求

绘制情节思维导图。情节思维导图绘制符合规范,情节概括精练、准确,与原著相符。

二、悦读创作

《钢铁是怎样炼成的》情节思维导图

### 活动二:情节思维导图演讲稿

一、活动要求

撰写《钢铁是怎样炼成的》情节思维导图演讲稿,汇报演讲要结合情节思维导图概说,主次分明,层次清晰,能表达自己真实的阅读体验。

## 二、悦读创作

### 《钢铁是怎样炼成的》情节思维导图演讲稿

### 活动三：致敬英雄

**一、活动情境**

有人说,现在的青少年像温室里的花朵,没有经历过百炼成钢的磨炼,从而心理脆弱,人际关系敏感,"玻璃心",怕吃苦……,未来的人生经不起风雨的吹打。你是否认同此观点？总览《钢铁是怎样炼成的》情节思维导图,就像观看一部概说英雄事迹的纪录片;阅读《钢铁是怎样炼成的》,读者就像是与保尔等英雄人物同行的战地记者,保尔他们的英雄事迹,在你的内心产生了怎样的情感涟漪？不管是民族危亡的战争年代,还是我们现在生活的和平年代,任何时代都需要英雄,需要理想信念,需要爱国情怀,需要责任担当,需要迎难而上,需要阳刚精神,需要坚忍顽强,需要向阳而生……

**二、活动要求**

为了弘扬英雄精神,引领青少年健康成长,《钢铁是怎样炼成的》读者俱乐部征集"致敬钢铁英雄,弘扬阳刚文化"主题活动,请你任选一个角度,联系英雄事迹,说几句感言致敬英雄,让英雄精神浸润心灵,助力我们的精神成长,弘扬有阳刚精神的正能量文化。

三、悦读创作

### 致敬英雄感言

### 任务二：英雄联盟评人物

#### 活动一：保尔成长轨迹

一、活动要求

1. 绘制保尔成长轨迹思维导图，含时间、地点、成长变化等要素。

2. 撰写汇报演讲稿。演讲稿除了包含思维导图的内容，还要有个人的阅读体验与评价。

二、悦读创作

### 保尔成长轨迹思维导图

### 保尔成长轨迹思维导图演讲稿

### 活动二：主要人物形象分析

一、活动要求

1. 绘制主要人物形象思维导图。

2. 撰写主要人物形象思维导图汇报演讲稿。演讲稿除了包含思维导图的内容,还要有个人的阅读体验与评价。

二、悦读创作

### 主要人物形象思维导图

**主要人物形象思维导图演讲稿**

### 活动三：次要人物形象研究

一、活动要求

1. 绘制次要人物形象思维导图。

2. 撰写次要人物形象思维导图汇报演讲稿。演讲稿除了包含思维导图的内容,还要有个人的阅读体验与评价。

二、悦读创作

**次要人物形象思维导图**

次要人物形象思维导图演讲稿

## 任务三：英雄是怎样炼成的

### 活动一：探秘英雄炼成要素

**一、活动要求**

1. 绘制英雄炼成要素思维导图。

2. 撰写英雄炼成要素思维导图汇报演讲稿。演讲稿除了包含思维导图的内容，还要有个人的阅读体验与评价。

**二、活动支架**

1. 英雄炼成要素探寻角度：外因——环境，内因——人物精神内核。

2. 英雄炼成要素探寻方法：从动作、语言、神态、心理等人物描写角度探索人物内在的情感、思想、人生观、世界观、价值观等性格品质和精神内核。从小说情节的矛盾冲突、小说艺术手法等方面去体察英雄的成长变化过程。

## 三、悦读创作

### 英雄炼成要素思维导图

### 英雄炼成要素思维导图演讲稿

### 活动二：提炼钢铁精神核心

**一、活动要求**

1. 你觉得钢铁精神的核心是什么？乐观、坚强、进取、奉献……？小组合作，绘制钢铁精神核心提炼思维导图。

2. 撰写钢铁精神核心提炼思维导图汇报演讲稿。演讲稿除了包含思维导图的内容，还要有个人的阅读体验与评价。

**二、活动支架**

1. 根据小说具体内容和人物精神内核，提炼表现钢铁精神核心的几个关键词。

2. 根据关键词提出分论点,用小说中的典型事件或细节论证论点。

3. 结合自己的学习或现实生活论证自己的观点,获得自己的成长养分。

### 三、悦读创作

《钢铁是怎样炼成的》钢铁精神核心思维导图

《钢铁是怎样炼成的》钢铁精神核心思维导图演讲稿

活动三：探究英雄现实价值

### 一、活动要求

任选下面的话题,联系小说内容和现实生活,探究英雄的现实价值,写一篇演讲稿或小论文。

话题一:关于"苦难·磨炼·钢铁精神"。有人认为钢铁精神已经过时了,现在的和平年代不需要保尔那样的英雄,奥斯特洛夫斯基是特殊年代的特殊典型,现实生活中也没有保尔这种英雄。你怎么看待此观点?你觉得保尔的钢铁精神还有现实价值吗?你觉得生命的意义是什么?

话题二:关于"青春·理想·奋斗"。青春是生命送给我们最好的礼物,但现在有些年轻人选择了"躺平",甚至"摆烂",认为为理想而奋斗,为民族伟大复兴而努力是"心灵鸡汤",人生的意义是管好自己,及时行乐就好。你怎么看待此观点?

## 二、悦读创作

### 探究英雄现实价值

## 第7课时　《钢铁是怎样炼成的》读书会颁奖与评价总结

### 一、读书会颁奖

(一)奖项设置

读书会总冠军,前十名读书好少年。最强团队奖、最佳演说家、最佳主播奖、最佳队友奖、黑马奖、最佳点评家等各类活动单项奖。

(二)奖项类别

分团体奖和个人奖。根据整本书悦读任务群各项活动的读书会作品展示分享,包括线下和线上的成果展示,通过线上投票评选最佳团队和个人单项奖。

## 二、《钢铁是怎样炼成的》整本书悦读课程评价与总结反思

| 单元任务 | 学习内容 | 基本标准 | 自评 | | | 组评 | | |
|---|---|---|---|---|---|---|---|---|
| | | | 优秀 | 良好 | 合格 | 优秀 | 良好 | 合格 |
| 读前导 | 1. 认识英雄原型人物。<br>2. 保尔的学校生活。<br>3. 保尔的打工生活。<br>4. 少年保尔的浪漫。<br>5. 英雄是怎样炼成的。 | 1. 了解作家、作品。<br>2. 演读保尔成长历程中的相关情节,表演语言、表情生动,符合人物性格特征,评说人物有理有据,准确概括人物性格特点,语言精练,有自己的见解。<br>3. 结合小说细节,能解读英雄人物的成长变化和钢铁精神内涵。<br>4. 结合小说社会背景和具体内容,体会人物生活的环境,感悟英雄人物的价值观与理想信念,运用审辩式思维剖析英雄成长的综合因素与内驱力,感受钢铁精神与爱国情怀。<br>5. 能制定评选标准,评选最佳表演奖、最佳评论、最佳鉴赏者、最佳深度思考者。 | | | | | | |
| 读中导 | 1. 制订阅读规划,完成阅读挑战卡。<br>2. 编英雄小传。<br>3. 悟英雄本色。<br>4. 赏精妙语言。<br>5. 感议论语句。<br>6. 寻生命意义。<br>读后测评:悦读通关考级 | 1. 阅读计划具有可行性。<br>2. 小组分工合作编英雄小传,拟章节标题,概括情节,语言精练。<br>3. 能结合人物细节描写体察人物的心理和情感,感受英雄的成长过程。<br>4. 赏析语言,点评精彩的描写句、抒情句、议论性的名言警句,赏析点维度丰富,赏析语言精练,有文采,结合小说具体内容,有自己的阅读体验。 | | | | | | |

续表

| 单元任务 | 学习内容 | 基本标准 | 自评 优秀 | 自评 良好 | 自评 合格 | 组评 优秀 | 组评 良好 | 组评 合格 |
|---|---|---|---|---|---|---|---|---|
| | | 5.座右铭能联系小说内容发表观点，联系生活，观点鲜明，有哲理。 | | | | | | |
| 读书会任务一：致敬英雄理情节 | 1.绘情节思维导图。<br>2.撰写情节思维导图演讲稿。<br>3.致敬英雄。 | 1.绘制情节思维导图，关键信息准确，符合思维导图特点；情节概括关键词准确；演讲稿与思维导图结合，有感染力。<br>2.评英雄本色能结合小说和现实生活阐述感悟，观点鲜明，有理有据。<br>3.能制定评选标准，评选最佳编辑、最佳演说家、最佳点评小组和个人、最佳思维导图、最有创意者、最有智慧者。 | | | | | | |
| 读书会任务二：英雄联盟评人物 | 1.保尔成长轨迹。<br>2.主要人物形象分析。<br>3.次要人物形象研究。 | 1.绘制保尔成长轨迹思维导图、主要人物形象思维导图、次要人物形象思维导图，关键信息准确，符合思维导图特点；概括人物性格特征准确；演讲稿与思维导图结合，有感染力。<br>2.能脱稿演讲，声音洪亮，语言流畅，语气、表情、动作等表演富有感染力。<br>3.人物点评符合原著中的性格特征，能从原著中梳理观点，寻找证据，有理有据，观点新颖，语言精练，有文采。 | | | | | | |

续表

| 单元任务 | 学习内容 | 基本标准 | 自评 优秀 | 自评 良好 | 自评 合格 | 组评 优秀 | 组评 良好 | 组评 合格 |
|---|---|---|---|---|---|---|---|---|
| | | 4.制定评选标准,评选最佳思维导图、最佳演讲者、最佳评委、最有深度奖、最有创意奖。 | | | | | | |
| 读书会 任务三: 英雄是怎样炼成的 | 1.探秘英雄炼成要素。 2.提炼钢铁精神核心。 3.探究英雄现实价值。 | 1.能结合小说社会背景、人物性格、典型事件、矛盾冲突等综合因素分析保尔的成长,探究英雄炼成的关键要素,思路清晰,有理有据。 2.抓住钢铁精神核心,探究英雄现实价值,能结合原著细节,联系现实生活,有自己的阅读体验和真实感受,有自己的见解和成长启示,观点鲜明,层次清晰,有理有据,语言精练。 3.绘制英雄炼成要素和钢铁精神内核的思维导图,关键信息准确,符合思维导图特点;要素提炼关键词准确;演讲稿与思维导图结合,有感染力。 4.制定评价标准,评选最佳思维导图、最佳演说家、最有深度奖、最有创意奖、最佳探究者、最佳小论文、最有智慧奖。 | | | | | | |

总结反思:

读创共生：整本书悦读课程设计·七年级

附：《钢铁是怎样炼成的》整本书悦读读创成果展示

**任务一**：致敬英雄理情节

### 活动一：绘情节思维导图
### 《钢铁是怎样炼成的》情节思维导图

李振宇小组

| 第一部 | 钢铁是怎样炼成的 | 第二部 |
|---|---|---|
| 辍学打工 | | 保尔和丽达 |
| 一次冒险 | | 保尔得伤寒 |
| 爱情的萌芽 | | 保尔回归 |
| 残酷的战争 | | 保尔转为正式党员 |
| 保尔被抓 | | 列宁逝世 |
| 保尔被释放 | | 保尔住进疗养院 |
| 谢廖沙参加红军 | | 保尔病情恶化 |
| 保尔头部受创 | | 收获爱情 |
| 保尔重返故乡 | | 百炼成钢 |

### 活动二：情节思维导图演讲稿
### 《钢铁是怎样炼成的》情节思维导图演讲稿

李振宇

尊敬的老师、亲爱的同学们：

大家好！

我是李振宇。今天我要给大家汇报的主题是"《钢铁是怎样炼成的》的情节概括"。

第一部：保尔在十二岁时就因与神父作对被退学，所以保尔只能提前步入社会。保尔十四岁时，沙皇被推翻。这一时期保尔结识了他一生的好朋友——朱

212

赫来,朱赫来对保尔的思想成长起了很大的作用。后来,在一次钓鱼时保尔认识了自己的初恋情人——冬妮亚。

有一天晚上,朱赫来被抓了,保尔成功救出了朱赫来,但是自己却被告发,进了凄冷的牢房。后来因为彼得留拉的错误,保尔被释放了。释放后,保尔立刻投身革命。在一次与波兰白军的战斗中,保尔的腿部受伤,后又在一次冲锋中头部受伤。经过多次受伤后,保尔回到了家乡休养,但是,两个星期后,保尔又回到了基辅。

第二部:保尔与丽达参加了团代会。随后,保尔在修路中得了伤寒病倒。保尔回家休养了一个月又回到了工作岗位上。虽然保尔的病情在不断加重,但他还是努力工作。终于,他得到回报——他正式成为一名共产党员。

保尔参加全俄代表大会后,被鉴定出中枢神经系统受损伤,他不得不放下工作,到海滨疗养。保尔离开疗养院不久就在工作时出了车祸,右腿受伤。不久保尔的病情继续加重,先是双腿瘫痪,然后是双目失明。疾病一直干扰着保尔,在多次手术而康复无望后,保尔定居莫斯科,开始了他的写作生涯,开启了新的生活。

第一部中,我印象最深的是保尔打劫小男孩的情节,体现出少年保尔的纯真。

大家还记得吗?保尔想要一支枪,正好有一个小男孩拿着一支枪走过,他就去抢夺小男孩的枪。小男孩见他大白天拦路抢劫,气得要命,就朝他直扑过去。保尔端起刺刀,喊道:"你已经有一支枪——也够了,这支给我吧。"

看到这个片段时,我笑出了声。少年保尔是那样天真。保尔的心纯洁得就像明净无瑕的白玉,没有一丝丝的杂质。这是最可贵的!要想炼出好钢,必须要有纯净的生铁!

在第二部中,我印象最深的情节是保尔的写作生涯,体现出成年保尔的坚忍。

"当他认为有几页写得不成功,就亲自动手重写……他对丧失了视力的生活极其痛恨,他把铅笔一支支地弄断,从他那被咬破的嘴唇上渗出一滴滴的鲜血。"

看到这里,我被保尔的坚忍所震撼。保尔都已经全身瘫痪、双目失明了还依然想着奉献自己。这是多么伟大啊!有多少人能够做到这种地步呢?保尔的伟

## 读创共生：整本书悦读课程设计·七年级

大有必然性也有偶然性。他少年时的纯真加上成年时的努力与坚忍，才造就了他的伟大！

好的生铁才能练出好钢！保尔脱离了庸俗和卑下，把自己的生命献给了党和国家，才造就了"钢铁战士"！

### 任务二：英雄联盟评人物

#### 活动一：保尔成长轨迹

**保尔成长轨迹思维导图**

喜丽颖　王昱雯

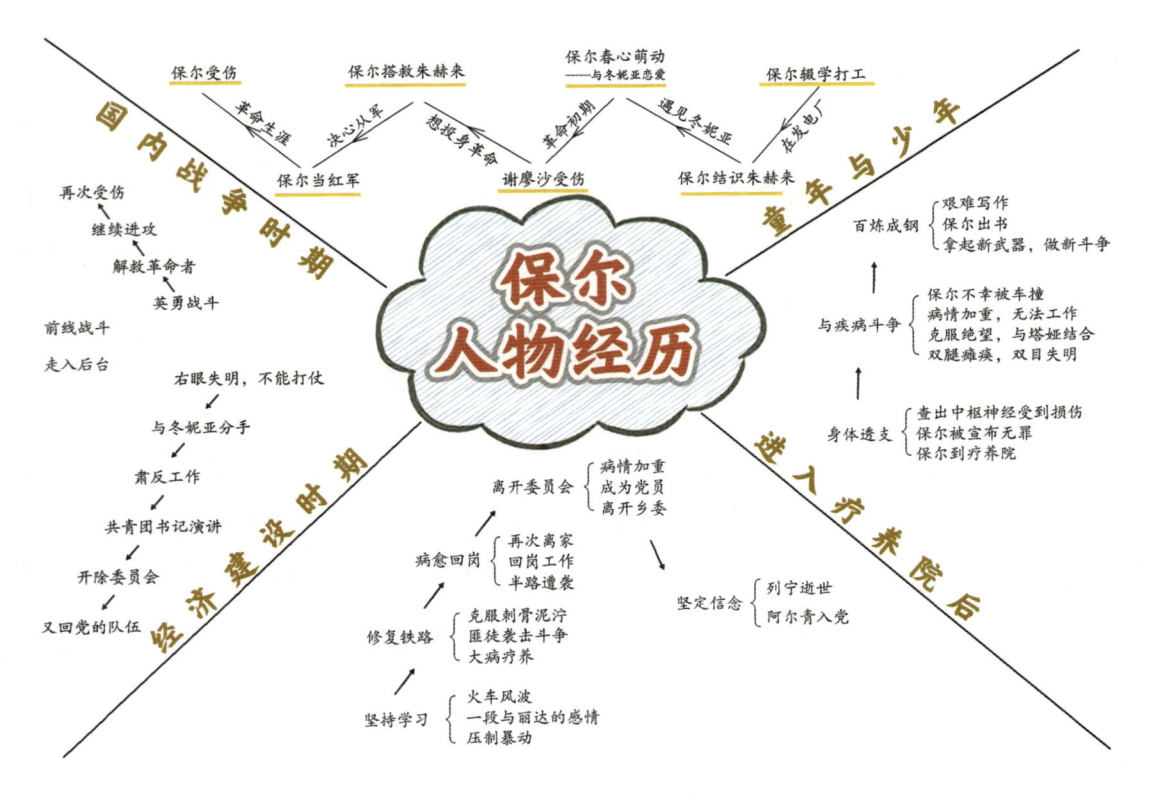

（思维导图内容：）

**保尔人物经历**

**童年与少年**
- 保尔受伤：革命生涯、决心从军 → 保尔当红军
- 保尔搭救朱赫来：想投身革命、革命初期 → 谢廖沙受伤
- 保尔春心萌动——与冬妮亚恋爱：遇见冬妮亚 → 保尔结识朱赫来
- 保尔辍学打工：在发电厂

**进入疗养院后**
- 百炼成钢：艰难写作、保尔出书、拿起新武器，做新斗争
- 与疾病斗争：保尔不幸被车撞、病情加重，无法工作、克服绝望，与塔娅结合、双腿瘫痪，双目失明
- 身体透支：查出中枢神经受到损伤、保尔被宣布无罪、保尔到疗养院
- 坚定信念：列宁逝世、阿尔青入党

**经济建设时期**
- 病情加重、成为党员、离开乡委 ← 离开委员会
- 再次离家、回岗工作、半路遭袭 ← 病愈回岗
- 克服刺骨泥泞、匪徒袭击斗争、大病疗养 ← 修复铁路
- 火车风波、一段与丽达的感情、压制暴动 ← 坚持学习

**国内战争时期**
- 再次受伤
- 继续进攻
- 解救革命者
- 英勇战斗
- 前线战斗
- 走入后台
- 右眼失明，不能打仗
- 与冬妮亚分手
- 肃反工作
- 共青团书记演讲
- 开除委员会
- 又回党的队伍

**保尔成长轨迹思维导图演讲稿**

喜丽颖小组

尊敬的老师，亲爱的同学们：

大家好！我是喜丽颖。

我们今天汇报的主题是"保尔的成长轨迹"。

童年与少年时期的保尔身上总是有一股不服输的气质，他之后的人生也深受这种性格影响。

童年时期的保尔，因为反对神父而被赶出学校，因为不服阶级差距而被赶出打工的餐厅。在结识革命引路人朱赫来后，保尔从平常的聊天中接触到了许多新奇的事物。

保尔与冬妮亚的认识是意外的，尽管他们出身不同，人生志向不同，但还是有了一次短暂的恋情。在朱赫来的革命思想熏陶下，保尔与冬妮亚越来越疏远。为了救朱赫来，保尔进了监狱，后因一些意外情况而被释放。

保尔有了新的志向，为了伟大的理想，他告别自己朝夕相处的人们，踏上从未走过的道路，成为红军的一员。

走上革命道路是要付出代价的，保尔不得不克服各种困难，也正是在这一个阶段，他磨炼出了钢铁般的意志。

保尔凭借钢铁般的意志走向国内战争的战场，他驰骋疆场，勇往直前，解救了一大批革命者，不料，在一次战争中，一个弹片击中了他。

受伤后，保尔右眼失明，不能再上战场，加上他与冬妮亚的分手，阿廖沙的死亡，都让他受了不少打击，但他依然充满革命的热情。他接连到肃反委员会、共青团团部工作，回到正常的工作岗位上，他的青春时光才刚刚开始。

保尔的青年时期，是饱受战火洗礼的，这些困难磨炼了他的意志。正因这些不寻常的经历，才让他更能感受到生命的珍贵之处。

保尔在战火中仍然坚持学习，尽管道路不那么平坦，困难重重，但保尔总能够想办法克服。平静的社会表面下还有许多苟延残喘的暴动势力，尽管暴动被镇压了，但是新的麻烦又出现了。铁路成了一大问题，粮食和木柴无法运送，保尔投身于铁路修筑。但是好景不长，他因病离开了工作岗位，回家休养。

病还没痊愈，保尔便回到了岗位，战后的建设工作还有许多。

保尔和安娜遭遇了袭击，匪徒被保尔打死。在庆祝朋友婚礼的晚会上，保尔和朋友们尽情地狂欢着。

回到工作岗位上，不顺心事还是有很多，身体伤痛就是其中一个，尽管如此，理想依旧闪着耀眼的光，保尔的努力没有白费，他成了一名共产党员。

列宁的逝世更加坚定了人们入党的决心，理想实现的那一刻仿佛就在眼前，人们因为同一个目标聚在了一起。

保尔的健康状况不断恶化，他不仅仅是中枢神经损伤，还遇到了车祸，然后双腿瘫痪，双目失明，已经无法工作。

保尔会一蹶不振吗？不会，他以惊人的毅力坚持学习，尝试写作，最终小说出版。他以笔为武器，在文学战线上展开了新的斗争。

保尔作为一个钢铁人物的代表，他的人生充满了无数的波折，但他坚强，有信念，最后实现了人生的价值。

## 活动二：主要人物形象分析
### 《钢铁是怎样炼成的》主要人物形象思维导图
林夏萍小组

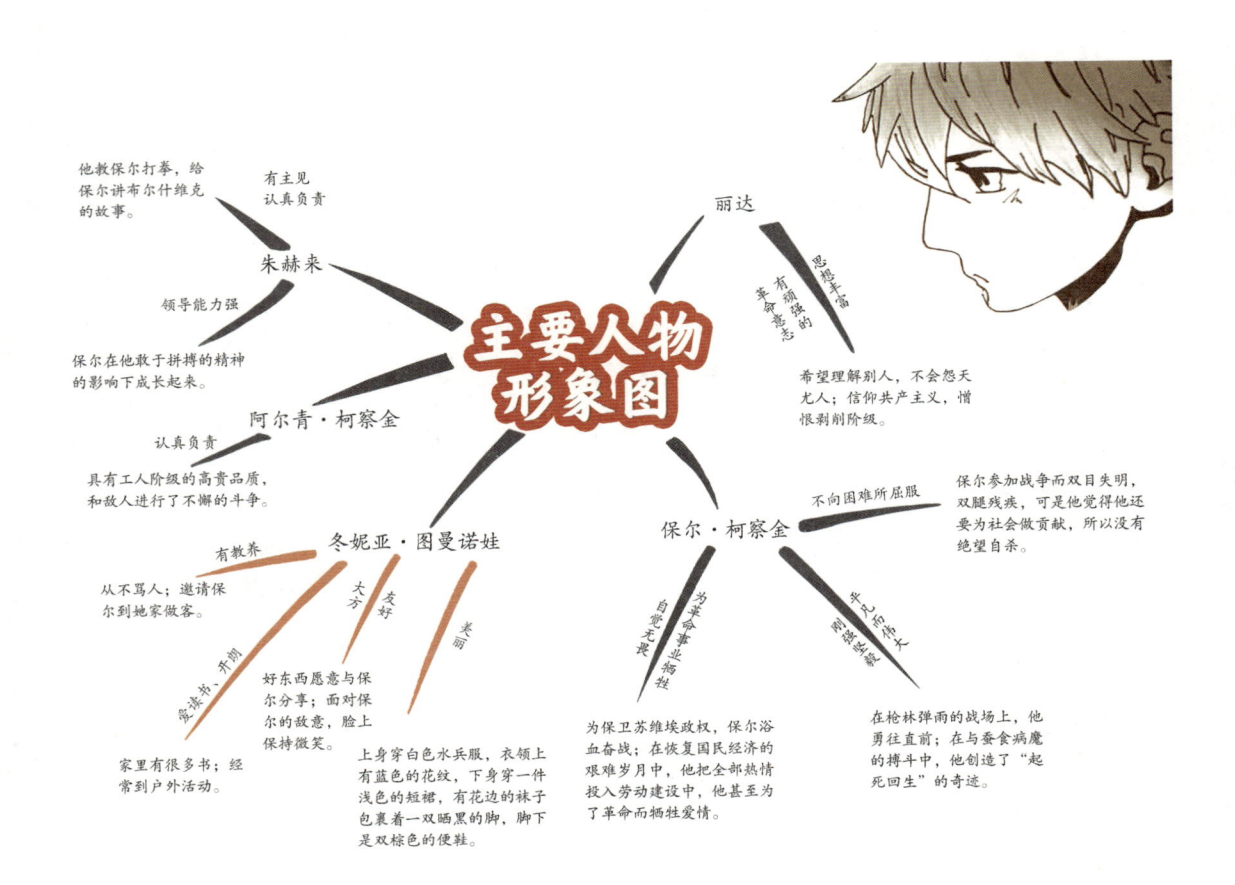

**主要人物形象图**

**朱赫来**
- 他教保尔打拳，给保尔讲布尔什维克的故事。
- 有主见，认真负责
- 领导能力强

**阿尔青·柯察金**
- 保尔在他敢于拼搏的精神的影响下成长起来。
- 认真负责
- 具有工人阶级的高贵品质，和敌人进行了不懈的斗争。

**冬妮亚·图曼诺娃**
- 有教养
- 从不骂人；邀请保尔到她家做客。
- 大方
- 友好
- 爱读书、开朗
- 好东西愿意与保尔分享；面对保尔的敌意，脸上保持微笑。
- 家里有很多书；经常到户外活动。
- 上身穿白色水兵服，衣领上有蓝色的花纹，下身穿一件浅色的短裙，有花边的袜子包裹着一双晒黑的脚，脚下是双棕色的便鞋。

**丽达**
- 思想丰富
- 有顽强的革命意志
- 希望理解别人，不会怨天尤人；信仰共产主义，憎恨剥削阶级。

**保尔·柯察金**
- 不向困难所屈服
- 保尔参加战争而双目失明，双腿残疾，可是他觉得他还要为社会做贡献，所以没有绝望自杀。
- 为革命事业牺牲
- 自觉无畏
- 为保卫苏维埃政权，保尔浴血奋战；在恢复国民经济的艰难岁月中，他把全部热情投入劳动建设中，他甚至为了革命而牺牲爱情。
- 中之后专长
- 顽强抗争
- 在枪林弹雨的战场上，他勇往直前；在与蚕食病魔的搏斗中，他创造了"起死回生"的奇迹。

## 《钢铁是怎样炼成的》主要人物形象演讲稿

杨耀勋

尊敬的老师,亲爱的同学们:

大家好!

我是杨耀勋。今天我汇报的是"《钢铁是怎样炼成的》主要人物形象分析"。

首先,介绍小说的主人公保尔·柯察金。

保尔是一个勇于献身、拼命工作、可歌可泣的钢铁英雄形象。

在小说开始,保尔爱憎分明和疾恶如仇的性格就已经显现。他在小说中是正义的化身,是击退恶势力的英雄人物。

他身上有这样的钢铁性格:不畏艰难困苦,勇往直前,永不言败,顽强生活。

保尔自我献身的精神、坚定不移的信念、顽强的意志、崇高的道德品质让人敬仰。他的一生都在为共产主义理想奋斗。

第二个人物是朱赫来。朱赫来是保尔的革命引路人,在朱赫来的指引下,保尔最终成长为具有钢铁般意志的革命英雄。

第三个人物是丽达。丽达在小说中所占篇幅虽然不多,却给人留下了鲜活的印象。丽达是一个共产党员,善于出谋策划。她最初是和谢廖沙一起工作。在这期间,她曾与谢廖沙恋爱。可她热爱工作,不让私人感情影响工作大局。同时,丽达也是传播共产主义思想的主要人物。她在宣传列车上做了许多宣传报,还粘贴出来。她还会给那些新加入共产党或那些有反叛心理的人上政治课,净化他们的思想,让共产主义思想深入他们心中,洗礼他们的心灵。正是有了丽达这位共产主义宣传者的热情,才促使了更多的人积极入党。所以,丽达是一个不能被忽视的人物。

## 活动三：次要人物形象研究
## 《钢铁是怎样炼成的》次要人物形象思维导图演讲稿
## 火车上的抉择

田培才

尊敬的老师，亲爱的同学们：

大家好！

《钢铁是怎样炼成的》这本书中，有许许多多不起眼的小角色，他们在书中，可能只是一笔带过，寥寥几笔就在书中消失。但从这些小人物身上，我们也能发现高贵的品质或伟大的精神。

波利托夫斯基和保尔的哥哥阿尔青一起在机车库工作。在朱赫来组织的铁路工人大罢工中，波利托夫斯基、阿尔青和布鲁扎克被抓了起来，德国人强迫他们三人编成一个列车司机组，将满列车的德国人送到起义地去消灭起义者。在德国人尖锐刺刀的威逼下，他们屈服了。然而，在通向目的地途中，波利托夫斯基的反抗意识开始觉醒。"如果运送这群畜牲去镇压自己人，那么我们一生都将蒙受耻辱。"在这种意识的驱动下，他说服了阿尔青和布鲁扎克，三个人冒着生命危险，冒着家人遭受屠杀的危险，奋不顾身地杀死了看守他们的德国兵，随即将列车减速，三人跳下车逃走，让德国人的计划破灭。

读到这个地方，我陷入沉思：是什么力量驱使着波利托夫斯基不顾自身与家人的安危去杀那个德国人？或许是对革命的追求，对建立苏维埃政权的渴望以及对祖国的忠诚。他相信革命会带来一个民主的祖国。他身上的革命精神、爱国精神与自我奉献精神着实让我敬佩。

读完波利托夫斯基的故事，我豁然意识到：祖国是人民的靠山，没有了祖国，人民也就没有了身份。回想自身，我们出生在一个安全富足的国家，没有暴力、枪支，民族团结，人民友善。祖国为我们提供了物质、安全、尊严，而世界上有不少国家是做不到这一点的。正因如此，我们更应该努力报效祖国，报答祖国所给予我们的一切。所以，波利托夫斯基的抉择是正确的，因为总有一种东西，比生命更重要，那就是自己的祖国。

## 时代洪流中的无数尘埃
### ——《钢铁是怎样炼成的》俄国民众形象分析
沈少阳

尊敬的老师,亲爱的同学们:

大家好!

在《钢铁是怎样炼成的》当中,领导有力的布尔什维克令人惊叹,但书中那描写不多的普通的俄国民众也值得我们关注。他们同样有血有肉,有自私的,有勇敢的,有勤劳的。

自私的人随处可见,他们鼠目寸光,不顾及他人,仅为自己的利益考虑。在书中,一个小市民匆忙起床打听消息以决定挂什么旗帜的描写令人印象深刻;在革命胜利后不久,虽然共产党控制了全国,但人们没有从这场伟大的变革中缓过神来,当丽达与保尔希望上火车时,火车上有许多自私的家伙,他们占用稀缺的交通资源,使得真正有需要的人无法登上火车。

但人群中也不缺少勇敢的人。当德国人来缴枪时,相当一部分俄国人选择了保留枪支,这样的勇气值得我们敬佩。而当局势稳定后,"全国掀起了为钢铁而战的空前热潮,人们迸发出举世罕见的建设热情"。无数人为了共同的建设目标团结在一起,创造了社会主义建设的一个个奇迹。

读完《钢铁是怎样炼成的》之后,我发现在时代的洪流中,一个人的努力如同尘埃般渺小。但我再总览全书时,感受到正是这无数的尘埃形成的时代洪流,决定着国家和民族的未来。我们生长在中国这个安定和平的国家中,应当为中国的事业尽一份自己的力量。也许现在的我们不能直接投入到国家建设中,但我们可以在生活中端正自己的思想,形成正确的价值观。我始终坚信,认真学习,全面成长,总有一天我们可以用自己的努力为中国的繁荣富强贡献力量!

**任务三：英雄是怎样炼成的**

**活动一：探秘英雄炼成要素**

### 英雄炼成要素思维导图

黄滋姿小组

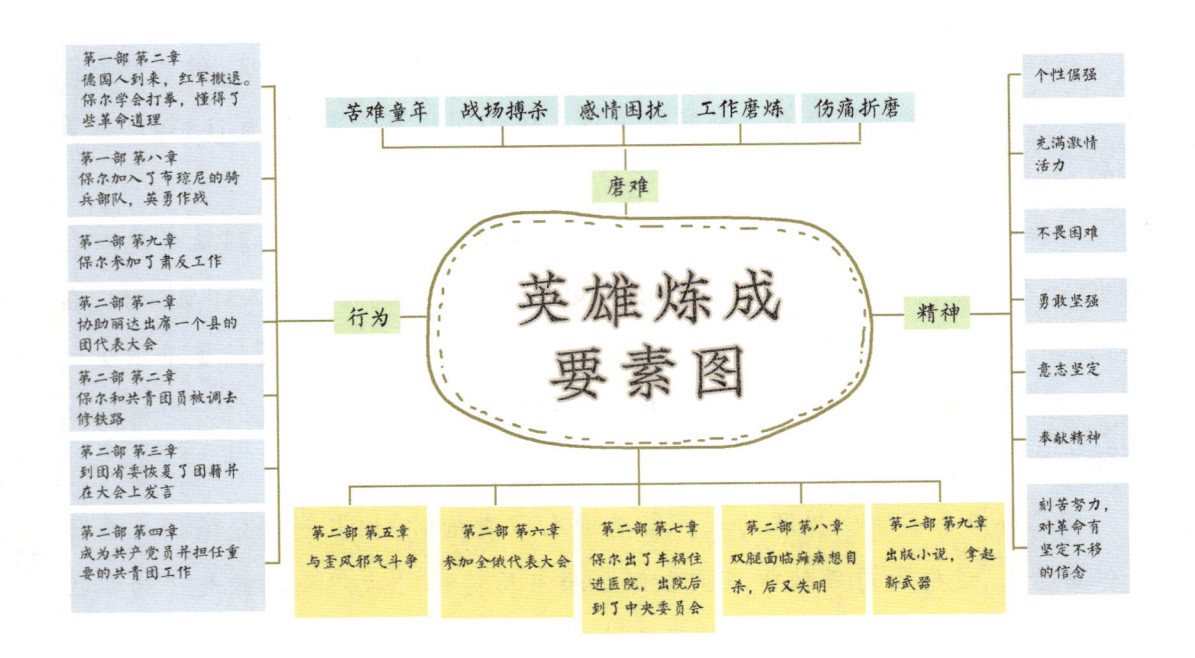

**磨难：** 苦难童年、战场搏杀、感情困扰、工作磨炼、伤痛折磨

**行为：**
- 第一部 第二章 德国人到来，红军撤退。保尔学会打拳，懂得了些革命道理
- 第一部 第八章 保尔加入了布琼尼的骑兵部队，英勇作战
- 第一部 第九章 保尔参加了肃反工作
- 第二部 第一章 协助丽达出席一个县的团代表大会
- 第二部 第二章 保尔和共青团员被调去修铁路
- 第二部 第三章 到团省委恢复了团籍并在大会上发言
- 第二部 第四章 成为共产党员并担任重要的共青团工作
- 第二部 第五章 与歪风邪气斗争
- 第二部 第六章 参加全俄代表大会
- 第二部 第七章 保尔出了车祸住进医院，出院后到了中央委员会
- 第二部 第八章 双腿面临瘫痪想自杀，后又失明
- 第二部 第九章 出版小说，拿起新武器

**精神：** 个性倔强、充满激情活力、不畏困难、勇敢坚强、意志坚定、奉献精神、刻苦努力，对革命有坚定不移的信念

### 英雄炼成要素思维导图演讲稿

黄滋姿　苏　政

尊敬的老师，亲爱的同学们：

大家上午好！

今天我们要给大家汇报我们组做的思维导图，主题是"英雄炼成的要素"。在《钢铁是怎样炼成的》这本书中，我们看到了个性倔强、不畏困难的保尔，他的人生是多姿多彩、起起伏伏的。那么，他经历了什么磨难，才练就了钢铁一般的意志呢？

我们将英雄炼成要素总结为以下三个部分：第一个是行为部分，第二个是磨难部分,第三个则是精神部分。

保尔的英雄行为贯串了全书:第一部第二章,保尔学会打拳并开始接受一些革命道理;第八章,保尔加入布琼尼的骑兵部队,英勇作战;第九章,保尔参加了肃反工作。第二部第一章,保尔协助丽达参加了一个县的团代表大会;第二章,保尔和共青团员被调去修铁路;第三章,保尔到团省委恢复了团籍并在大会上发言;第四章,保尔真正成为共产党的正式党员且担任重要的共青团工作;第五章,保尔与歪风邪气斗争;第六章,保尔参加全俄代表大会;第七章,保尔出了车祸,住进了医院,出院后来到中央委员会;第八章,保尔面临双腿瘫痪想自杀,后又失明;第九章,出版小说,以笔做武器。

钢铁意志的炼成绝对不是仅凭想象就能成功,而是要靠行为才能铸就一个不平凡的人生。

保尔的人生不是一帆风顺的,他经历了许多磨难,他人生中的磨难可以概括成五个点:苦难的童年、战场的搏杀、感情的困扰、工作的磨炼、伤痛的折磨。

在精神方面我们也可以看到英雄炼成的要素。保尔个性倔强、不畏困难、勇敢坚强、意志坚定、执着奉献、对革命坚定不移……

保尔付出的行为、拥有的精神和经历的磨难,造就了他不平凡的人生,这就是英雄炼成的要素。

我们组的汇报结束,谢谢大家。

## 出淤泥而不染
### ——论钢铁英雄炼成的基础
### 吴静虹

古有周敦颐爱莲之出淤泥而不染,今有奥斯特洛夫斯基赞保尔在烈火中百炼成钢。在我看来,保尔和莲之间异曲而同工,少年保尔也具有出淤泥而不染的美好品质。

"中通外直,不蔓不枝"。保尔敢于反抗权威,不攀附,不谄媚。

迫使保尔辍学的一个主要原因,是保尔质疑了神父,质疑了《圣经》。这个封建而残酷的神父不但没有听取保尔有依据的质疑,而且痛打了保尔一顿,钳制了孩子们的思想。然而毒打使保尔内心的反抗火种愈加热烈,这为后来保尔在神父家补考时偷撒烟灰的情节做了铺垫。

"亭亭净植"。少年保尔在车站那般肮脏混乱的环境中洁身自好,不与之同流合污,同情同样不被平等对待的伙伴。"每天夜里,等到营业部的两个大厅都消停下来,服务员们就一个个溜到下面,聚集在厨房的储藏室内,进行疯狂的赌博",他们甚至嫖娼。保尔的朋友弗罗霞遭到了服务员普罗霍什卡的欺骗,出卖了自己的身体,换来的却是他对她的冷嘲热讽。保尔看到了最底层的黑暗,他憎恨那帮堂倌,惋惜弗罗霞。保尔与堂倌的无耻、奸诈形成了鲜明的对比。

"香远益清"。保尔还是一个不满足于出卖体力的劳动者,是一个追求智慧的学习者。在车站餐厅厨房间那样恶劣的环境下,保尔依旧和朋友克利姆卡坚持在一堆柴火旁读书。保尔从书中汲取知识,了解时事,涵养品格,这也为他成为钢铁英雄奠定了坚实的基础。

烈火煅烧是炼成钢铁的基础,苦难的磨炼是成为英雄的前提,我们也要坚守初心,练就并弘扬钢铁精神!

### 活动二:提炼钢铁精神核心

#### 《钢铁是怎样炼成的》钢铁精神核心思维导图

姚建廷小组

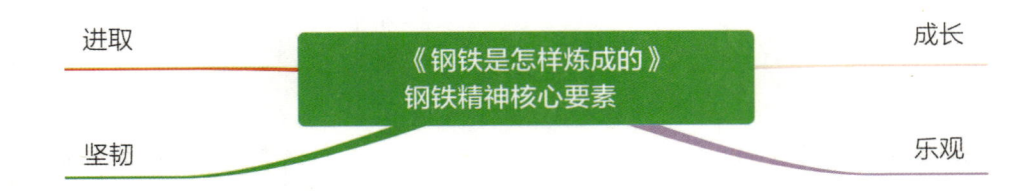

进取　　　　《钢铁是怎样炼成的》钢铁精神核心要素　　　　成长

坚韧　　　　　　　　　　　　　　　　　　　　　　　　乐观

## 《钢铁是怎样炼成的》钢铁精神核心思维导图演讲稿

姚建廷

尊敬的老师,亲爱的同学们:

大家好!

今天我来给大家解析一下《钢铁是怎样炼成的》这本书中,保尔·柯察金的钢铁精神品质中几个核心的要素,希望同学们在听完之后有所收获。

第一个是进取。在《钢铁是怎样炼成的》这本书中,保尔一直就是一个积极向上的人物形象。少年保尔没有因为被神父赶出学校而被迫去当劳工就自暴自弃,而是玩命地干活,这是他的进取精神。青年时期,保尔毅然决然地加入到了革命队伍当中,即使在暴风雪中身着单衣也依然跟随着队伍前行,这是他的进取精神。在和平建设时期,双腿瘫痪、双目失明都没有击垮保尔,他坚持不懈的进取精神让他挺了过来,开创了又一崭新的人生境界。

第二个是自我磨炼。没有人能够随随便便就成功,做什么事情都不可能一蹴而就,保尔也是如此。他的优秀品质也并不是生来就有的,而是在艰苦的战斗与生活中磨炼出来的。被赶出学校后,保尔从一个涉世未深的少年成长为一个强壮有力的青年,磨难伴随他一路前行。因受无政府主义思潮影响,保尔缺乏组织纪律观念,在部队中,由于战争对他的磨炼,这个特立独行的毛头小子成长为一名有组织有纪律的红军战士。在社会与生活的压力下,在内在理想的激励中,保尔成长为一个真正的战士,一块经过了千锤百炼的"钢铁"。

第三个是坚韧。少年保尔就拥有了这一良好品质,在面临底层的混混挑衅时,他没有冲动地动手。作为一名红军战士,在行军途中,面对暴风雪的侵袭,他咬牙坚持。在党需要他的时候,顶着寒冷的天气,拖着疲惫的身躯,他依旧坚持着铲雪通路的工作。即使在双腿瘫痪、双目失明后,他依旧凭着顽强的精神挺了过来。坚韧这一品格,可以说贯彻了、也成就了保尔的一生。

第四是乐观。被赶出学校后,保尔没有自暴自弃,依旧乐观向上。在被关进监狱时,他没有后悔帮助朱赫来,而是凭着机智、乐观和好运气,幸运地死里逃生。

进取、自我磨炼、坚韧、乐观，这些核心品质，造就了保尔·柯察金的成长，铸就了"钢铁战士"的不朽形象。愿我们每一个人也具备这些重要的人格品质，创造生命的奇迹，写就无悔的人生！谢谢！

**活动三：探究英雄现实价值**
**保尔，一个永不褪色的名字**

郑佳文

保尔·柯察金，标志着一个时代的名字，一个真正的无产阶级革命者。相信在很多人心中，保尔是最崇高的英雄形象，他身上的光辉品质是许多人一生的追求和向往。今天，让我们一起打开奥斯特洛夫斯基的自传体长篇小说《钢铁是怎样炼成的》，走进钢铁战士——保尔·柯察金。

爱憎分明，敢于反抗。

保尔生活在一个黑暗的时代，统治者剥削压迫，百姓生活困苦。在学校里，他处处被神父刁难。那保尔会屈服吗？不，他以自己的方式反抗。对我不公平是吧？那我就在你准备做蛋糕的面团里撒烟丝。虽说还是被发现并逐出学校，但他不甘屈辱，敢于反抗的精神令人鼓舞。

在车站食堂，保尔拼命干活，却因无心的失误而被解雇。保尔见识了社会上的黑暗和不公，他并没有习以为常，堕落于泥潭，而是勇敢地进行还击，在心中埋下反抗的种子。他向往生活的阳光之处，向往公平的社会环境，他追求一切新事物，渴望打开一个新的天地。这些为他日后参加红军奠定了深厚的思想基础，也让他在日后的革命事业中仍能对性质恶劣的人、事说"不"。

勇敢顽强，不向命运屈服。

在书中，保尔经历了四次的死里逃生。第一次是腿受伤，得伤寒；第二次是保尔忘我地追杀波兰军导致头部受伤，右眼失明；第三次是繁重的肃反工作让保尔的健康情况恶化，不得不停止工作，回家养病；第四次是保尔在修筑铁路时染上了大叶性肺炎和伤寒。从这四次死里逃生中，我们可以看出，保尔敢于向命运挑战，在一次次挫败中成长，练就了钢铁般的意志。

钢铁是在烈火燃烧和急剧冷却里锻炼出来的,保尔就是这块钢铁,在千磨万炼中铸就。作为新时代的中国青年,保尔的精神将永远激励着我们争做新时代的钢铁战士。

### 困境练就钢铁精神

吴佳桂

大家好!

我是吴佳桂。今天我演讲的主题是"困境练就钢铁精神"。

首先我要引用《钢铁是怎样炼成的》的作者奥斯特洛夫斯基的一句话来开始我的演讲:"钢铁是在烈火里燃烧、高度冷却中铸造而成的。只有这样它才能坚硬,什么都不惧怕。"这告诉我们钢铁精神要经历重重艰险才能炼成。书中保尔成为钢铁战士的经历就是最好的证明:在少年时期,保尔在学校受到老师的打骂,也勇于同压迫斗争;长大以后,更是成长为一位顽强不屈的革命战士,修铁路、斗白兵,在自己瘫痪失明的情况下依旧在写作,他为革命事业奉献了自己全部的力量。正是经历了一次次的苦难,保尔才从一个懵懂的少年,成长为伟大的无产阶级革命战士,练就了坚忍不拔、不惧牺牲的永远闪耀着红色光辉的钢铁精神。

保尔的故事发生在20世纪上半叶的俄国革命时期,让我们将目光放到当下的中国,是否也拥有像保尔那般的钢铁精神的人?

我的答案是肯定的。

举一个例子。就在几年前,三位戍边英雄永远离我们而去——陈祥榕,肖思远,王焯冉。在中印边境面对上百人的敌军,他们挡在敌军面前,死死地捍卫着祖国的疆土,最终长眠在了祖国的边疆。他们在敌军面前表现出钢铁一般的顽强意志,誓死捍卫祖国的领土。其他如缉毒警察、消防员等,他们冒着生命危险,在一次次艰难险阻的磨炼下,用自己的钢铁精神,为我们铸就了一座钢铁般牢固的安全长城。

作为当代的中学生,我们是否需要这种钢铁精神呢?我的答案同样是肯定的。当我们深陷学习和家庭关系之间的困境时,是什么在支撑着我们走下去?正是那心中的钢铁意志,那种不畏艰险誓要冲破困境的钢铁精神,支撑着我们冲破困境,看见更广阔的天地。同时,也在时刻提醒我们,只有经历过这些困境,我们才能成为一个更好的具有钢铁精神的自己。

当我们身处困境时,要尽己所能去突破困难,因为这是命运给予我们的考验,是铸就钢铁精神的必由之路。

**读创共生：**
整本书悦读课程设计

# 阅读检测

- 名著阅读考点集萃
- 中考考场真题链接
- 模拟题目实战演练

七年级

陕西师范大学出版总社　西安

# 一、《朝花夕拾》整本书阅读检测

**(一) 中考真题**

1.【2024·云南】结合《朝花夕拾》的内容,谈谈你对书中回忆性散文叙述视角的理解。(2分)

2.【2024·江西】《朝花夕拾》中,鲁迅记录了生命中出现的一些人物,如长妈妈、寿镜吾、藤野先生、范爱农等。你觉得哪个人物对鲁迅影响最深?为什么?请简要陈述。80字以内。(3分)

3.【2024·四川凉山】学校举行文学作品中"我最喜欢的父亲"评选活动,散文集《朝花夕拾》里《五猖会》一文中的父亲没有入选,作为评委会的一员,请你阐述没有入选的理由。(4分)

4.【2023·黑龙江齐齐哈尔】《朝花夕拾》中《父亲的病》和《藤野先生》两文分别写到了"庸医害人"和"看电影事件",这两个事件触发了鲁迅怎样的思想变化?(4分)

5.【2023·甘肃定西】《朝花夕拾》里有鲁迅从少年到青年的成长轨迹,请你根据地

点的转换,完成下面表格。(3分)

| 地点 | 篇目 | 主要内容 |
| --- | --- | --- |
| 故乡 | 《阿长与<山海经>》 | 鲁迅儿时与阿长相处的情景。 |
| | ①_____ | 盼望迎神赛会的急切心情,被父亲强迫背诵《鉴略》的痛苦感受。 |
| | 从百草园到三味书屋 | 在百草园玩耍的时光,在三味书屋读书的经历。 |
| 南京 | ②_____ | 回忆隔壁衍太太和离开绍兴去南京求学的过程。 |
| 日本 | 藤野先生 | ③_____ |

6.【2023·黑龙江齐齐哈尔】阅读下面文字,回答问题。(2分)

但前回的名医的脸是圆而胖的,他却长而胖了:这一点颇不同。他一张药方上,总兼有一种特别的丸散和一种奇特的药引。

文中的"他"指的是_____,这种"奇特的药引"是_____。

7.【2022·四川宜宾】鲁迅《朝花夕拾》书名中"朝花"和"夕拾"即提示了本书编选文章的文体、内容及整体上的写作价值,请任举其中一篇予以简析。(6分)

_____
_____

8.【2022·重庆】根据《朝花夕拾》的相关内容,按要求答题。(6分)

(1)鲁迅写人常用白描,寥寥几笔,人物形象就跃然纸上。请根据书中两处白描填出对应的人名。(2分)

①但前回的名医的脸是圆而胖的,他却长而胖了:这一点颇不同。(_____)

②这是一个高大身材,长头发,眼球白多黑少的人,看人总像在渺视。(_____)

(2)不少读者运用短语来表达对《朝花夕拾》全书的理解,如"慈爱与悲怆""温馨的回忆与理性的批判"等。请另用一个短语表达你的理解,并简述这样表达的理由。(4分)

短语:_____

理由：_____

9.【2022·福建】在名著阅读活动中,请你结合对下面这句话的理解,按要求写一段心得体会,参与交流。(6分)

读经典作品,有利于让自己的思想与大师们联网接轨。

(《义务教育教科书　语文七年级　上册》)

要求：①要有整本书初读和再读的经历与体验;②要有某一部中国名著中你印象最深的内容;③要体现大师思想对你成长的积极影响。

_____

10.【2021·山东临沂】在《朝花夕拾》中,有几篇文章涉及儿童教育问题,有些观点在今天仍有借鉴意义。请你从以下文章中选择一篇或几篇,并结合内容说说鲁迅的儿童教育思想。(4分)

《从百草园到三味书屋》《五猖会》《〈二十四孝图〉》

_____

11.【2021·四川内江】如果鲁迅要为《朝花夕拾》中的人物建一个微信群,名为"'朝花夕拾'之温馨的回忆"。下面哪两个人物不能入群?请选出人物并说明理由。(4分)

双喜　阿长　范爱农　衍太太

_____

12.【2021·江苏苏州】鲁迅先生的作品中常有用笔冷静客观而意含褒贬的写法,下面一例摘自《朝花夕拾》中的《琐记》,请概括其中的"褒贬"之意。(4分)

汉文教员反而慌慌地来问我们道："华盛顿是什么东西呀?……"

[注]为了求新知："我"先到了江南水师学堂,后因水师学堂"乌烟瘴气"更去了矿路学堂。在忆及矿路学堂一次汉文考试的作文题《华盛顿论》之后,鲁迅紧接着写了上

面一句话。

_____

_____

13.【2021·天津】读《朝花夕拾》,消除了我们与经典的隔膜,拉近了我们与鲁迅的距离。在这十篇散文中,我们看到的是具有战斗精神的鲁迅,是饱含深情的鲁迅,是富有童真童趣的鲁迅,是幽默的鲁迅。请结合《朝花夕拾》中相关篇目及内容,从以上四个方面谈谈你的理解。(4分)

_____

_____

14.【2021·山东烟台】下列对《朝花夕拾》中的作品说法有误的一项是(　　　)(2分)

A.《阿长与<山海经>》一文,前半部分写阿长的粗鄙,是为了突出后半部分阿长对"我"的无私关爱。

B.《<二十四孝图>》写的是鲁迅从最早得到的画图本子中,知道了"孝"是艰难的,以此告诫读者"孝"是需要真心付出的。

C.《五猖会》写鲁迅盼望观看迎神赛会时,被父亲强迫背诵《鉴略》,文中父亲对儿童心理的无知和与儿子的隔膜,以及封建思想习俗的不合理,都给我们留下了思考。

D.在《狗·猫·鼠》一文中,鲁迅写了他"仇猫"的原因:残忍,一副媚态,吵到了自己,以为吃了"我"的隐鼠。

15.【2020·福建】阅读下面的文字,按要求作答。(3分)

朝阳照着西墙,天气很清朗。母亲,工人,长妈妈即阿长,都无法营救,只默默地静候着我读熟,而且背出来。在百静中,我似乎头里要伸出许多铁钳,将什么"生于太荒"之流夹住;也听到自己急急诵读的声音发着抖,仿佛深秋的蟋蟀,在夜中鸣叫似的。

(鲁迅《朝花夕拾》)

"我"因什么事"急急诵读"？事后"我"的情绪有什么变化？请简要概括。

_____

_____

(二)模拟演练

1.下列说法不正确的一项是(　　)

A.《琐记》《藤野先生》《范爱农》三篇作品,记述了作者离开家乡到南京、日本求学和回国后的一段经历。

B.范爱农对辛亥革命是非常欢迎的。

C.藤野先生是一个没有民族偏见、为人诚恳正直、治学一丝不苟的人。

D.《狗·猫·鼠》是针对"正人君子"的攻击引发的,嘲讽了他们散布的"流言",表述了对狗"尽情玩弄"弱者、对人又是一副媚态的憎恶。

2.下列关于《朝花夕拾》的叙述正确的是(　　)

A.《父亲的病》中为父亲看病的第二个医生是叶天士。

B.《琐记》中有"肚子疼"绰号的是衍太太。

C.《无常》是对保姆阿长的回忆。

D.《朝花夕拾》内含十篇回忆性散文,是鲁迅先生对于青少年生活的回忆。

3.下列关于《朝花夕拾》内容的表述不准确的一项是(　　)

A.《朝花夕拾》一书中既有作者对青少年时期的温馨回忆,也有作者对当时社会的批判。

B.《五猖会》写了孩子对父母毫不顾及自己感受的无奈和厌烦的心理。

C.鲁迅是借《狗·猫·鼠》一文来表明他为什么那么讨厌猫的。

D.《风筝》这篇文章没有收录进《朝花夕拾》这本书。

4.关于《朝花夕拾》这部名著,下列说法准确的一项是(　　)

A.《<二十四孝图>》没有提及长妈妈这个人物形象。

B.《范爱农》记叙的是鲁迅在日本留学时和回国后与范爱农接触的几个生活片断。

C.鲁迅不喜欢《天演论》。

D.《狗·猫·鼠》中,鲁迅用"乌烟瘴气"一词来讥讽洋务派的办学。

5.关于《朝花夕拾》这本名著,下列表述有误的一项是(　　)

A.《父亲的病》重点回忆了"我"与几位"名医"打交道的过程,作者以两个"名医"的药引一个比一个独特,表现了某些医生的故作高深,通过家庭变故表达了对庸医误人的深切痛恨。

B.读《朝花夕拾》,我们了解到鲁迅小时候最喜欢在百草园玩耍,在迎神赛会上他最喜欢看的是无常。他曾经渴慕、最终得到,并引发了他更大的收集书本的兴趣的图书是《山海经》，这本书是长妈妈送给他的。

C.《朝花夕拾》书中着墨较多的人物是长妈妈、藤野先生、范爱农。

D."仁厚黑暗的地母呵，愿在你怀里永安她的魂灵！"一句中"她"指的是鲁迅的母亲。

6. 1926年，鲁迅先后写了＿＿＿＿＿篇回忆性散文，并以＿＿＿＿＿为总题目发表于《莽原》半月刊上。1928年结集出版，更名为＿＿＿＿＿。有的散文侧重写人记事，如＿＿＿＿＿，作者把一个纯朴善良，但在某些方面又颇为愚昧的农村妇女写活了。

7.《藤野先生》中，"＿＿＿＿＿事件"和"＿＿＿＿＿事件"不仅揭露了那些日本"爱国青年"的丑恶面目，也写出了鲁迅自己"弃医从文"的动因。

8. 在初中教材中，我们学习了一篇鲁迅在外留学的课文，请写出篇名，并简要概括鲁迅日本留学发生的事件。

篇名：＿＿＿＿＿

事件：＿＿＿＿＿＿＿＿＿＿＿＿＿＿＿＿＿＿＿＿＿＿

9.《朝花夕拾》的主题包含了哪些内容？

＿＿＿＿＿＿＿＿＿＿＿＿＿＿＿＿＿＿＿＿＿＿＿＿＿＿＿＿

10. 某杂志社正开展一年一度的"读好书·惠读者"活动，需设计书签赠送给读者，请你帮忙给《朝花夕拾》设计书签，字数不超过30字。

示例：《聊斋志异》写鬼写妖高人一等，刺贪刺虐入骨三分。

《朝花夕拾》：＿＿＿＿＿＿＿＿＿＿＿＿＿＿＿＿＿＿＿＿

11. 中国文坛正在举办好书推荐活动，你想推荐《朝花夕拾》，请写一段推荐词给组委会。

＿＿＿＿＿＿＿＿＿＿＿＿＿＿＿＿＿＿＿＿＿＿＿＿＿＿＿＿

12. 在《朝花夕拾》的跨学科名著阅读课上，老师要求分小组进行专题探究。请你二选一，设计一个专题探究提纲。

①历史学角度：《朝花夕拾》中的历史知识

②社会学角度：《朝花夕拾》中"我"和阿长的主仆情

＿＿＿＿＿＿＿＿＿＿＿＿＿＿＿＿＿＿＿＿＿＿＿＿＿＿＿＿

13. 阅读《朝花夕拾》，完成下列题目。

我所看到的那些阴间的图画，都是家藏的老书，并非我所专有。我所收得的最先的画图本子，是一位长辈的赠口：《二十四孝图》。这虽然不过薄薄的一本书，但是下图上说，鬼少人多，又为我一人所独有，使我高兴极了。那里面的故事，似乎是谁都知道的；便是不识字的人，例如阿长，也只要一看图画便能够滔滔的讲出这一段的事迹。但是，我于高兴之余，接着就是扫兴，因为我请人讲完了二十四个故事之后，才知道"孝"有如此之难，对于先前痴心妄想，想做孝子的计划，完全绝望了。

(1) 文段中"薄薄的一本书"指的是_____，这本书的由来：_____。

(2) 这本书里，鲁迅针对"_____""_____"等孝道故事做了分析，揭露了封建孝道的虚伪和残酷。

(3) "我"得到这本书，为什么既高兴又扫兴？

14. 结合《朝花夕拾》相关情节，回答问题。

在许多人期待着恶人的没落的凝望中，他出来了，服饰比画上还简单，不拿铁索，也不带算盘，就是雪白的一条莽汉，粉面朱唇，眉黑如漆，蹙着，不知道是在笑还是在哭。但他一出台就须打一百零八个嚏，同时也放一百零八个屁，这才自述他的履历。

(1) "他"指的是谁？这个"鬼而人，理而情"的形象受到民众的喜爱，主要原因是什么？

(2) 回忆"无常"的时候，作者巧妙地融进了对现实的议论，说说这样写有什么好处。

# 二、《西游记》整本书阅读检测

**(一) 中考真题**

1.【2024·江苏苏州】金圣叹评《水浒传》塑造人物的手法时概括说:"如要衬宋江奸诈,不觉写作李逵真率;要衬石秀尖利,不觉写作杨雄糊涂是也。"《西游记》在塑造主要人物形象时也采用了类似手法,请结合相关内容阐述。(3分)

_____

_____

2.【2024·湖南】中国古典小说善于塑造人物,很多人物形象都在中小学语文教材中出现过,但从节选的片段中读到的形象往往不及阅读整本书之后全面。请从下面A、B选项中任选一个人物,仿照示例,说一说读了整本书后对该人物新的认识。(5分)

A. 孙悟空——《三调芭蕉扇》——《西游记》

B. 武松——《景阳冈》——《水浒传》

示例:《范进中举》里,范进给我的印象是:唯唯诺诺。

阅读《儒林外史》整本书后,我新的认识是:他唯唯诺诺,且无知无耻。

我的理由是:他连宋代著名文学家苏轼都不知道,却到处卖弄学问,希望别人仰慕他。

_____

_____

3.【2024·山东东营】名著阅读,回答问题。(9分)

(1)读书社组织"读西游,话人物"题诗活动,请你根据短诗内容,对应小说人物。(4分)

① _____ 涉水翻山夕阳,载僧西去蹄扬。　黄发金箍火晴,虎皮腰裙铁兵。

② _____ 取经万里忠心,任凭风吹鬃长。　天宫地府难辨,如来面前真形。

③_____三尖两刃枪,奉命战猴王。　翠云山洞一裙钗,恼怒悟空两战开。

④_____如影随形变,倒比大圣强。　青锋抵敌铁棒勇,蟭蟟借得芭蕉来。

(2)读《西游记》这样的古典小说,适合_____与_____并用的方法。若当作励志故事来读,本书带给你的启示是什么?(不超过50字)(5分)

_____

_____

4.【2023·黑龙江齐齐哈尔】下列有关名著内容表述不正确的一项是(　　)(2分)

A.《钢铁是怎样炼成的》这部小说通过保尔的成长经历,描绘了从第一次世界大战起,经十月革命、国内战争到经济恢复时期广阔的社会画面,被誉为"生活教科书"。

B.我国第一部歌颂农民起义的长篇章回体小说《水浒传》采用先分后合的链式结构,情节环环相扣。全书最精彩的部分是梁山英雄排座次,全书低潮部分是魂聚蓼儿洼。

C.《儒林外史》中周进在贡院一头撞向号板、满地打滚痛哭的情节,夸张地描写了士人醉心功名的丑态。

D.《西游记》是中国古典文学中最富有想象力的作品之一,全书故事引人入胜。与孙悟空有关的大闹天宫、三打白骨精、打碎琉璃盏、三调芭蕉扇等故事尤为精彩。

5.【2023·河南】关于《西游记》的主人公是唐僧还是孙悟空这一问题,同学们有不同的看法。你认为是谁,请结合小说内容谈谈你的理解。(3分)

_____

_____

6.【2023·江苏连云港】有同学认为:孙悟空就是一个富有好奇心和探索精神的形象。结合《西游记》整本书阅读体验,请你为这位同学的看法找出一个依据。(2分)

_____

_____

7.【2023·浙江绍兴】以下作品任选其一,从主要人物的角度再拟一个书名并结合作品内容简要阐释。(4分)

A.《西游记》孙悟空　　B.《水浒传》宋江　　C.《平凡的世界》孙少安

示例:从简·爱的角度,我给《简·爱》拟名为《独立人生》。在盖茨海德,她不盲目顺从,坚持自己的想法;在洛伍德,她克服一切困难学习,努力获得独立生活的能力;在桑菲尔德,她追求平等的爱情,拒绝依赖婚姻去生活。这个书名,能强调出简·爱在生活、工作和爱情中始终保持独立的形象特征,引导读者思考对待人生的态度。

我选( )(填序号)

_____

_____

8.【2022·河南】阅读名著要有自己的思考和判断。在"名著人物大家谈"活动中,下面两个问题引起了同学们的争论,请选一个谈谈你的看法,并结合名著内容简述两点理由。(4分)

①《西游记》中的沙僧是一个才能平平的人吗?

②《水浒传》中的鲁智深是一个性情急躁的人吗?

_____

_____

9.【2022·河北】阅读下面从《西游记》中摘录的文字,完成下面小题。(8分)

摘录一:行者见三个老道士,披了法衣,想是那虎力、鹿力、羊力大仙。下面有七八百个散众,司鼓司钟,侍香表白,尽都侍立两边,行者暗自喜道:"我欲下去与他混一混,奈何'单丝不线,孤掌难鸣',且回去照顾八戒、沙僧,一同来耍耍。"

(第四十四回 法身元运逢车力 心正妖邪度脊关)

摘录二:长老道:"不曾与他见个胜负,只这般含糊,我怎敢前进!"大圣笑道:"师父,你也忒不通变。常言道:'单丝不线,孤掌难鸣。'那魔三个,小妖千万,教老孙一人,怎生与他赌斗?"长老道:"寡不敌众,是你一人也难处。八戒、沙僧他也都有本事,教他们都去,与你协力同心,扫净山路,保我过去罢。"

(第七十五回 心猿钻透阴阳窍 魔王还归大道真)

(1)根据摘录文字的内容,说说"单丝不线,孤掌难鸣"的意思。(2分)

_____

(2)阅读名著,可以丰富心灵、陶冶情操,也可以汲取人生经验,提升思想境界。请你联系生活实际,谈谈对《西游记》中"单丝不线,孤掌难鸣"这句话的感悟。(3分)

(3)探究摘录文字的回目,你发现章回体小说《西游记》的回目具有哪些特点?(3分)

_____

_____

10.【2021·广西梧州】下面语段出自吴承恩的《西游记》,文中的"他"所指的人物是(　　)(2分)

"他"走进去,更不谦逊,直上高台立定。旁边有个小道士,捧了几张黄纸书就的符字,一口宝剑,递与"他"。"他"执着宝剑,念声咒语,将一道符在烛上烧了。那底下两三个道士,拿过一个执符的像生,一道文书,亦点火焚之。那上面乒的一声令牌响,只见那半空里,悠悠的风色飘来。猪八戒口里作念,道:"不好了!不好了!'他'果然有本事!令牌响了一下,果然就刮风!"行者道:"兄弟悄悄的,你们再莫与我说话,只管护持师父。等我干事去来。"

A. 羊力大仙　　B. 鹿力大仙　　C. 虎力大仙　　D. 牛力大仙

11.【2021·四川乐山】《西游记》小说中下面角色出场的顺序依次是(　　)(2分)

A. 唐僧——孙悟空——猪八戒——沙僧——白龙马

B. 孙悟空——唐僧——猪八戒——白龙马——沙僧

C. 唐僧——孙悟空——白龙马——沙僧——猪八戒

D. 孙悟空——唐僧——沙僧——猪八戒——白龙马

12.【2021·贵州毕节】被鲁迅先生称为"神魔小说"的《_____》,是中国古典文学中最富想象力的作品之一。前七回讲述主要人物的身世和_____的故事。作品中一个深受人们喜爱的角色_____,虽然好吃懒做,见识短浅,爱搬弄是非,爱占小便宜,说谎,贪恋女色,遇到困难就嚷嚷散伙等,但也不失忠勇和善良。(3分)

13.【2021·辽宁本溪铁岭辽阳】《西游记》中,悟空虽屡次被师父误解,但宁愿承受紧箍咒的责罚,仍三打白骨精。唐僧不辨是非,执意赶他离开。悟空抚今追昔,愤慨不平,但离开时又变身,四面围住唐僧下拜,并嘱咐沙僧好好照看师父。从中可以看出悟空的_____、_____的特点。(2分)

14.【2021·广西桂林】阅读下面的语段,按要求作答。(3分)

那罗刹心痛难禁,只在地上打滚,疼得他面黄唇白,只叫:"孙叔叔饶命!"行者却才收了手脚道:"你才认得叔叔么?我看牛大哥情上,且饶你性命,快将扇子拿来我使使。"罗刹道:"叔叔,有扇,有扇!你出来拿了去!"行者道:"拿扇子我看了出来。"罗刹即叫女童拿一柄_____扇,执在旁边。

语段选自小说《西游记》,其中"行者"是_____,女童拿一柄_____扇。行者第一次借到扇子的方法是_____。

15.【2021·江苏无锡】读书贵有所得。《西游记》中师徒四人的经历给了我们很多启示,结合书中某个情节谈谈你的一点感悟。(3分)

_____

_____

(二)模拟演练

1. 下列关于相关名著内容的表述不准确的一项是(　　)

A.《朝花夕拾》里,"我"和范爱农初识在日本横滨,因为绣花鞋事件,我对他有了误会。后来误会解开,其实范爱农是一个正直倔强、有爱国情怀的人。

B.《朝花夕拾》原名《旧事重提》,是鲁迅先生中年时对自己童年和青年时代生活的回忆。

C.《西游记》是一部神魔小说,赞扬了师徒四人不畏艰险、不折不挠的抗争精神。

D. 猪八戒是一个好吃懒做、不思进取、西天取经中毫无作为的人。

2. 下列关于《西游记》内容的表述准确的一项是(　　)

A.《西游记》全书由三部分组成:孙悟空大闹天宫、唐僧出世、师徒四人西天取经。

B.《西游记》的人物塑造非常平面刻板,想象力贫乏,语言空洞。

C. 鲁迅称《西游记》是"童心之作",林庚先生称之为"神魔小说"。

D. 孙悟空会七十二变、火眼金睛等神奇能力,他的武器是九齿钉耙。

3. 关于《西游记》这部名著,下列说法不准确的一项是(　　)

A. 孙悟空号称"美猴王""齐天大圣",他本领高强,智勇双全。

B. 猪八戒是天蓬元帅,他憨厚淳朴,知错能改。

C. 小说思想比较复杂,儒释道都有所涉及。

D. 唐僧是金蝉子转世,因不服如来佛祖管教被贬下凡。

4. 关于《西游记》这本名著,下列表述有误的一项是(　　)

A. 沙和尚是卷帘大将,被贬下凡盘踞在流沙河。

B.《西游记》是长篇章回体神话小说,有历史原型:唐贞观年间玄奘西域取经的事件。

C. 红孩儿是牛魔王和铁扇公主的儿子,他的武器是芭蕉扇。

D. 白龙马本是西海龙王三太子,后修成正果,被封为八部天龙广力菩萨。

5. 列举西天取经遇到的四个妖怪：_____。

6. 列举西天取经途经的三个国家：_____。

7. 学校开展了"给最喜爱的名著人物写一封信"的活动,请从《西游记》中任选一个人物,参与此活动,100字左右。

我想对_____(人名)说：_____

8. 我国四大名著里,真假论题一再显现。如《红楼梦》"假作真时真亦假,无为有处有还无",《水浒传》的"真假李逵",《西游记》的"真假美猴王"。请简述"真假美猴王"这个故事,并谈一谈它带给你的启示。

9. 古今中外的优秀小说中的人物形象自有其深刻性和复杂性。人物不是平面的,而是立体的,无法用简单的"好"或"坏"去评价。近年来,随着对《西游记》研究的深入,人们对唐僧形象褒贬不一。请结合作品内容,谈谈你对这个人物的认识。

10. 学校开展"鉴赏人物,阅读名著"的阅读活动,请你参与。

古今中外的优秀小说里,总有经典人物熠熠生辉。如_____(作者)在《朝花夕拾》一书中,塑造了封建迷信又纯朴、乐于助人的保姆_____,无民族偏见治学严谨的_____,三味书屋里对"我"要求严厉、质朴博学的老师_____。如明代的吴承恩在_____一书中,塑造了上天入地无所不能的齐天大圣_____,倔强泼辣、掌管芭蕉扇的女性角色_____。

11. 请根据名著内容，填写下表。

| 作品 | 人物 | 评价 |
| --- | --- | --- |
| 《朝花夕拾》 | ①____ | 故弄玄虚、草菅人命的假名医。 |
| 《西游记》 | ②____ | 贪恋女色、贪吃贪睡又知错能改、聪明机智。 |
| 《西游记》 | 沙和尚 | ③_____ |

12. 古典文学中常有拜师学艺的情节，请阅读以下选段，完成题目。

祖师闻言，咄的一声，跳下高台，手持戒尺，指定悟空道："你这猢狲，这般不学，那般不学，却待怎么？"走上前，将悟空头上打了三下，倒背着手，走入里面，将中门关了，撇下大众而去。唬得那一班听讲的人人惊惧，皆怨悟空道："你这泼猴，十分无状！师父传你道法，如何不学，却与师父顶嘴？这番冲撞了他，不知几时才出来呵！"此时俱甚抱怨他，又鄙贱嫌恶他。悟空一些儿也不恼，只是满脸陪笑。原来那猴王，他打破盘中之谜，暗暗在心，所以不与众人争竞，只是忍耐无言。祖师打他三下者，教他三更时分存心；倒背着手走入里面，将中门关上者，教他从后门进步，秘处传他道也。

(1) 以上文段选自《西游记》，是_____（文体）小说，作者是_____。

(2) 文中的祖师指的是_____，从他那里孙悟空学会了_____和_____。

(3) 祖师拿着戒尺在他头上"打了三下，倒背着手，走入里面，将中门关了"，是何意？

_____

(4) 不少学者认为，唐僧是西天取经团队的领导，菩提老祖才是孙悟空真正的师父。请谈谈你的看法。

_____

_____

# 三、《骆驼祥子》整本书阅读检测

**（一）中考真题**

1.【2024·广东】请将下面选文的批注补充完整。（4分）

"可是，祥子你得从此好好的干哪！"他嘱咐着自己。"干吗不好好的干呢？我有志气，有力量，年纪轻！"他替自己答辩："心中一痛快，谁能拦得住祥子成家立业呢？把前些日子的事搁在谁身上，谁能高兴，谁能不往下溜？那全过去了，明天你们会看见一个新的祥子，比以前的还要好，好的多！"

批注：

　　这段文字写出了祥子的心理活动，值得细品。

_____

_____

2.【2023·甘肃兰州】阅读下面从《骆驼祥子》中摘录的文字，回答问题。（4分）

又一个闪，正在头上，白亮亮的雨点紧跟着落下来，极硬的砸起许多尘土，土里微带着雨气……风，土，雨，混在一处，联成一片，横着竖着都灰茫茫冷飕飕，一切的东西都被裹在里面，辨不清哪是树，哪是地，哪是云，四面八方全乱，全响，全迷糊……地上射起无数的箭头，房屋上落下万千条瀑布……

祥子的衣服早已湿透，全身没有一点干松地方；隔着草帽，他的头发已经全湿。地上的水过了脚面，已经很难迈步；上面的雨直砸着他的头和背，横扫着他的脸……

老舍描绘的暴风骤雨的场景，展现的也是祥子的世界。有人说："祥子的世界一直在下雨，让我们觉得这雨真大。"请结合祥子生活经历中的关键事件，说说你对这句话的理解。

_____

_____

3.【2023·辽宁阜新】在他人需要帮助之时，伸出援手，这是一个人源自内心的善

良。请你任选以下一组人物,写出他们出自哪部名著,并概括这一组人物间体现善良品质的相关情节。(5分)

鲁智深和林冲　　祥子和老马祖孙　　阿廖沙和小茨冈

所选人物:_____

出自名著:_____

故事情节:_____

4.【2022·湖南永州】名著阅读。(6分)

这可绝不是件容易的事。①一年,两年,至少三四年;一滴汗,两滴汗,不知道多少万滴汗,才挣出那辆车。从风里雨里的咬牙,从饭里茶里的自苦,才赚出那辆车。②那辆车是他的一切挣扎与困苦的总结果与报酬,像身经百战的武士的一颗徽章。

(1)这段文字摘自_____(填作家名)创作的长篇小说《_____》。(2分)

(2)请你从内容情感、写作手法、语言特色、个人见解或困惑等角度中任选其一,给文段中画横线的两处各做一个批注。(4分)

①处:_____

②处:_____

5.【2022·辽宁丹东】选出对下列名著相关内容的表述正确的一项(　　)(2分)

A.《骆驼祥子》是老舍的代表作,小说描写了一个普通人力车夫的一生,反映了一个有良知的作家对底层劳动人民生存状况的关注和同情。

B.英国作家夏洛蒂·勃朗特的《简·爱》以第三人称讲述了贫苦孤女简·爱为寻求人格独立、爱情和尊严而挣扎奋斗的故事。

C.《五猖会》中儿时的鲁迅被父亲强迫背完《鉴略》后,兴高采烈地去看了五猖会,并对赛会印象深刻。

D.《水浒传》中塑造人物注意表现其共性和个性。如鲁智深和李逵,同是疾恶如仇、侠肝义胆、脾气火爆的人物形象,但李逵粗中有细、豁达明理,鲁智深头脑简单、直爽率真。

6.【2021·贵州毕节】根据选段,回答问题。(7分)

[甲]在他的眼里,她是个最美的女子,美在骨头里,就是她满身都长了疮,把皮肉都烂掉,在他心中她依然很美。她美,她年轻,她要强,她勤俭。假若祥子想再娶,她是个理想的人。

[乙]你以为,因为我贫穷、低微、相貌平平、矮小,我就没有灵魂,也没有心吗?——你想错了!我的灵魂跟你一样,我的心也跟你的完全一样。如果上帝赋予我财富和美貌,我会让你难以离开我,就像我现在难以离开你一样……我们的精神是平等的,就像我们的灵魂穿过坟墓,站在上帝面前,彼此平等——本来就是如此。

(1)上面文字分别出自哪两部名著?作者分别是哪两位?(4分)

_____

(2)甲、乙文中涉及两个女性人物是谁?乙文中的"你"指谁?(3分)

_____

7.【2021·浙江温州】以下是"选择与人生"专题阅读的过程记录,结合作品,完成对所思考问题的探究。(5分)

摘录:
人生的悲剧则多生于冲突之不得解决。
——朱光潜《给青年的十二封信·谈摆脱》
关联:祥子无奈与虎妞结婚(《骆驼祥子》)
　　　达西决定娶伊丽莎白(《傲慢与偏见》)
思考:面对内心冲突,如何抉择才能避免人生悲剧?
探究:_____

8.【2021·山东临沂】文学名著中的主人公往往在人生关键时刻做出重大选择,由此决定了他(她)们的命运。请你从以下几部名著中任选一部,对此进行阐释。(4分)
　　《简·爱》　《钢铁是怎样炼成的》　《骆驼祥子》

_____

9.【2021·新疆】阅读《骆驼祥子》的片段,完成题目。(3分)

一想到_____,祥子就把一切的希望都要放下,而想乐一天是一天吧,干吗成天际咬着牙跟自己过不去呢?!穷人的命,他似乎看明白了,是枣核儿两头尖:幼小的时候能不饿死,万幸;到老了能不饿死,很难。只有中间的一段,年轻力壮,不怕饥饱劳碌,还能像个人儿似的。在这一段里,该快活快活的时候还不敢去干,地道的傻子;过了这村便没有这店!

下列事件促使祥子发生这次思想转变的是(　　)

A.刘四爷和虎妞对他的要挟　　B.小福子的惨死

C.老车夫和小马的悲惨命运　　D.孙侦探讹诈了他买车的钱

10.【2021·江苏连云港】"孙侦探事件"对祥子的生活产生了巨大影响,简要概述这一事件。(3分)

_____

11.【2020·安徽】请阅读下面的文字,回答问题。(22分)

十八岁的时候,祥子便跑到城里来。带着乡间小伙子的足壮与诚实,凡是以卖力气就能吃饭的事他几乎全做过了。可是,不久他就看出来,拉车是件更容易挣钱的事。做别的苦工,收入是有限的;拉车多着一些变化与机会,不知道在什么时候与地点就会遇到一些多于所希望的报酬。自然,他也晓得这样的机遇不完全出于(　　),而必须人与车都得漂亮精神,有货可卖才能遇到识货的人。想了一想,他相信自己有那个资格:他有力气,年纪正轻;所差的是他还没有跑过,不敢一上手就拉漂亮的车。但这不是不能胜过的困难,有他的身体与力气做基础,他只要试验个十天半月的,就一定能跑得有个样子,然后去赁辆新车,说不定很快的就能拉上包车,然后省吃俭用的一年二年,即使是三四年,他必能自己打①上一辆车,顶漂亮的车!看着自己的青年的肌肉,他以为这只是时间的问题,这是必能达到的一个志愿与目的,绝不是梦想!

再来看看祥子的身材,他的身量与筋肉都发展到年岁前边去。二十来岁,他已经很大很高,虽然肢体还没被年月铸成一定的格局,可是已经像个成人了——一个脸上身上都带出天真淘气样子的大人。看着那高等的车夫,他计划着怎样杀进他的腰②去,好更显出他铁扇面似的胸,与直硬的背。扭头看看自己的肩,多么宽,多么威严!杀好了腰,再穿上肥腿的白裤,裤脚用鸡肠子带儿系住,露出那对"出号"的大脚!是的,他(　　)可以成为最出色的车夫;傻子似的他自己笑了。

按照常规的审美标准,祥子没有什么模样,使他可爱的是脸上的精神。头不很大,圆眼,肉鼻子,两条眉很短很粗,头上永远剃得发亮。腮上没有多余的肉,脖子可是几乎与头一边儿③粗;脸上永远红扑扑的,特别亮的是颧骨与右耳之间一块不小的疤——小时候在树下睡觉,被驴啃了一口。他不甚注意他的模样,他爱自己的脸正如同他爱自己的身体,都那么结实硬棒——他把脸仿佛算在四肢之内,只要硬棒就好。是的,到城里以后,他还能头朝下,倒着立半天。这样立着,他觉得,他就很象一棵树,上下没有一个地方不挺脱④的。

　　这么说来,祥子确乎有点像一棵树,坚壮,沉默,而又有生气。他有自己的打算,有些心眼,但不好向别人讲论。在洋车夫里,个人的委屈与困难是公众的话料。"车口儿"上,小茶馆中,大杂院里,每人报告着形容着或吵嚷着自己的事,而后这些事成为大家的财产,象民歌似的由一处传到一处。祥子是乡下人,口齿没有城里人那么(　　);设若口齿灵利是出于天才,他天生不愿多说话,所以也不愿学城里人的贫嘴恶舌。他的事他知道,不喜欢和别人讨论。因为嘴常闲着,所以他有工夫去思想,他的眼仿佛是老看着自己的心。只要他的主意打定,他便随着心中所开的那条路儿走;假若走不通的话,他能一两天不出一声,咬着牙,好似咬着自己的心!

　　祥子决定去拉车,就拉车去了。赁了辆破车,他要先练练腿。第一天没拉着什么钱。第二天的生意不错,可是躺了两天,因为他的脚脖子肿得象两条瓠子似的,再也抬不起来。他忍受着,不管是怎样的疼痛。他知道这是不可避免的事,这是拉车必须经过的一关。过不了这一关,他不能放胆的去跑。

（节选自老舍《骆驼祥子》）

［注］①打:买。②杀进腰:把腰部勒得细一些。③一边儿:同样的。④挺脱:北方方言,强劲结实,挺括舒展。

(1)在文中插号内依次填入词语,最恰当的一项是(　　)(3分)
A. 偶然　　毕竟　　灵敏　　　B. 忽然　　无疑　　灵敏
C. 偶然　　无疑　　灵便　　　D. 忽然　　毕竟　　灵便

(2)从选文看,祥子为什么决定要做车夫?(4分)

_____

(3)请赏析下面两段文字。(6分)
①看着那高等的车夫,他计划着怎样杀进他的腰去,好更显出他铁扇面似的胸,与直硬的背。扭头看看自己的肩,多么宽,多么威严!(从描写方法的角度)

_____

②这样立着,他觉得,他就很象一棵树,上下没有一个地方不挺脱的。(从语言运用的角度)

(4)从整本书看,祥子的形象发生了怎样的变化?你认为造成这种变化的原因是什么?请用两三句话加以概括。(6分)

_____

(5)《骆驼祥子》中,除主人公祥子外,还刻画了其他个性鲜明的人物形象。其中有泼辣而有心计的_____,有残忍霸道的车厂老板_____,还有被祥子看作"孔圣人"的_____。(3分)

12.【2020·甘肃天水】有位同学在阅读《骆驼祥子》的过程中做了下面文段批注,有误的一项是(　　)(2分)

原文:

大概的说吧,A.他只要有一百块钱,就能弄一辆车。猛然一想,一天要是能剩一角的话,一百元就是一千天,一千天!把一千天堆到一块,他几乎算不过来这该有多么远。B.但是,他下了决心,一千天也好,一万天也好,他得买车!第一步他应当,他想好了,去拉包车。遇上交际多,饭局多的主儿,平均一月有上十来个饭局,C.他就可以白落两三块的车饭钱。加上他每月再省出个块儿八角的,也许是三头五块的,一年就能剩起五六十块!这样,他的希望就近便多多了。他不吃烟,不喝酒,不赌钱,没有任何嗜好,没有家庭的累赘,D.只要他自己肯咬牙,事儿就没有个不成。

批注:

A.他刚到城里不久,对生活充满梦想。

B.就算一千天、一万天,他也要坚持,买车的决心多么坚定!

C.吝啬,贪婪,爱占小便宜!如此挖空心思省钱,攒钱。

D.突出了他对未来的信心,只要肯吃苦,就能买上新车!

13.【2020·河北】阅读《骆驼祥子》节选,回答后面的问题。(4分)

(祥子)已经坐起来,又急忙地躺下去,好像老程看着他呢!心中跳了起来。不,不能当贼,不能!刚才为自己脱干净,没去做到曹先生所嘱咐的,已经对不起人;怎能再去偷他呢?不能去!穷死,不偷!

怎知道别人不去偷呢?那个姓孙的拿走些东西又有谁知道呢?他又坐了起来,远处有个狗叫了几声。他又躺下去。还是不能去,别人去偷,偷吧,自己的良心无愧。自己穷到这样,不能再教心上多个黑点儿!

(1)祥子与"那个姓孙的"在曹宅发生了怎样的故事?(2分)

(2)上面两段文字体现了祥子怎样的品质?(2分)

14.【2020·湖北黄冈】阅读名著选段,完成后面的问题。(4分)

[甲]"一百块,少一分咱们吹!"A把钱又数了一遍:"我要这辆车,九十六!"铺主知道是遇见一个死心眼的人,看看钱,看看A,叹了口气:"交个朋友,车算你的了;保六个月:除非你把大箱碰碎,我都白给修理。保单,拿着!"

A的手哆嗦得更厉害了,揣起保单,拉起车,几乎要哭出来。拉到个僻静地方,细细端详自己的车,在漆板上试着照照自己的脸!越看越可爱,就是那不尽合自己的理想的地方也都可以原谅了,因为已经是自己的车了。把车看得似乎暂时可以休息会儿了,他坐在了水簸箕的新脚垫儿上,看着车把上的发亮的黄铜喇叭。他忽然想起来,今年是二十二岁。因为父母死得早,他忘了生日是在哪一天。自从到城里来,他没过一次生日。好吧,今天买上了新车,就算是生日吧,人的也是车的,好记,而且车既是自己的心血,简直没什么不可以把人与车算在一块的地方。

[乙]大约十多年前罢,S城中曾经盛传过一个名医的故事:

他出诊原来是一元四角,特拔十元,深夜加倍,出城又加倍。有一夜,一家城外人家的闺女生急病,来请他了,因为他其时已经阔得不耐烦,便非一百元不去。他们只得都依他。待去时,却只是草草地一看,说道"不要紧的",开一张方,拿了一百元就走。那病家似乎很有钱,第二天又来请了。他一到门,只见主人笑面承迎,道:"昨晚服了先生的药,好得多了,所以再请你来复诊一回。"仍旧引到房里,老妈子便将病人的手拉出帐外来。他一按,冷冰冰的,也没有脉,于是点点头道:"唔,这病我明白了。"从从容容走到桌前,取了药方纸,提笔写道:

"凭票付英洋壹百元正。"下面是署名,画押。

"先生,这病看来很不轻了,用药怕还得重一点罢。"主人在背后说。

"可以"他说。于是另开了一张方:

"凭票付英洋贰百元正。"下面仍是署名,画押。

这样,主人就收了药方,很客气地送他出来了。

我曾经和这名医周旋过两整年,因为他隔日一回,来诊我的父亲的病。那时虽然已经很有名,但还不至于阔得这样不耐烦,可是诊金却已经是一元四角。现在的都市上,诊金一次十元并不算奇,可是那时是一元四角已是巨款,很不容易张罗的了;又何况是隔日一次。他大概的确有些特别,据舆论说,用药就与众不同。我不知道药品,所觉得的,就是"药引"的难得,新方一换,就得忙一大场。先买药,再寻药引。"生姜"两片,竹叶十片去尖,他是不用的了。起码是芦根,须到河边去掘;一到经霜三年的甘蔗,便至少也得搜寻两三天。可是说也奇怪,大约后来总没有购求不到的。

(1)甲文段中所说的A是_____(填人名)。文段中A给自己和车一起过生日,原因是:_____(2分)

(2)乙文段中"名医"看病的特点是:_____结合《父亲的病》全文,可以看出鲁迅对父亲的感情是:_____(2分)

15.【2020· 浙江金华】祥子因不喜欢虎妞而离开,不久又回来了;简·爱因得知罗切斯特的妻子还活着而选择离开,但最终又回到他身边。他们的"回来"分别刻画了怎样的人物形象?请结合小说内容简要分析。(4分)

_____

_____

(二)模拟演练

1.班级开展名著阅读的活动,同学们交流自己的感想,不正确的一项是(    )

A.《西游记》的作者是明朝的吴承恩,《朝花夕拾》的作者是鲁迅。

B.《骆驼祥子》讲述了人力车夫祥子三起三落的悲剧人生,他的悲剧有着个人与社会多方面的因素。

C.《西游记》有很多脍炙人口的故事,例如真假美猴王、三借芭蕉扇、三打白骨精等。

D.《骆驼祥子》的作者是北京作家史铁生,字舍予。

2.下列关于名著内容的表述不准确的一项是(    )

A.衍太太是《朝花夕拾》中深受封建思想毒害的女性形象。

B.《五猖会》里,"我"背完书,父亲才肯让"我"去看迎神赛会,体现了封建教育对儿童天性的压迫和残害。

C.《西游记》师徒四人的人物塑造生动、丰富、立体,兼具了神性、人性和物性。

D.《骆驼祥子》除了主角祥子,还塑造了祥子的小情人即大胆泼辣又有点儿变态的虎妞、残忍霸道的车主刘四等。

3. 关于《骆驼祥子》这本名著,下列表述有误的一项是(　　　)

A. 与祥子生活密切相关的两位女性是虎妞和高妈。

B. 祥子的一生可用"三起三落"概括,其中"一落"指的是:不到半年,人车都被宪兵抓去,理想第一次破灭。

C. 老舍被称为"人民艺术家",通过祥子的悲剧表达作者对底层人民的深刻关怀和同情。

D.《骆驼祥子》北京方言丰富,展示了一幅老北京风情的世态图。

4.《骆驼祥子》以祥子＿＿＿＿＿＿为线索,展现了旧社会的黑暗腐朽。

5. 祥子的人生经历了巨变,前期他＿＿＿＿＿＿＿＿＿,后期他＿＿＿＿＿＿＿＿＿。造成这种变化的根本原因是＿＿＿＿＿＿＿＿＿＿＿。

6. "我总算明白了,干苦活儿的打算独自一人混好,比登天还难"是车夫＿＿＿＿＿＿的感叹。

7. 小说的题目是"骆驼祥子",主要有哪些含义?

＿＿＿＿＿＿＿＿＿＿＿＿＿＿＿＿＿＿＿＿＿＿＿＿＿＿＿＿＿＿＿＿＿＿＿＿＿＿

＿＿＿＿＿＿＿＿＿＿＿＿＿＿＿＿＿＿＿＿＿＿＿＿＿＿＿＿＿＿＿＿＿＿＿＿＿＿

8. 班级开展名著知识大赛,请你帮助小明完成比赛。

《朝花夕拾》的作者是＿＿＿＿,他还写过＿＿＿＿等作品。《西游记》的作者是明朝的＿＿＿＿,《西游记》是一部＿＿＿＿(文体)小说,讲述了师徒四人西天取经的故事。《骆驼祥子》的作者是＿＿＿＿,他还写过＿＿＿＿等戏剧。

9. 我们都说"人无完人",每个人都有其闪闪发光的一面和晦涩不明的缺点。《骆驼祥子》中的祥子亦是如此,请结合具体情节,谈一谈祥子的优点与缺点。

＿＿＿＿＿＿＿＿＿＿＿＿＿＿＿＿＿＿＿＿＿＿＿＿＿＿＿＿＿＿＿＿＿＿＿＿＿＿

＿＿＿＿＿＿＿＿＿＿＿＿＿＿＿＿＿＿＿＿＿＿＿＿＿＿＿＿＿＿＿＿＿＿＿＿＿＿

10. 文学创作中,没有一个字是白费的,没有一个人是虚的。即使是小人物也有大作用。请讲一讲《骆驼祥子》中塑造老马及其孙子的作用。

＿＿＿＿＿＿＿＿＿＿＿＿＿＿＿＿＿＿＿＿＿＿＿＿＿＿＿＿＿＿＿＿＿＿＿＿＿＿

＿＿＿＿＿＿＿＿＿＿＿＿＿＿＿＿＿＿＿＿＿＿＿＿＿＿＿＿＿＿＿＿＿＿＿＿＿＿

11. 请根据名著相关知识,完成下表。

| 书籍 | 事件 | 启示 |
| --- | --- | --- |
| ①_____ | 告别故乡日本留学 | 师夷长技以制夷,学习西方先进知识救国。 |
| 《西游记》 | ②_____ | 不屈不挠、勇往直前,绽放属于自己的人生精彩。 |
| 《骆驼祥子》 | 经历了"三起三落"的祥子,变得麻木潦倒。 | ③_____ |

12. 阅读《骆驼祥子》选文,完成题目。

只要见了她,以前的一切可以一笔勾销,从此另辟一个天地……她不仅是朋友,她将把她的一生交给他,两个地狱中的人将要抹去泪珠而含着笑携手前进。

(1)"她"指的是_____,她是怎么死的?

_____

(2)她的死给祥子带来了怎样的命运?

_____

13. 阅读名著相关内容,回答问题。

祥子出了曹宅,大概有十一点左右吧,正是冬季一天里最可爱的时候。这一天特别的晴美,蓝天上没有一点云,日光从干凉的空气中射下,使人感到一些爽快的暖气……人遇到喜事,连天气也好了,他似乎没见过这样可爱的冬晴。

(1)以上文字选自哪本名著,作者是谁?

_____

(2)此时祥子的雇主是谁,你认为他是个怎样的人?

_____

(3)王国维说"一切景语皆情语",足见此时祥子心情很好,此时他遇到了什么喜事?

14.阅读下面《骆驼祥子》选文,回答问题。

"不喝就滚出去!好心好意,不领情是怎着?你个傻骆驼!辣不死你!连我还能喝四两呢。不信,你看看!"她把酒盅端起来,灌了多半盅,一闭眼,哈了一声,举着盅儿:"你喝!要不我揪耳朵灌你!"

(1)文中的"她"是谁?你认为"她"是一个怎样的人?

(2)"三"是中国古典小说塑造人物的重要数字。例如《西游记》,孙悟空"三打白骨精",现其技艺高超,智慧过人;《三国演义》,赵子龙大战长坂坡,"三进三出"救阿斗,显其英勇无畏,忠心不二;《红楼梦》,刘姥姥"三进荣国府",示荣国府的衰败,刘姥姥的仗义热心。《骆驼祥子》中,同样使用"三"这个数字刻画祥子,请结合具体内容谈一谈。

(3)鲁迅先生曾说"所谓悲剧,就是把有价值的东西毁灭给人看",请详细阐述祥子悲剧产生的原因。

# 四、《钢铁是怎样炼成的》整本书阅读检测

(一)中考真题

1.【2024·新疆】有人说:"理想信念是一个人的精神灵魂,是力量之源,是前进之灯。"读书分享会上,请从下列名著中任选一部,结合其中一个人物的经历,谈谈你对这句话的理解。(5分)

《红星照耀中国》    《钢铁是怎样炼成的》    《简·爱》

_____

_____

2.【2023·山东枣庄】在"2023齐鲁书香节暨枣庄市第七届书香文化节"启动季,你的班级拟就《钢铁是怎样炼成的》开展"钢铁铸魂、保尔育人"主题读书交流会,请完成以下两个任务。(5分)

(1)任务一:初中三年,你一定阅读了大量名著,积累了不少科学有效的读书方法,请把你最擅长的一种分享给同学,不少于70字。(2分)

_____

(2)任务二:填写表格空白,梳理保尔故事,为交流做准备。(3分)

| 成长阶段 | 保尔故事 |
| --- | --- |
| 第一阶段<br>苦难的童年 | 十二岁被迫离开学校,在车站食堂打工,受尽凌辱,目睹底层人民生活的艰辛。 |
| 第二阶段<br>①____ | 在②____(人物名)的影响下参加革命,成为红军骑兵。打击侵略者和反革命者,捍卫苏维埃政权,足迹踏遍全国。 |

26

| 第三阶段 参加国民经济 恢复建设 | 参加肃反工作;参加筑路队,感染伤寒,被遣送回家;抢救木材受伤,被送疗养院。 |
|---|---|
| 第四阶段 实现生命意义 | 在病情恶化,以至于③_____的情况下,不得不离开战斗队伍;战胜病魔,完成作品《暴风雨所诞生的》,开始新的生活。 |

3.【2023·江苏扬州】"富贵不能淫,贫贱不能移,威武不能屈。此之谓大丈夫。"文学作品中哪些人物形象符合孟子的"大丈夫"标准?从下列名著中任选一个,简要分析。(4分)

《红星照耀中国》　　《红岩》　　《钢铁是怎样炼成的》

_____

4.【2023·四川遂宁】你正在为经典名著《钢铁是怎样炼成的》制作读书卡,请完善你的卡片。(3分)

| 《钢铁是怎样炼成的》　作者:奥斯特洛夫斯基 |||
|---|---|---|
| 主人公:①_____ | 关键情节 | 人物性格 |
| | 饭店工作 | 吃苦耐劳 |
| | 救朱赫来 | 勇敢机智 |
| | 奋勇杀敌 | ②_____ |
| | 工地铲雪 | 热情坚韧 |
| | ③_____ | 身残志坚 |

5.【2023·湖北武汉】阅读《钢铁是怎样炼成的》中保尔写给哥哥的信的节选部分,完成下面小题。(7分)

我想把我经受的一切都告诉你,我想,除你之外,我不会给任何人写这样的信,你了解我,对我说的每一句话都能理解。生活仍然给我很大的压力,我继续在为健康而斗争。

我受到的打击一个接一个。一次打击之后,刚刚站起来,另一个更厉害的打击又落到我头上,更可怕的是我无力反抗,左臂已不听使唤,这本来够沉重的了,可接着我的两条腿也不能活动了。本来我就只能勉强在室内走动,现在连下床走到桌子旁边都困难,要知道这大概还不算结束。今后还会发生什么情况,不得而知。

我已不再出门,只能从窗子里望见大海的一角。当一个人的肉体背叛了他,不再听他使唤,但他那颗布尔什维克的心、布尔什维克的意志却仍然渴望劳动,渴望和你们在一起,加入正在全线进攻的大军,走上展开滚滚铁流般巨大攻势的战场,世上还有比这更可怕的悲剧吗?

不过,我仍然相信,我能归队,在冲锋陷阵的队伍里还会出现我的刺刀。我不能不相信这点,我没有权利不相信,十年来,党团组织教给了我反抗的本领,我们的领袖说过:没有布尔什维克攻克不了的堡垒,这句话对我也同样适用。

(1)请用简洁的语言概括选段的主要内容。(3分)

_____

(2)从选段内容可以看出保尔具有哪些精神品质?请简要概括,两点即可。(4分)

_____

6.【2023·山东烟台】班级开展"读名著,谈体会"主题读书活动,请完成相关任务。(2分)

饭盒里的水正在冒泡。突然,一条火舌从燃烧着的木头下面贼溜溜地蹿了出来,在一个低着头的人的乱头发上舔了一下。那人慌忙把头一闪,不满意地咕哝了一句:"呸,真见鬼!"

周围的人都笑了起来。

一个年纪比较大的红军战士,穿着呢上衣,留着一撮小胡子,刚刚对着火光检查完步枪的枪筒,用他那粗嗓子说:"这个小伙子看书入了迷,火烧头发都不知道。"

文段中的"小伙子"是_____,"小伙子"当时看的书是《_____》。

7.【2022·湖南岳阳】根据你对文学名著的阅读,回答下列各题。(5分)

摘抄和笔记可以帮助重温作品内容,积累语言和素材,有助于提升阅读质量。摘抄,就是选摘、抄录原文中的词语、句子、段落等。阅读下面小丹从某部名著摘抄的文字,回答后面的问题。

摘录一 到了午夜,达尼洛躺在柴垛上,鼾声如雷地睡着了。保尔给发动机的各部件上好油,用棉纱头把手擦干净,接着从箱子里拿出第六十二卷《朱泽培·加里波第》

埋头读起来。那不勒斯"红衫军"的传奇领袖加里波第的无数冒险故事,很快让保尔着了迷。

摘录二 他(保尔)被打得遍体鳞伤,浑身钻心地疼……警备司令不断地提审他,使他不得安生。审问的时候他什么也不说,一问三不知。为什么拒不开口,连他自己也不知道。他想做个勇敢的人,做个坚强的人,像他在书里看到的那些人一样。

摘录三 今天柯察金第一次不用搀扶在花园里散步。他不止一次地问我(医生尼娜·弗拉基米罗夫娜),他什么时候可以出院。我说快了……现在我才明白,他疼痛的时候为什么不呻吟,而且绝不肯呻吟。对我的问题,他是这样回答的:"您读一读《牛虻》,就知道了。"

摘录四 每天晚上,保尔都到公共图书馆去,一直待到深夜才走……他把扶梯靠在那巨大的书橱前面,一连几小时地坐在上面,一本接一本地翻阅和寻找着感兴趣的和有用的书……在旧书堆里,保尔找到了长篇小说《斯巴达克斯》。他花两个晚上读完了这本书,又把它放到另一个书橱里,跟高尔基的那些作品摆在一起。他总是把那些最有意思的和性质相近的书摆在一起。

(1)上面摘抄的文字选自长篇小说《_____》。(1分)

(2)摘抄的内容一般要根据学习、借鉴的意图来选择。为了分析评价主人公保尔·柯察金,小丹按时间顺序摘抄的是关于_____方面的内容。假设你学习、借鉴的具体意图与小丹相同,你觉得按时间顺序还可以摘抄关于_____方面的内容。(2分)

(3)在阅读实践中,摘抄和做笔记常常是结合在一起的,摘抄之后可以随手写下读书心得。请围绕这些摘抄文字用简约的语言写下你的读书心得。(2分)

_____

_____

8.【2022·四川达州】阅读《钢铁是怎样炼成的》选段,用"人物+事件+性格特点"的方式解说文段内容。(3分)

他缓缓地,一行又一行地,写成许多页。他全心全意地去刻画他书中人物的形象,有时候,那些生动的、难忘的景象那么清晰地重现了出来,但是他却不能用文字加以表现,写出的字句是那样呆板、无力和缺乏感情,这时候他才初次体验到了创作的痛苦。

他写的每一件事、每一句、每一个字,都必须记住,线索一断,工作就受到了阻碍。他母亲忧伤地关心着儿子的工作。

在写作过程中,他时常必须凭借记忆背诵整页,甚至整章,他母亲有时候以为她儿子发疯了……他看见她这样担心,就笑起来了,并且安慰她说,他还没有到完全"发疯"的地步。

_____

_____

9.【2021·湖南永州】晓轩同学在毕业赠言中引用了下面语段,请你阅读后完成后面的问题。(5分)

人最宝贵的是生命。生命每个人只有一次。人的一生应当这样度过:当回忆往事的时候,他不会因虚度年华而悔恨,也不会因碌碌无为而羞愧;在临死的时候,他能够说:"我的整个生命和全部精力,都已经献给了世界上最壮丽的事业——为人类的解放而斗争。"

(1)这段文字摘自苏联作家_____(人名)的名著《钢铁是怎样炼成的》,文中的主人公保尔·柯察金在病床上克服困难,计划写一部中篇小说,并给它命名为《_____》。(2分)

(2)保尔·柯察金身上凝聚着那个时代最美好的精神品质:_____。(3分)

10.【2021·河南】《钢铁是怎样炼成的》一书中,保尔经过种种考验成为一名英雄。从保尔面对这些考验的表现中,你体会到了他的哪些可贵品质?请任选两个方面,结合相关内容简要分析。(4分)

_____

_____

11.【2021·北京】你准备参加学校举办的"奋斗吧,青年!"主题演讲比赛,要从读过的名著中选择合适的人物做例证,请说明你的选择和理由。(100字左右)(5分)

_____

_____

12.【2021·四川德阳】在"走进经典,感悟人生"的名著阅读活动中,你所在的小组准备办一期以"童年生活"为主题的手抄报,请你从以下人物中任选两个,结合名著向

小组汇报选择他们的理由。(8分)

《朝花夕拾》中的童年鲁迅　　　　《红星照耀中国》中的"红小鬼"

《钢铁是怎样炼成的》中的童年保尔　《简·爱》中的童年简·爱

_____

_____

13.【2021·广西柳州】下面是九(2)班佳佳同学做的读书卡片,其中有错误的一项是(　　)(2分)

| 选项 | 作品名称 | 读书方法 | 形象特点 |
| --- | --- | --- | --- |
| A. | 《海底两万里》 | 快速阅读 | 尼摩船长:是献身科学的探索者,也是反对一切压迫和殖民主义的战士。 |
| B. | 《骆驼祥子》 | 圈点批注 | 祥子:起初老实坚忍,自尊好强,吃苦耐劳;最后麻木潦倒,好占便宜,自甘堕落。 |
| C. | 《钢铁是怎样炼成的》 | 摘抄与做笔记 | 谢廖沙:做事认真负责,很有主见,沉着冷静,善交朋友,对保尔的思想成长起到决定性的作用。 |
| D. | 《傅雷家书》 | 选择性阅读 | 傅雷:人生阅历丰富,慈祥仁爱,教子有方,有很深的艺术造诣与文化底蕴。 |

14.【2021·湖南娄底】下列对文学作品的表述正确的一项是(　　)(2分)

A.《格列佛游记》的童话色彩只是它的表面特征,尖锐而深刻的讽刺才是其灵魂所在,作者写这部小说意在讽刺18世纪上半叶的英国现实。

B.小说集《朝花夕拾》以简洁舒缓的文字描述往事,又不时夹杂着有趣的议论或犀利的批判,既有温情与童趣,也有对人情世故的洞察。

C.《钢铁是怎样炼成的》是俄罗斯作家尼古拉·奥斯特洛夫斯基写的一部长篇小说,作品最大的成功之处就在于塑造了保尔·柯察金这一无产阶级英雄形象。

D.《简·爱》是英国作家夏洛蒂·勃朗特的代表作,讲述了作者为追求人格独立、爱情和尊严而挣扎奋斗的故事,文章带有很强的自传色彩。

15.【2020·甘肃威武】阅读下面名著片段,完成题目。(8分)

昨天中午,他和大家一起,怀着对敌人的深仇大恨,向波兰白军发起了反冲锋。就在昨天的这场战斗中,他第一次跟一个没有胡子的波兰兵拼刺刀。那个家伙端着步枪,枪上插着像马刀一样长的法国刺刀,一边莫名其妙地喊着什么,一边像兔子那样跳着,向谢廖沙直扑过来。一刹那间,谢廖沙看到了对手那双睁圆了的、杀气腾腾的眼睛,说时迟,那时快,他一摆步枪,用刺刀尖把波兰兵那把明晃晃的法国刺刀拨到了一边。

波兰兵倒下去了……

谢廖沙并没有手软。他知道自己以后还要杀人。就是他,谢廖沙,这个能够那样温柔地爱,能够那样珍惜友谊的人,今后还要杀人。

(1)上文选自哪本小说?文中的谢廖沙上战场是为了什么?(2分)

_____

(2)作为红军战士,谢廖沙具有怎样的意志和精神?(3分)

_____

(3)参考下面的示例,为你喜欢的一本名著写一段推荐语。要求:所选名著必须是初中语文课本中推荐过的。(示例除外,70字左右)(3分)

示例:鸭窠围的夜是寂静而喧嚣的;辰河小船上的水手是艰辛而多情的;桃源承载了中国读书人千百年的梦想;还有滕回生堂,见证了一座城的今昔——这里是湘西,是沈从文悲喜交加的记忆。读《湘西散记》,走进神秘美丽的湘西。

_____

_____


(二)模拟演练

1.下列对于相关名著的解说,不正确的一项是(　　)

A.《钢铁是怎样炼成的》讲述了拥有钢铁般意志的无产阶级革命者朱赫来为了革命奋斗的一生,朱赫来是本书的主角。

B.《骆驼祥子》里,祥子的命运三部曲是"积极向上—不甘失败—自甘堕落"。

C.《西游记》历经九九八十一难,完成西天取经,孙悟空被赐封为"斗战胜佛"。

D.《朝花夕拾》里,藤野先生向鲁迅询问中国女性裹脚的事,是为了治学,了解中国传统文化和风俗民情。

2. 下面对名著内容的理解,表述正确的一项是(　　)

A. 老舍在《骆驼祥子》里塑造了一个被侮辱、被损害的上层劳动者,启示人们单靠个人力量奋斗是没有出路的,批判了旧社会的愚昧落后。

B. 鲁迅在《朝花夕拾》里只展现了青少年时期温馨的回忆。

C.《西游记》中,孙悟空闹龙宫、闯冥府、闹天宫,体现了他桀骜不驯、野蛮无礼、胡作非为的性格特征,直到被佛祖收服,才有所好转。

D.《钢铁是怎样炼成的》作者是前苏联作家奥斯特洛夫斯基,这本书是他在病榻上历时三年完成的。

3. 下列关于名著内容的表述,不准确的一项是(　　)

A.《西游记》的沙僧原为天庭的卷帘大将,被贬下凡,在流沙河为妖,后西天取经有功,被封为金身罗汉。

B. 虎妞死后,祥子到夏先生家去拉包月。

C.《钢铁是怎样炼成的》反映了乌克兰工人家庭出身的保尔与困难生活抗争,投身革命事业,最终成为忠诚的革命战士的成长历程。

D.《钢铁是怎样炼成的》这本书是作者以朋友为原型创作的长篇小说,闪烁着崇高的理想主义光辉。

4. 关于《钢铁是怎样炼成的》这部名著,下列说法准确的一项是(　　)

A. 保尔的哥哥是保尔参与革命的引路人和灵魂导师。

B. 这是一本浪漫主义小说,展现无产阶级革命者奋斗的历程。

C. 人到底应该怎样度过自己的一生?《钢铁是怎样炼成的》通过保尔的一生做出了响亮的回答。

D. 小说写人物时以叙事和描写为主,同时还有内心独白、格言警句等,但没有书信和日记。

5. 关于《钢铁是怎样炼成的》这本名著,下列表述有误的一项是(　　)

A. 保尔的好朋友谢廖沙也参军了。

B. 保尔最爱看英国小说《牛虻》,敬佩主角的斗争精神。

C. 保尔的妻子叫达雅。

D. "这些人都是无价之宝,钢铁就是这样炼成的"这是保尔到修铁路的工地上视察时说的。

6.《钢铁是怎样炼成的》塑造了保尔的光辉形象,全书包括两部分,第一部分写_____,第二部分写_____,以_____为线索组织全篇。

7.《钢铁是怎样炼成的》这部小说回答了青年人最迫切需要回答的一个问题:_____。

8.《钢铁是怎样炼成的》主角保尔是在_____的影响下逐步走上革命道路。

9.《钢铁是怎样炼成的》主角保尔身上凝聚着那个年代最宝贵的精神:_____。

10.《钢铁是怎样炼成的》中,在铁路就要修完时,无情的_____和_____最终夺去了保尔的战斗力。

11. 初中以来,我们一起学名著,赏经典。本学期我们阅读了苏联作家_____写的《钢铁是怎样炼成的》,这本书闪烁着崇高的_____主义光辉,描绘了_____前后乌克兰地区的广阔生活画卷。

12. 为什么奥斯特洛夫斯基以"钢铁是怎样炼成的"为书名?

_____

13. 请根据名著中的女性角色,完成表格。

| 作品 | 人物 | 文中描写 |
| --- | --- | --- |
| 《朝花夕拾》 | ①_____ | 常喜欢切切察察,向人们低声絮说些什么事,还竖起第二个手指,在空中上下摇动,或者点着对手或自己的鼻尖。 |
| 《西游记》 | ②_____ | 那罗刹女与行者相持到晚,见行者棒重,却又解数周密,料斗他不过,即便取出芭蕉扇,幌一幌,一扇阴风,把行者扇得无影无形,莫想收留得住。这罗刹得胜回归。 |
| 《钢铁是怎样炼成的》 | ③_____ | 保尔看到一个陌生的姑娘手抓柳枝站在那儿,低低地俯向水面。她穿着领子上有蓝条的白色水兵衫和浅灰色短裙,带着花边的袜子紧紧裹住匀称、黝黑的双腿,脚上是棕色便鞋。栗色的头发束成一根粗粗的辫子。 |

14. 当你漂流荒岛时,你会选择以下哪一本名著中的哪一位人物做你的队友,请简要说明原因。

《钢铁是怎样炼成的》　　《西游记》

_____

_____

15. 阅读以下文段,完成题目。

"你怎么像个木头人,站着不动弹?"

黑眼睛的孩子压住心头的仇恨,看着神父,闷声闷气地回答:"我没有口袋。"他用手摸了摸缝死了的袋口。

"哼,没有口袋!你以为这么一来,我就不知道是谁干的坏事,把发面糟蹋了吗?你以为这回你还能在学校待下去吗?没那么便宜,小宝贝。上回是你妈求情,才把你留下的,这回可不行了。你给我滚出去!"他使劲揪住男孩子的一只耳朵,把他推到走廊上,随手关上了门。

(1) 以上文段选自_____,作者是苏联的_____。

(2) "黑眼睛的孩子"是谁?此时发生了何事?

_____

# 参考答案

## 一、《朝花夕拾》整本书阅读检测

**（一）中考真题**

1. 示例一：有"过去的我"和"现在的我"两种叙述视角。《藤野先生》中过去的"我"最初不服气甚至轻视先生，现在的"我"认为他是给"我"鼓励最多、"我"最感激的老师。

   示例二："朝花"指过去的人和事，多以"过去的我"的视角来叙述；"夕拾"是以"现在的我"的视角回忆过去的人和事，生发新的思考和情感。

2. 示例一：我觉得长妈妈对鲁迅影响最深。长妈妈照顾幼年鲁迅的生活，教给他做人的基本道理；为鲁迅买来他朝思暮想的《山海经》，使他获得人生中最心爱的宝书，感受到人世间的温暖。

   示例二：我觉得寿镜吾对鲁迅影响最深。寿镜吾先生知识渊博，表面严厉实则和蔼，他的关爱使少年鲁迅产生了学习兴趣，且对鲁迅日后的读书、写作产生了深远的影响。

3. 文中的"我"盼望着去看迎神赛会，父亲却强迫"我"背《鉴略》，背不熟就不能去，"我"在父亲面前"梦似的"背完后，对去看会已觉索然无味了。父亲的这一行为是对孩子的不尊重，也是对孩子天性的压制和束缚。

4. 为了救治像父亲那样被误的病人的疾苦，鲁迅毅然到日本学医，想学医救国。"看电影事件"使他深刻认识到国民的麻木，于是决定弃医从文。

5. ①《五猖会》 ②《琐记》 ③在日本的学习生活，表达对藤野先生的怀念。

6. 陈莲河　一对蟋蟀

7. 《藤野先生》是鲁迅《朝花夕拾》中的一篇回忆散文，记叙了作者从东京到仙台学医的几个生活片断。其中有东京清国留学生的生活情况，由东京到仙台的旅途回忆，有在仙台的食住情况，也有受到日本具有狭隘民族观念的学生的排斥，还有一次看电影受到的刺激，而重点却是记叙藤野先生的可贵品质。藤野先生本名藤野严九郎，是作者的老师。本文内容丰实，笔意纵横，形散神凝，错落有致，发人深省，一条鲜明的爱国主义思想线索贯串了全文，使每个看来似乎是平淡无奇的生活片断闪耀着夺目的光华，从而给读者以深刻的启迪。

8.（1）①陈莲河(何廉臣)　②范爱农

（2）示例一：人性的冷与暖　如以衍太太为代表的自私冷漠的人,使鲁迅感受到人性的"冷"；藤野先生等人给予鲁迅的温暖关怀,使他体味到人性的"暖"。

示例二：痛苦与觉醒　鲁迅在日本留学时受到歧视,并看到中国人的麻木,这一切让他倍感痛苦。于是毅然觉醒,决定弃医从文,要从思想上拯救国民的落后。

9. 示例：初读《朝花夕拾》,我看到鲁迅的童真：雪天捕鸟、课上描画、饲养隐鼠……再读,我发现整本书有温馨的回忆,也有理性的批判。回首阅读历程,我深深意识到：告别"百草园"走向广阔天地时,要爱生活、爱思考、有理想。

10. 示例一：《从百草园到三味书屋》描述了儿时在百草园得到的乐趣和在三味书屋读书的乏味生活。鲁迅借此表达尊重孩子天性,保护并激发孩子想象力、创造力,让孩子快乐成长的教育思想。

示例二：《五猖会》写"我"心心念念的五猖会即将开始,父亲却强制"我"背《鉴略》。鲁迅借此表达了家长应当了解孩子心理需求、尊重孩子天性的教育思想。

示例三：《〈二十四孝图〉》写到了当时供给孩子的书籍形式粗拙,故事虚伪,违背人性。鲁迅借此表达儿童读物要内容健康,适合儿童心理特点的教育思想。

11. "双喜"和"衍太太"不能入群。双喜是小说《社戏》中的人物；衍太太虽有和蔼可亲的外表,但隐藏着坏心眼,她对孩子们的危险或不良行为进行"鼓励",不懂事的孩子们才喜欢她。

12. 文段暗含"贬"的意思,批评汉文教员缺乏新知识,暗示矿路学堂也非理想中的学校。

13. 示例：具有战斗精神的鲁迅,如《〈二十四孝图〉》中,鲁迅坚决捍卫白话文,对虚伪的封建孝道进行猛烈抨击。　饱含深情的鲁迅,如《阿长与〈山海经〉》中,鲁迅深情回忆了保姆阿长,表达了对这位普通劳动妇女的敬意和怀念。　富有童真童趣的鲁迅,如《从百草园到三味书屋》中,鲁迅在百草园拔何首乌,摘覆盆子,雪地捕鸟……生活充满了乐趣。　幽默的鲁迅,如《藤野先生》中,鲁迅用"实在标致极了"写清国留学生的丑态,极具幽默感。

14. B　此文从当时的儿童读物谈起,忆述儿时阅读《二十四孝图》的感受,揭示封建孝道的虚伪和残酷。

15. "我"渴望看五猖会,却被父亲强迫背书。"我"背完书后去看五猖会的情绪没有原来那么高了。

（二）模拟演练

1. D  2. D  3. C  4. B  5. D

6. 十　《旧事重提》　《朝花夕拾》　《阿长与<山海经>》

7. 匿名信　看电影

8. 篇名:《藤野先生》　事件:目睹清国留学生不学无术;在仙台颇受优待;结识藤野先生;学习期间,藤野先生帮"我"订正讲义;藤野先生纠正解剖图;藤野先生询问中国女人裹脚;藤野先生关心解剖实习;"我"被学生干事刁难;"匿名信事件";"看电影事件"。

9. 童年生活的回忆,对亲情、师生情、朋友情的怀念,以及对现实的讽刺,对父亲的忏悔。

10. 示例:人到中年旧事重提,弃医从文批判现实。

11. 示例:《朝花夕拾》有着温馨的回忆和理性批判。不仅是鲁迅先生对青少年生命历程的回顾与反思,更是一段历史,展现了当时的社会风貌和旧中国现实状况。具有非常高的文学价值和社会价值,思想内涵深刻,非常推荐国人阅读!

12. 示例:历史学角度:《朝花夕拾》中的历史知识

(1)阅读《朝花夕拾》中体现历史知识的相关情节,如日军侵略中华等;

(2)用圈点勾画和批注等方法,整理分类相关历史知识;

(3)和小组成员核对研讨,制作一份《朝花夕拾》相关的历史年代表。

社会学角度:《朝花夕拾》中"我"和阿长的主仆情

(1)阅读《朝花夕拾》中"我"和阿长的主仆情的相关情节;

(2)用文本细读、精读、品读等方式,体会人物之间的温馨情感;

(3)和小组成员总结讨论,写一份"'我'和阿长的主仆情"的500字研究报告。

13. (1)《二十四孝图》　一个长辈的赠礼

(2)老莱娱亲　郭巨埋儿

(3)高兴的是:①鬼少人多;②归"我"一人独有;③那里面的故事似乎谁都知道,便是不识字的人,例如阿长,也只要一看图画便能够滔滔的讲出一段的事迹。　扫兴的是:知道孝有如此之难,对于先前痴心妄想,想做孝子的计划完全绝望了。

14. (1)无常　无常能对事物进行公正的裁判。

(2)巧妙地借"无常"讽刺了现实中所谓的"正人君子";在"鬼格"与"人格"的比较中,进一步强调了"无常"的可贵之处。

## 二、《西游记》整本书阅读检测

**(一) 中考真题**

1. 示例:要衬托唐僧取经目标坚定,就写猪八戒意志薄弱。如在"四圣试禅心"时,面对荣华富贵生活的诱惑,唐僧立场坚定,而猪八戒信念动摇,最终被戏弄。

2. 示例一:孙悟空 《西游记》

《三调芭蕉扇》中,孙悟空给我的印象是机智勇敢。

阅读《西游记》整本书后,我新的认识是:孙悟空不仅机智勇敢,而且忠诚坚定,具有深厚的佛学智慧和对师父的忠心。

我的理由是:孙悟空在取经路上无数次救师父于危难之中,展现了他的聪明才智和不屈不挠的精神。他对佛法的理解和运用,以及对唐僧的忠诚,都让他的形象更加丰满。

示例二:武松 《水浒传》

《景阳冈》中,武松给我的印象是勇猛果敢。

阅读《水浒传》整本书后,我新的认识是:武松不仅勇猛果敢,而且正义感强烈,具有深厚的人情味和对弱者的同情。

我的理由是:武松在《水浒传》中不仅是打虎英雄,更在多次事件中表现出他的正义和仁义,如为兄报仇、帮助贫苦百姓等,这些都让他的形象更加立体和感人。

3.(1)①白龙马 ②六耳猕猴 ③二郎神 ④罗刹女

(2)精读 略读 示例:《西游记》中唐僧去西天取经的意志告诉我,通往理想的路虽然很崎岖,只要矢志不移,终究会抵达梦想彼岸。

4. D 打碎琉璃盏的是沙僧。

5. 示例一:我认为唐僧是主人公。《西游记》的中心事件是西天取经,而唐僧是取经团队的核心。在取经路上,他经得起四圣试禅心的考验,不为西梁女王的情意所动,不仅自己有执着的信念,还使团队成员坚定意志,最终带领团队克服重重困难取得真经。

示例二:我认为孙悟空是主人公。《西游记》先从孙悟空写起,讲述他的身世和他大闹天宫的故事,树立其英雄形象;后来,他三打白骨精,大战红孩儿,一路降妖除魔保护唐僧取得真经。从整部小说来看,他是作者着力塑造的主要人物。

6.示例:①发现水帘洞:孙悟空胆大心细,跳入瀑布泉中探索,发现瀑布后的铁板桥和桥后的水帘洞。②拜师菩提:认为海外必有神仙,独自渡海至西牛贺洲,拜师菩提祖师修行。③偷取人参果:发现人参果遇土即入,十分好奇,后来询问土地才知道原委,用衣服兜住才拿到三个果。④收取金箍棒:发现定海神针能随心意变化,十分好奇,不断尝试用心意和金箍棒沟通,直至金箍棒缩至二丈长短、碗口粗细。

7.示例一:我选 A 从孙悟空的角度,给《西游记》拟名为《看我七十二变》。西行路上困难重重,车迟国斗法、三调芭蕉扇……孙悟空发挥自己的七十二变神通,逐一降妖除魔,保护唐僧顺利取经。这个书名,表现出悟空本领之大,从而引导读者关注取经困难之多,体会到取经人的勇敢与坚定。

示例二:我选 B 从宋江的角度,给《水浒传》拟名为《一个小城押司的奋斗史》。郓城小吏宋江,为人仗义,广结好友。怒杀阎婆惜、题诗浔阳楼获罪后被救上梁山坐了头把交椅。为实现符合封建正统思想的飞黄腾达梦,他力排众议接受招安,带领兄弟为朝廷退辽兵、擒方腊后被害。这个书名能引导读者关注宋江的一生,进而从他的奋斗史去探究农民起义失败的原因。

示例三:我选 C 从孙少安的角度,给《平凡的世界》拟名为《一个自强农民的宣言》。孙少安小学毕业辍学务农,经苦干干苦学成长为务农好手;善于思考敢于改革,组织生产责任组,开办砖窑厂,带动村民共同致富;为更好地培育下一代,出资重修双水村小学。这个书名,点出了孙少安的身份,也写出他的形象特点,还能引发我们对"时代背景下的个人奋斗""乡村振兴"等话题的思考。

8.①示例一:沙僧是一个才能平平的人。他协助猪八戒捉拿黄袍怪,仅几个回合就被抓走了;银角大王来捉唐僧,他虽然奋力抵挡,但很快就被制伏了。

示例二:沙僧不是一个才能平平的人。在流沙河,孙悟空和猪八戒联手都收服不了他,说明他本领高强;取经路上,他经常调解团队内部的矛盾,这种能力是孙悟空和猪八戒比不了的。

示例三:说沙僧才能平平不公平。取经路上,因为分工不同,他主要负责挑行李和陪护师父,相比之下显得才能平平,但他是有高强本领的,在流沙河,孙悟空和猪八戒联手都没能收服他。

②示例一:鲁智深是一个性情急躁的人。他在酒楼与人吃酒,听到隔壁有人哭,就心烦气躁发脾气,摔碗碟;在五台山,卖酒汉子怕长老责罚不愿卖给他酒,他就一脚踢倒汉子抢酒吃。

示例二:鲁智深不是一个性情急躁的人。他为保证金氏父女安全上路,耐心地在客店坐了很久,才去找郑屠算账;在林冲被发配途中,他暗中保护,沉稳冷静,直到林冲在野猪林遇到危险时才冲出来。

示例三:说鲁智深性情急躁太绝对。他有时急躁,一言不合就打人,受到搅扰就摔碗碟;但在帮助金氏父女时,他嫌朋友不爽快,言行看似急躁,实际上是豪爽的表现。

9.(1)一根丝合不成线,一只手掌拍不出声音,比喻独自一人的力量有限,无法支撑局面。

(2)示例:这句话比喻独自一人的力量有限,无法支撑局面,启示我们要学会团结合作,善于借助团队的力量,以期达到"人心齐,泰山移"的效果。作为中学生的我们,无论学习还是生活,都需要与同学、老师齐心协力,才能将自己的力量最大化,最终实现目标。

(3)《西游记》的回目特点:内容上多为概括、提示本回的主要情节,言简意赅;点明本章回中心;结构上对仗工整,句式整齐。

10. C

11. D

12. 西游记　大闹天宫　猪八戒

13. 爱憎分明　忠心耿耿

14. 孙悟空　芭蕉　变成飞虫钻入罗刹的肚子里

15. 示例:在女儿国,美人、权力、财富,唾手可得,这个诱惑可不是一般的大。不过最终唐僧还是以天下苍生为重,谢绝了女王的好意,又踏上了取经的道路。启示:想要成就一番事业或达到既定的目标,离不开坚定的信念。

(二)模拟演练

1. D　2. A　3. D　4. C

5. 白骨精、蝎子精、黄风怪、红孩儿等

6. 乌鸡国、车迟国、女儿国等

7. 示例:孙悟空　你智勇双全,本领高强,会七十二变,有火眼金睛,手执金箍棒,脚踏筋斗云。一路护送唐僧西天取经,历经九九八十一难,三打白骨精、智擒红孩儿、车迟国斗法、计盗紫金铃等,不折不挠,胆识过人,终取得胜利。你是我心目中的大英雄!

8. 六耳猕猴变作孙悟空的模样,打昏唐僧,抢走行李,自己要上西天拜佛求经。后来如来佛祖辨明正身,六耳猕猴被孙悟空一棒打死。 启示:亲眼看到的不一定是真相;要全面客观地看问题;遇到问题要学会沟通;与人相处,要有包容之心。

9.示例:唐僧这个人物形象是复杂的,有其优点:他崇尚佛法、严守戒律、立场坚定,勇往直前,带领三个徒弟历经磨难,完成取经目标;他慈悲善良,有着出家人的菩萨心肠,多次对百姓救苦救难,如在凤仙郡帮忙求雨。但也易信谗言,好坏不分,三打白骨精时误会孙悟空,逼走一员大将。

10.鲁迅　阿长(长妈妈)　藤野先生　寿镜吾　《西游记》　孙悟空　铁扇公主

11.①陈莲河　②猪八戒　③示例:忠厚诚恳、任劳任怨、忠心不二。

12.(1)长篇章回体神话(神魔)　吴承恩

(2)菩提老祖(菩提祖师)　筋斗云　七十二变

(3)让孙悟空夜里三更从后门进师父房中学艺。

(4)示例:我赞同此说法。孙悟空在菩提老祖那里学会了为人处世之道,成为一个善良、正义、坚韧、有勇有谋的人物;而且学成一身高强本领,会腾云驾雾、七十二变等,是他行走天地的依仗,更是他一路降妖除魔历尽磨难的重大凭靠。菩提老祖传道授业解惑,教书育人,是非常优秀的老师。唐僧更像是一个领导者,带领三个徒弟完成西天取经这个项目,彼此合作,达成目标。

## 三、《骆驼祥子》整本书阅读检测

**(一)中考真题**

1.示例:偶遇刘四爷后的祥子心生报复性的快感,觉得自己战胜了刘四爷,同时也决定和小福子开始崭新的生活,成家立业,过正常的普通人的生活,对未来充满了希望和力量。

2."祥子的世界一直在下雨"是说祥子的命运是悲惨的。经历三起三落后,他由一个有理想、老实健壮、善良坚韧、自尊自强、吃苦耐劳的青年,变成麻木、吃喝嫖赌、穷困潦倒、好占便宜、自暴自弃的行尸走肉。

3.所选人物:鲁智深和林冲　出自名著:《水浒传》　故事情节:鲁智深在野猪林解救遇险的林冲。

所选人物:祥子和老马祖孙　出自名著:《骆驼祥子》　故事情节:祥子在茶馆看到

老马饿得晕倒在地,毫不犹豫地买来了包子给老马祖孙吃。

所选人物:阿廖沙和小茨冈　出自名著:《童年》　故事情节:当阿廖沙因为染坏了外祖父的桌布挨打时,小茨冈替他挡鞭子。

4.(1)老舍　骆驼祥子

(2)示例:①"一年,两年,至少三四年;一滴汗,两滴汗,不知道多少万滴汗",运用整齐对称的句式,表现祥子奋斗的艰辛和不容易。　②"像身经百战的武士的一颗徽章",用比喻的手法,把祥子的车比作武士的徽章,说明祥子的车来之不易,同时也说明车对祥子的重要性,表现祥子的吃苦耐劳和踏实肯干。

5. A

6.(1)甲文出自《骆驼祥子》,作者是老舍。　乙文出自《简·爱》,作者是夏洛蒂·勃朗特。

(2)甲文是小福子,乙文是简·爱。乙文中的"你"是罗切斯特。

7.示例:人生的悲剧多生于冲突之不得解决。两位主人公在婚姻问题上面临冲突,但不同的抉择,让人生的走向也不同:虎妞逼婚,但懦弱的祥子无力反抗而选择与她结婚,这是他走向悲剧的重要原因之一;达西虽对伊丽莎白的家世耿耿于怀,却又被她的活泼开朗、自尊独立所打动,最后他听从了内心的感觉,毅然追求,终获幸福。所以面对冲突,要遵循内心,做出果断抉择,从现实困境中突围,才能避免悲剧。

8.示例一:《简·爱》的主人公简·爱得知罗切斯特的妻子还活着时,选择离开罗切斯特。她的选择为她赢得了人格独立,并最终获得有尊严的爱情。

示例二:《钢铁是怎样炼成的》的主人公保尔在双腿瘫痪、双目失明、失去工作能力时,选择文学创作。他写出了备受读者喜爱的小说,以文学创作为新的武器,继续投入战斗。

示例三:《骆驼祥子》的主人公祥子的车被抢走,买车钱被敲诈,小福子上吊自杀,面对一系列挫折,他选择向生活妥协,最终变成一个麻木、潦倒、狡猾、自暴自弃的行尸走肉。

9. C

10.孙侦探跟踪曹先生时,碰上了在曹家拉包月的祥子,孙侦探认出并恐吓祥子,最终将祥子积攒的钱敲诈一空。祥子第二次买车梦想破灭,只好重新回到人和车厂。

11.(1)C

(2)一是他觉得拉车是件更容易挣钱的事;二是他相信自己有拉车的资格:有力气,年纪正轻。

(3)①在心理描写中融入外貌描写、动作描写,生动地塑造了祥子身体健壮、充满自信的形象。

②运用比喻手法,使用表现力很强的方言词汇"挺脱"以及双重否定句式,将祥子的特征充分凸显了出来,同时形象地表现了祥子的自信心理。

(4)形象变化:从一个老实、健壮、坚忍、自尊要强的"骆驼",变成了一个麻木、潦倒、狡猾、自暴自弃的"行尸走肉"。

原因:祥子的悲剧,是他个性弱点造成的,更是他所处社会压迫的结果。

(5)虎妞　刘四爷　曹先生

12. C

13. (1)祥子的积蓄被孙侦探敲诈去了。

(2)正直善良,自尊自爱。

14. 祥子(骆驼祥子)　祥子不知道自己的生日是哪一天,买了辆新车后特别高兴,就把这一天当作人和车的生日来庆祝。

(2)出诊费高;草率、不负责任;药引难得。　爱父亲;对父亲有愧疚。

15. 虎妞的"怀孕"让祥子深感焦虑,老马的经历让他感到前程暗淡,而辛苦积攒的买车钱又被孙侦探敲诈,他只好回到人和车厂,表现了祥子屈从现实的懦弱性格。简·爱一直深爱着罗切斯特,得知他被火烧伤、疯妻已过世,便义无反顾地回到他身边,与至爱共担风雨,刻画了简·爱专一执着、勇敢坚定的形象。

(二)模拟演练

1. D　2. D　3. A

4. 三起三落

5. 自尊好强、吃苦耐劳　麻木潦倒、自暴自弃　旧社会不给好人出路

6. 老马

7. ①点明小说的主人公是祥子。②概括著作的一个主要情节"骆驼祥子"称号的由来。③揭示主人公的性格:像骆驼一样吃苦耐劳、沉默憨厚。

8. 鲁迅　《狂人日记》　吴承恩　长篇章回体(神魔)　老舍　《茶馆》

9. 祥子优点是勤劳,辛勤拉车三年凑足了买车的钱;缺点是自私麻木,小福子死后,祥子彻底堕落为行尸走肉。

10. 老马和祥子从事同一职业,一辈子要强,拼命拉车,但最终却连自己的小孙子都

救不了,老马的悲惨命运正反映了小说中的社会悲剧,从而深化了作品的主题:对黑暗腐败的社会现状的批判。

11.①《朝花夕拾》

②西天取经

③生活中要选择正确的道路,坚守本心,才不致误入歧途。

12.(1)小福子 被父亲卖给军人,又做暗娼,自杀而死。

(2)当时的祥子已经因为虎妞的死亡卖车,变得麻木潦倒,小福子的自杀就相当于毁掉了祥子的最后一丝希望,让祥子彻底堕落。

13.(1)《骆驼祥子》 老舍

(2)曹先生 文明有礼、尊重他人、进步的知识分子,还会开导祥子,帮助祥子规划生活。

(3)曹先生得知祥子的悲惨近况,让祥子回去给他拉包月,并且给他和小福子安置住的地方。

14.(1)"她"指的是虎妞,"她"是一个泼辣野蛮、大胆、有心计的人。

(2)示例:小说刻画了祥子"三起三落"的一生。第一次,他省吃俭用终于买了一辆车,却被宪兵抢走了;第二次,钱存够了,还没买上车,钱就被孙侦探敲诈去了;第三次,他和虎妞结婚后,用虎妞的钱买了车,但好景不长,虎妞难产死了,他只好把车卖了去安葬虎妞。经历了三起三落,善良正直、曾经对生活充满希望的祥子最终堕落成了行尸走肉。小说通过描写祥子的变化,批判了旧社会"不给好人出路"的黑暗现实。

(3)社会原因:黑暗旧社会的压迫,不给好人出路。

他人原因:虎妞对祥子的诱骗造成畸形夫妻关系,小福子自杀带走了祥子最后一丝希望。

自身原因:祥子过于单纯、自私保守、胆小怕事等性格缺陷让他无法认清社会现实,抓不住机会。

## 四、《钢铁是怎样炼成的》整本书阅读检测

**(一) 中考真题**

1.示例一:《红星照耀中国》中的周恩来上大学时就领导学生运动,是中国共产党

最早的党员之一,组织八一南昌起义,参加并指挥长征。正是因为周恩来有为中华民族解放而奋斗的理想信念,才能以共产党人大无畏的精神浴血奋战,共同领导"红色中国"走向胜利。

示例二:《钢铁是怎样炼成的》中的保尔当过童工,从小就在社会的底层饱受折磨和侮辱,后来他经历了战争、疾病等重重磨难,双腿瘫痪,双目失明,躺在病床上,依然以顽强的毅力写作。正是因为他坚守为共产主义理想献身的信念,才能用钢铁般的意志奋斗一生,践行了他生命的誓言。

示例三:《简·爱》中的简·爱从小父母双亡,寄人篱下,遭受了很多欺凌。在桑菲尔德庄园,她爱上了男主人罗切斯特,但当她得知罗切斯特疯了的妻子还活着时,拒绝了罗切斯特,毅然离开。正是因为简·爱有追求自由、平等和独立的信念才使她敢于与一切不合理、不平等做斗争,既维护了个人的尊严,又追求到了真正的爱情。

2.(1)示例:我要分享跳读的阅读方法。跳读是在阅读中有取有舍,跳跃前进,有意识地跳过一些无关紧要的句段或篇章而抓住读物的关键性材料的速读方法。跳读是通过省略次要信息来加快大脑对文字的反应速度,使阅读速度与思维过程同步进行。

(2)①走上革命道路 ②朱赫来 ③双目失明,双腿瘫痪,丧失工作能力

3.示例一:《红岩》:许云峰。他坚毅沉着,正气凛然,有血有肉,表现了共产党人坚不可摧的革命意志和视死如归的高风亮节。许云峰是个老党民,不但机智、敏锐、沉着,富有自我牺牲精神,而且具有超人的胆识和卓越的领导艺术。他在革命即将胜利的关键时刻,把生的希望留给战友而从容就义。这不仅是老许崇高品质的集中表现,也是作者在小说中竭力挖掘的核心思想。

示例二:《钢铁是怎样炼成的》:保尔。他阶级立场分明,道德风貌崇高,革命激情高昂,意志坚强,自觉无私,作战勇敢,不向命运屈服,有为理想而献身的精神。

示例三:《红星照耀中国》:朱德。他于云南讲武堂毕业,是著名将领蔡锷的军官。他放弃荣华富贵毅然投身于共产主义事业。这些情节能体现他"富贵不能淫,贫贱不能移"。在长征中,尤其是当张国焘决定南下的时候,他带领红四方面军在川西北进行艰苦斗争并最终率部抵达陕北,立下了永不磨灭的丰功伟绩,这些情节能体现他"威武不能屈"。

4.①保尔 ②不惧生死 ③重伤著书

5.(1)保尔健康状况恶化,仍然希望能继续工作。

(2)坚定的信念、顽强的意志、乐观的精神。

6. 保尔　牛虻

7.（1）钢铁是怎样炼成的

（2）读书　工作、思想成长等

（3）示例：读一本好书可以影响一个人的性格，甚至改变人生，我们可从书中找到心灵的寄托，获得进步的力量，从而培养自己坚韧的性格，塑造高尚的品格。

8. 保尔·柯察金在双腿完全瘫痪，双目失明，只有右手还能活动的情况下，通过文学创作重新参加战斗。他回忆自己的经历，战胜肉体和精神上的折磨，在母亲的帮助下创作了小说《暴风雨所诞生的》。保尔以顽强的毅力向命运发起挑战，他是一个有理想抱负、坚韧顽强、乐观向上的钢铁般的战士。

9.（1）奥斯特洛夫斯基　暴风雨所诞生的

（2）为理想而献身的精神，钢铁般的意志和顽强奋斗的高贵品质

10. 示例一：①保尔面对拿枪的押送兵，勇敢上前，救了朱赫来，从中我体会到了他的英勇无畏。②面对筑路工作中出现的种种困难，保尔毫无怨言，冻坏了双脚还继续在一线工作，从中我体会到了他的坚韧顽强。

示例二：①热爱学习：保尔家境困难，工作环境恶劣，但仍坚持读书。②正直坦率：保尔发现车厂团员的不正之风时，挺身而出，向车厂共青团领导指出问题，号召大家同不正之风做斗争。

11. 示例：我选《钢铁是怎样炼成的》中的保尔。他虽身处残酷的战争环境，且饱受各种疾病的折磨，却始终保持奋斗的激情，让自己拥有了充实而有价值的青春。他的事迹可以作为例证鼓励青年人努力奋斗，不负青春年华。

12. 示例：我选择《钢铁是怎样炼成的》中的童年保尔。理由：保尔早年丧父，母亲替人洗衣做饭维持生计，哥哥是工人。保尔十二岁时，母亲把他送到车站食堂当杂役，他在食堂里干了两年，受尽了凌辱。但这些挫折和磨难并没有让他失掉正义之心，反而磨炼了他坚强的意志。

13. C

14. A

15.（1）《钢铁是怎样炼成的》　为了保卫祖国。

（2）谢廖沙具有顽强不屈的意志，高昂的革命热情和不畏牺牲的精神。

（3）示例一：这里有温馨的回忆，更有理性的批判。孩提时的天真烂漫，少年时探求真理的强烈愿望，青年时的觉醒与奋起……读《朝花夕拾》，让我们去领略那时的况

味吧!

示例二:斯诺的《红星照耀中国》,让全世界人看到共产党人为争取民主独立而进行的艰苦斗争,他们的使命感、远见卓识和百折不挠的精神,是中华民族的希望之光。

示例三:《钢铁是怎样炼成的》是一部理想主义小说,塑造了保尔这个无产阶级英雄形象。保尔作为一名无产阶级英雄,经历重重磨砺,锻造出为理想而献身的精神、钢铁般的意志和顽强奋斗的高贵品质。我们从他身上得到了很多启迪:要有高尚的人生理想,要有无畏的奋斗和献身精神,要有不妥协、不放弃的坚强意志。

**(二)模拟演练**

1. A 2. D 3. D 4. C 5. D

6. 国内战争 和平建设 保尔的命运

7. 人到底应该怎样度过自己的一生

8. 朱赫来

9. 为理想而献身的精神、钢铁般的意志和顽强奋斗的高贵品质

10. 伤寒 大叶性肺炎

11. 奥斯特洛夫斯基 理想 十月革命

12. 作者是这样回答的:钢是在烈火与骤冷中铸造而成的。只有这样它才能坚硬,什么都不惧怕。我们这一代人也是在这样的斗争中、在艰苦的考验中锻炼出来的,并且学会了在生活面前不颓废。

13. ①阿长(长妈妈) ②铁扇公主 ③冬妮亚

14. 示例:选《钢铁是怎样炼成的》的保尔。他拥有钢铁般的意志和毅力,战场上的搏杀、感情上的波折、工地上的磨难,都没能使他倒下,反而使他更加坚强;他拥有无私奉献、甘愿牺牲的崇高道德品质,他受伤后仍主动要求加入战斗,援救战友,替师长报仇,英勇奋战。有他做队友,我会有很强的安全感,这是个有着崇高人格的无产阶级革命者。

15. (1)《钢铁是怎样炼成的》 奥斯特洛夫斯基

(2)保尔 复活节补考的时候,保尔为了报复神父,将烟丝撒到了复活节要用的面团里,被神父查了出来。保尔因此退学。